本书得到教育部人文社会科学研究规划项目（批准号：19YJA 820038），以及"中央高校基本科研业务费专项资金"资助

中国古代请托犯罪的国家治理研究

RESEARCH ON THE LEGAL REGULATIONS
OF QINGTUO IN ANCIENT CHINA

孙旭◎著

中国政法大学出版社

2025·北京

图书在版编目（CIP）数据

中国古代请托犯罪的国家治理研究 / 孙旭著. -- 北京：中国政法大学出版社, 2025. 1. -- ISBN 978-7-5764-1885-9

Ⅰ. D691.2

中国国家版本馆 CIP 数据核字第 2024F4L888 号

书　名	中国古代请托犯罪的国家治理研究 ZHONGGUO GUDAI QINGTUO FANZUI DE GUOJIA ZHILI YANJIU
出版者	中国政法大学出版社
地　址	北京市海淀区西土城路 25 号
邮　箱	bianjishi07public@163.com
网　址	http://www.cuplpress.com (网络实名：中国政法大学出版社)
电　话	010-58908466(第七编辑部) 010-58908334(邮购部)
承　印	固安华明印业有限公司
开　本	720mm×960mm　1/16
印　张	17.25
字　数	275 千字
版　次	2025 年 1 月第 1 版
印　次	2025 年 1 月第 1 次印刷
定　价	82.00 元

目　录

绪　论

请托在古代也称请谒、听请、嘱请、嘱托、干请、干求等[1]，指以人情为主要交换凭据，通过曲枉法律规章来自谋私利的违法犯罪行为。如果杂有直接的钱物等利益交换，则为贿赂，属于另一范畴。本书只探讨单纯的请托行为，或以单纯请托为主的行为。

传统中国具有明显的"熟人社会"特点。"熟人社会"是费孝通先生在《乡土中国》一书中提出的观点："这是一个'熟悉'的社会，没有陌生人的社会。……熟悉是从时间里、多方面、经常的接触中所发生的亲密的感觉。这感觉是无数次的小的摩擦里陶炼出来的结果。"[2]他同时指出熟人社会在本质上是"一个差序格局的社会，是由无数私人关系搭成的网络。……中国的道德和法律，都因之得看所施的对象和'自己'的关系而加以程度上的伸缩"[3]。这里的私人关系亦可延伸理解为人情。

私人关系或者说人情使熟人社会具有了温情性、关爱性，生活于其中的个体因之产生安全感、归属感与稳定感。但私人关系、人情同时也导致了熟人社会的封闭、自私——注重熟人或小群体的利益，"攀关系，讲交情"[4]；为了维护熟人或小群体的利益，甚而不惜破坏社会整体利益，从而催生出交通、干谒、逢迎、请托等人情腐败行为。其中最具代表性的是请托。

请托的参与者，有欲谋私利的请托者，以及掌握司法、行政权力的受托者。特定情况下，"嘱托尚须转手"[5]，需他人出面代为请托，此时请托者又可细分为作为事主的求托者与作为实施者的请托者。

---

[1] 这些"请托"的同义词个别时候也包含利益交换之意。
[2] 费孝通：《乡土中国》，人民出版社2008年版，第6页。
[3] 费孝通：《乡土中国》，人民出版社2008年版，第42页。
[4] 费孝通：《乡土中国》，人民出版社2008年版，第30页。
[5] （清）桂超万：《惇裕堂文集》卷一《武康县志罗尚忠被诬辨》，第36页〔清同治五年刻惇裕堂全集本；"鼎秀古籍全文检索平台"（以下简称"鼎秀"），北京翰海博雅科技有限公司，第222页〕。

按请托者与受托者关系的不同，请托大体可分为两类：一是人情请托，双方是较单纯的熟识关系，以人情为依凭，特点是感情色彩浓厚，常没有第三方知晓；二是势要请托，请托者是权豪势要之人，受托者慑于其威势而枉法，特点是受托者往往处于被动地位，相对公开化。

请托的特点是隐蔽性强，不易被认定裁决；社会危害较为间接，因与人情密切相关，一般人不认为是违法犯罪行为或较严重的违法犯罪行为。但实际上，请托的社会危害性很大。第一，请托可能引发贿赂。请托者与受托者之间不涉及钱物，但求托者在"关系不硬"的情况下，或出于其他考虑，可能向请托者输出钱物；而请托者为了图利，也可能主动索取。第二，请托与结党密切关联。请托、结党的达成都需要关系：结党以建立关系为目的，请托以所存在的关系为前提；因结党而形成的关系可为请托创造条件，由请托而固结的关系亦可便于结党。第三，请托渗透性强，易于在整个社会中蔓延开来。中国古代社会注重身份、等级，但请托赖以存在的人情却可以打破这一壁垒，在不同身份、等级的人之间发生，"甚至亲戚、幕友、长随、优人，或以情面请托"[1]，长此以往，将败坏整个社会的风气。

"王者之政，莫急于盗贼。"与之不同，请托是从统治集团内部萌生的，是从根子上坏掉的，其肆虐的结果，是妨害社会公平正义，降低法律威信，破坏国家稳定，故不可不防。

第一节　请托与其他人情腐败的异同

人情对社会生活的各方面均有重要影响。在法律层面，因人情而产生的违法犯罪行为也比较多样，除了请托，还有交通、干谒、逢迎等。交通、干谒、逢迎等并非律典中的法定罪名，史籍中的相关记载却比较多，社会危害同样不容小觑。请托与交通、干谒、逢迎等在内涵上多有交叉，这里略加辨析。

---

[1]（清）王念孙：《王石臞先生遗文》卷一《敬陈剿贼事宜折》，第4页（民国十四年罗氏铅印高邮王氏遗书本；"鼎秀"，第9页）。

一、交通

交通，即交往，往来。交通可能是一般性的交往，如春秋颜回所言"愿贫如富，贱如贵，无勇而威，与士交通，终身无患难"[1]；也可能是带有明确的利益目的的交往，或暂时没有明确的利益目的而纯粹为日后计。如果是带有明确的利益目的的交往，则等同于请托，古人对此常以"交通请托"连称。宋仁宗皇祐二年（1050）九月赐中书门下诏："虽屡颁于诏约，曾未绝于私祈。兼虑臣庶之家，贵要之列，交通请托，巧诈营为。"[2]这里的交通即等同于请托。

请托既没有"一般性的交往"之意，也无"为日后计"的打算，其或趋利或避害，带有明确的即时实现的目的。宋人言"即举天下之士，孰无求进之望哉？或以佞或以贿，或以请托或以亲故，其求之者非一方也。固有求而不得，未有不求而自得也"[3]，对请托为利而"求"的特点揭示得很恰切。

二、干谒

干谒，对人有所求而请见。唐代有干谒之风，士子于考试前将所作诗文写成卷轴，投送给朝中显贵，以求荐举，称行卷。士子与权贵之间，一般没有熟识关系，亦不涉及违法。后期，此一方式渐为权贵把持，徇情营私，发展至请托。唐高湜咸通末为礼部侍郎，"时士多缘权要干请"，高湜不能制止，抵帽于地曰："吾决以至公取之，得谴固吾分！"[4]此类干谒与请托别无二致。

干谒还可能通于贿赂。北魏郦道元之弟郦道约，"性多造请，好以荣利干谒，乞丐不已"[5]。以"荣利"相干谒，则必然涉及贿赂。

〔1〕（汉）韩婴：《韩诗外传》卷一〇，《景印文渊阁四库全书》第89册，我国台湾地区"商务印书馆"1986年版（本出版信息以下省略），第859页。

〔2〕（宋）李焘：《续资治通鉴长编》卷四一三《哲宗》"元祐三年八月辛丑"，《景印文渊阁四库全书》第321册，第294页。

〔3〕（宋）黄幹：《勉斋集》卷七《书·上江西运使书》，《景印文渊阁四库全书》第1168册，第74—75页。

〔4〕《新唐书》卷一七七《高湜传》，第4082页，本书所引"二十四史"为中华书局1999年版（本出版信息以下省略）。

〔5〕《北史》卷二七《郦道元传》，第653页。

请托的前提是请托者与受托者之间有熟识关系，主要倚靠人情行事，不存在直接的钱物往来。如果代他人请托，求托者、请托者之间可能有钱物往来，但请托者、受托者之间仍没有钱物往来。一旦请托者、受托者之间涉及钱物，无论事前送出，抑或"断事之后，乃以财物送官吏，致其谢意"[1]，均非单纯意义上的请托，而是后文将涉及的"贿嘱"。

三、逢迎

逢迎，即迎合，奉承。逢迎的行为指向是下级对上级，重在表明对上级的讨好态度，一般不指向个人的事项与结果。宋秦桧之父秦敏学曾任静江府古县（今广西永福县）县令，其卒后，"守帅胡舜陟欲为桧父立祠于县，以为逢迎计"[2]，即是下级讨好上级的逢迎行为。

请托的行为指向，既可以是下级对上级，也可以是上级对下级；着眼于个人的事项与结果，有着明确的"有求"目的。

四、瞻徇

瞻徇即徇顾私情而违规、违法，主体是掌权者。瞻徇既可能是因受托而徇私，此时与请托达成的性质、结果相同，等同于请托中的受托；也可能是无人请托，但出于交友、报恩、积德等目的而主动愿为，出发点、性质比较简单。

光绪二十一年（1895）闰五月己酉，谕内阁："近来各省仕途冗杂，人浮于事，往往辗转请托，营求差使，无非意图牟利，奔竞成风，于吏治民生殊有关系。嗣后，中外大小臣工各宜远嫌自重，破除情面，不得仍蹈瞻徇故习，致负朝廷澄叙官方至意。"[3]将请托与瞻徇相联系。请托侧重于请托者，是为谋私而请求；瞻徇侧重于受托者，是因受托而徇私，两者共同完成了请托违规、违法的过程。

---

〔1〕（明）雷梦麟：《读律琐言》卷二三《刑律·受赃》"事后受财"，怀效锋、李俊点校，法律出版社 2000 年版，第 425 页。

〔2〕（宋）罗大经：《鹤林玉露》卷八，《景印文渊阁四库全书》第 865 册，第 327 页。

〔3〕《清德宗实录》卷三六九"光绪二十一年闰五月己酉"，第 13 页，本书所引《清实录》据中国第一历史档案馆书同文古籍数据库（本出版信息以下省略）。

汉时，南阳五世公与司徒长史段辽叔"同岁"（同一年被荐举为孝廉者）。后五世公为广汉太守，时段辽叔已逝，其长子旧，才操鲁钝；小子髡，得乡党赏识。五世公欲荐举旧："今年且以此相饶，举其子。如无罪，得至后岁，贯鱼之次，敬不有违。"柳主簿认为旧实不如髡，不应授之。五世公厉声曰："丈夫相临，儿女尚欲举之，何谓高下之间耶！释兄用弟，此为故殃段氏之家，岂称相遭遇之意乎！"[1]竟荐举旧。五世公因顾及旧情而举"同岁"之子，其举鲁钝之长子而弃得赏识之次子，纯粹是从段氏家族的利益考虑而非为国举贤的本意出发，是顾私情而弃国义，属于无人请托的瞻徇。由上也可看出，举亲、举私已成为理所当然的"丈夫"应行的"义举"，私情对公义的侵蚀已相当严重。

乾隆十一年（1746）十一月乙未，吏部议准钦差户部右侍郎雅尔图等奏："原任右通政陈履平、庶吉士蒋辰祥，素与（河南学政）汪士锽交好，其子侄俱取入学。虽查无请托情弊，究属瞻徇。"陈履平、蒋辰祥与汪士锽交好，但并未请托汪士锽录取其子侄；其子侄被录，乃是汪士锽主动徇私的结果，故吏部认定："无请托情弊，究属瞻徇。"[2]明确区分了请托由双方参与而瞻徇由单方施行的差别。

瞻徇的目的，除了维护、巩固已有的关系，还有建立新关系、为日后计的打算。汉时，"郡国举孝廉，率取年少能报恩者，耆宿大贤多见废弃"[3]。上例汪士锽事恐亦属此。

由上可见，请托与瞻徇都属于徇私枉法，具体要素有交集，但不全同。

五、回护

回护指对已发生的不法行为的包庇、袒护。受托可能导致回护，但回护不一定肇因于请托，也可能是主动愿为。回护对象的基本要素，一是已发生，二是有明确的不法行为，而请托与瞻徇是着眼于未发生的事，并且有些不法行为表现得不是很明确。回护的主体是掌权者。

咸丰三年（1853），刑部主事王式言承审命案，听受请托，失入绞罪。刑

---

〔1〕（汉）应劭：《风俗通义》卷四《过誉》，《景印文渊阁四库全书》第862册，第375页。

〔2〕《清高宗实录》卷二七八"乾隆十一年十一月上乙未"，第3页。

〔3〕《后汉书》卷三二《樊鯈传》，第753页。

部尚书许乃普因王式言为其门生，"奏请回避，未允所请"[1]。此后许乃普与大学士裕诚等一同参与会审。咸丰帝认为会审官员对王式言拟罪过轻，予以谴责，并特别点出许乃普"于此案供情，处处为王式言开脱地步，实属有心回护"[2]，即认为许乃普出于师生情谊而包庇了王式言。

需要明确的是，请托等人情腐败行为非仅发生于官、民之间，作为熟人社会的一员，皇帝有时也不免受人情的裹挟而实施之。唐高宗为太子时，李义府任太子舍人，上《承华箴》，极力逢迎。后高宗即位，李义府迁中书舍人。高宗将立武昭仪为皇后，李义府"密申协赞"[3]，擢拜中书侍郎、同中书门下三品。可以说，李义府是唐高宗的心腹之人。显庆元年（656），李义府兼任太子右庶子，进爵为侯。其时，洛州女子淳于氏因奸罪被关在大理寺监狱，李义府听闻淳于氏貌美，"嘱大理丞毕正义求为别宅妇，特为雪其罪"。大理寺卿段宝玄据实上奏。高宗"诏令按其事"，毕正义惶惧自缢而死。侍御史王义方弹劾李义府，"言其初容貌为刘洎、马周所幸，由此得进，言词猥亵"。心腹之人被说得如此不堪，高宗为之大怒，出王义方为莱州司户，而不问李义府之罪。李义府并未请托高宗，高宗的行为是典型的回护。在高宗的包庇、袒护下，李义府得意忘形，反问王义方："王御史妄相弹劾，得无愧乎？"[4]

"上有好者，下必有甚焉者矣。"[5]中国古代社会请托等人情腐败难于治理，与皇帝的这种"带头"违反行为密切相关。换句话说，皇帝也经常认为请托等人情腐败是正常的、应该的，从而行之不辍。在这种情况下，请托等人情腐败难于治理，乃势之必然。

---

[1]《清文宗实录》卷一二〇"咸丰四年二月上己卯"，第19页。

[2]"为会审已革刑部主事王式言承审命案误断罪名一案之刑部署左侍郎基溥议以降二级留任抄单事致内务府等"，中国第一历史档案馆藏，咨文，档号05-13-002-000736-0121。

[3]《旧唐书》卷八二《李义府传》，第1870页。

[4]《旧唐书》卷八二《李义府传》，第1871页。

[5]《孟子注疏》卷五上《滕文公章句上》，李学勤主编：《十三经注疏》（十一），北京大学出版社1999年版（本出版信息以下省略），第131页。

第二节 请托与贿嘱、贿赂的区别与联系

贿嘱、贿赂是律典中的法定罪名（或有类似罪名），其与请托既相区别，又有联系。

"单纯请托"包括两种情况：一是求托者、请托者、受托者之间，仅以人情为依托，不存在钱物往来；二是请托者、受托者之间没有钱物往来，但求托者与请托者之间有。崔湜唐中宗时为中书侍郎兼知吏部侍郎、同平章事，"兄凭弟力，父挟子威，咸受嘱求"。一次，其父崔挹受选人钱，但崔湜不知，没有录取。其人诉曰："公亲将赂去，何为不与官？"湜曰："所亲为谁？吾捉取鞭杀！"其人曰："鞭即遭忧。"[1]即取赂者是崔湜的父亲，崔湜若鞭杀之则丁忧。崔湜为之大惭。谢红星引《旧唐书》，认为："该选人未能得官，只怕不是因为崔湜'不知'，而是崔湜根本不从其父崔挹之请托。"[2]但"兄凭弟力，父挟子威，咸受嘱托"的说法，表明崔湜也有听从之时，且听从时多未接受其父的钱物。求托者、请托者之间有钱物往来，体现的是物质的力量；请托者、受托者之间没有钱物往来，展示的是人情的主导。

"贿嘱"兼具"嘱"与"贿"的成分，是请托与贿赂的结合，也称有财请托。在贿嘱中，求托者"出钱消灾"，请托者贪图钱物，凭借人情与"酬谢"，出面请求受托者。乾隆六年（1741）"步军统领鄂善受贿案"中，许秉义诈称是刚去世的俞廷试的过继子孙，要霸占其家私。俞廷试孙俞长庚之岳父孟鲁瞻"因疼我儿起见，实在看不过"，找到"素常相好的王继曾，知道他在提督那里走动"，求其帮忙；王继曾找到"素相认识"的鄂善家人王二、赵二，烦请"务必转回大人，求大人照看，必定孝敬"——人情、金钱编织的网络渐趋形成。王二、赵二乘便"向主儿说起许秉义要闹俞长庚的事"，鄂善道："这事我现在访察着呢。"后王二等告知俞家答应"事完之后酬谢二千两

---

〔1〕 （唐）张鷟：《朝野佥载》卷四，《唐五代笔记小说大观》（上），上海世纪出版股份有限公司、上海古籍出版社2000年版（本出版信息以下省略），第53页。
〔2〕 谢红星："唐代的请托及其法律治理困境"，载《法学家》2014年第6期，第45页。

银子"，鄂善道："他的事，我已经办着呢。酬谢、不酬谢，慢慢的罢。"〔1〕对于对方屡次表示的"酬谢"之意，鄂善虽以不热衷的口吻道出，传达出的却不是拒绝之意，可能是顾及主仆情分的客气，也可能是防备万一案发而留有余地。

　　贿赂与请托、贿嘱等人情腐败不同，其中较少掺杂人情成分，且钱物多于事前送出，并不打着"酬谢""谢银"等幌子，是赤裸裸的权钱交易。道光十九年（1839）"步军校苏昌阿诈赃案"中，步军校苏昌阿带手下兵丁幅儿、亮儿等到陈三草铺稽查，"见人数众多，是聚赌情形，当在炕上搜出赌具、骰子"。苏昌阿令将各犯锁拿，内有世袭骑都尉秦良佐表明身份，"向苏昌阿求饶"。苏昌阿见有利可图，授意兵丁幅儿将其"带出说话"。幅儿于是与秦良佐"说妥"，即在秦良佐家中写给欠钱字据两张，"一系京钱八十吊，许给苏昌阿使用；一系京钱五十吊，许给伊与同伴兵丁分用"〔2〕。此处基本没有人情参与其中，是典型的索贿、受贿。

　　人情的加持，使请托在很多人看来不是违法犯罪行为或较严重的违法犯罪行为，拒绝之反而有不近人情之嫌。事实上，请托虽不涉及钱物，却不可能与之完全绝缘。受托者固然可能出于人情而为人办事，请托者却不一定甘心"无利起早"，求托者为了提高请托的胜算，也会向请托者输出钱物。此外，请托还蕴含着向贿嘱发展的可能。受托者在为人"尽心"后，出于对"私"的考虑，可能接受请托者的钱物，或直接提出借贷等请求，从而使请托蜕变为贿嘱。而在没有人情可倚、请托无门的情况下，求托者以金钱"开道"、贿赂营私的行为，则昭示了请托与贿赂之间并非严分彼此的某种内在关联。

第三节　研究现状

　　中国古代社会人情特征明显，在长期的王朝更迭过程中，关于请托的治理一直是政治和法律领域挥之不去的历史难题。可以说，自中国古代国家产

---

〔1〕　"题为会审原任步军统领鄂善于俞廷试家发掘银两受贿一案依律拟绞监候请旨事"，中国第一历史档案馆藏，题本，档号 02-01-07-13646-005。

〔2〕　"奏为特参世袭骑都尉秦良佐及步军校苏昌阿犯赌诈赃请一并革职事"，中国第一历史档案馆藏，录副奏折，档号 03-4061-011。

生以来，针对请托的立法从未停止过。至晚至唐代，已经出现了独立详细的请托罪法条，并一直延续到清末。除了将请托入刑，历代还出台了一系列预防措施，以期通过整治请托的产生土壤，将请托消灭于萌芽中。惩处与预防相结合的治理措施取得了一定效果，但比较有限，历代关于请托猖獗的记载始终存在。原因很多，既有请托不易被发现、认定等表层原因，也有制定法律、措施时忽视人情因素等深层原因。

目前学术界关于请托及治理的研究取得了不少重要成果，主要有如下几方面。

一、指出历代请托的猖獗与危害

孙家洲《"请托"之风对汉代人事制度的腐蚀》对请托作了概念界定："就是托人情，走后门。"[1]该文总结请托给东汉政权造成的恶劣影响有四：其一，选举失实，不学无术的权贵子弟纵横官场，官僚集团腐败无能；其二，政府声誉暴降，真正德才兼备的人不甘与官场群小为伍，走上了隐居不仕的道路；其三，加剧了社会矛盾，引发了社会动荡；其四，部分显贵官僚利用请托结成关系网，实际控制了任人大权，出现变相的职官世袭制度。[2]

许友根《唐代科举"弊少且防弊之法亦疏"说质疑》指出，唐代举子在考试前往往要打通关节，请托权要。其请托方式多种多样：权贵者托以势，富有者托以财，亲故者托以情，一般的举子惟能托以才，最为人所不齿的是托以色。[3]

吴在庆、刘心《唐代科场弊病略论——以中晚唐数次科场案为例》从典籍文献中爬梳出唐代六次较大的科场案，其中不少是因请托造成的，这可以说是科场的主要弊病之一。[4]

---

〔1〕 孙家洲："'请托'之风对汉代人事制度的腐蚀"，载《成人高教学刊》1994 年第 4 期，第 22 页。

〔2〕 参见孙家洲："'请托'之风对汉代人事制度的腐蚀"，载《成人高教学刊》1994 年第 4 期，第 23 页。

〔3〕 参见许友根："唐代科举'弊少且防弊之法亦疏'说质疑"，载《松辽学刊》2002 年第 5 期，第 78 页。

〔4〕 参见吴在庆、刘心："唐代科场弊病略论——以中晚唐数次科场案为例"，载《厦门大学学报》2006 年第 4 期，第 79—80 页。

王志勇《五代科场舞弊现象探究》指出，请托"就是通过手段打通关节，谋取及第"[1]，并列举五代时士人考前请托的例子。

姚硕《论两宋科举取士中的舞弊手段》认为："所谓请托，实际就是通过拉关系买通考官，这是最原始的方法，也是最方便、最容易成功的方法。"文章指出宋以后科举领域的请托有两个明显变化：一是从凭私交、关系的请托发展到以金钱贿赂买通考官；二是一些受请托的长吏将无关的士子冒充为子弟、亲属和门客，以便参加解额颇优的牒试。[2]

冬烘刚《从〈荣禄存札〉看晚清官场请托》对请托的界定是："大小官员为求官、求差或其它好处，不走制度内的渠道，而是暗地里拉关系、找关节，托权贵出面帮忙，其情形近于今天人们常说的'走后门'。"[3]文章由《荣禄存札》探讨存在于清末官场中的请托，包括请托群体及其特征、请托是得官得差的捷径、请托泛滥的特殊社会土壤、请托泛滥对清末政局的影响四个部分。[4]由上下文所举的例子可见，其所探讨的并非单纯的人情请托，而是包括涉及钱物的"贿嘱"或"有财请托"。虽然如此，该文仍提出不少有价值的观点，如"在统治者眼里，官场请托除了助长贿赂、贪污等腐败现象，而且官员在请托中跑关系、拉帮派易滋生朋党政治，威胁到君权，所以历代都将其视为整顿吏治的重点，严法禁止"[5]，"雍正一朝，由于胤禛继位之前熟睹'请托贿赂'等官场习气，深知官场请托的幕后玄机和危害，加之为防范其原先的'争储'政敌借相互请托结成朋党，所以执政后严禁请托，甚至达到不近人情之地步"[6]。

冬烘刚立足于书信这类以往较少利用的材料来探讨请托，有效地深化了其观点。与之具有相同特点的是徐忠明《门路与请托：清代官场实践的另一种逻辑——以李煦〈虚白斋尺牍〉为素材》。该文通过解析康熙宠臣李煦所作

---

〔1〕 王志勇："五代科场舞弊现象探究"，载《黑龙江史志》2010年第1期，第22页。

〔2〕 参见姚硕："论两宋科举取士中的舞弊手段"，载《赤峰学院学报》2013年第10期，第12页。

〔3〕 冬烘刚："从《荣禄存札》看晚清官场请托"，载《历史档案》2013年第4期，第102页。

〔4〕 参见冬烘刚："从《荣禄存札》看晚清官场请托"，载《历史档案》2013年第4期，第102—108页。

〔5〕 冬烘刚："从《荣禄存札》看晚清官场请托"，载《历史档案》2013年第4期，第105页。

〔6〕 冬烘刚："从《荣禄存札》看晚清官场请托"，载《历史档案》2013年第4期，第106页。

《虚白斋尺牍》，指出李煦"凭借特殊的身份与官场地位，再加上自己的苦心经营"[1]，构建官场网络，找门路、托人情，在庇护姜氏族人的同时，也"侵蚀、扭曲甚至破坏正式制度和权力结构"[2]。

二、提及、简单分析《唐律疏议》中的请托罪法条

张洪林、曾友祥《唐朝的廉政立法剖析》[3]，赵伟、赵肖筠《浅析唐律对贪污贿赂性质犯罪的规定》[4]，李影《中国古代监察权力控制机制研究》[5]，因所探讨的主题不是请托，故此对相关法条的分析比较简单。

三、梳理、阐释《唐律疏议》《宋刑统》中的请托罪法条及执行情况

刘馨珺《"请求"罪与公私之分际》从"公""私"的角度出发，研究唐代的无贿请求、有贿请求。文章主体包括三个部分：第一部分"唐律'请求'等罪之解读"，分无贿的请求罪、有贿的请求罪来分析唐律的相关条文；[6]第二部分"请求罪的沿革"，分唐以前的请赇罪、唐律"公事"请求的内涵、宋元"请谒"的特别规定、明清"嘱托"罪的形成等加以梳理；[7]第三部分"唐代实例之分析"，分政治性的请求事件、社会性的请谒风气加以阐释。[8]该文背景宏大，分析细致，富有深度，但以下问题有待商榷。其一，无贿请求、有贿请求虽然都是以"私"犯"公"，但其"私"又有所不同：无贿请求的"私"主要是与他人的人情、关系，有贿请求的"私"更倾向于本人获得的物质利益，将二者混同讨论，没有突出无贿请托的主要倚靠人情的特殊

---

〔1〕 徐忠明："门路与请托：清代官场实践的另一种逻辑——以李煦《虚白斋尺牍》为素材"，载《华南师范大学学报》2021年第1期，第16页。

〔2〕 徐忠明："门路与请托：清代官场实践的另一种逻辑——以李煦《虚白斋尺牍》为素材"，载《华南师范大学学报》2021年第1期，第29页。

〔3〕 张洪林、曾友祥："唐朝的廉政立法剖析"，载《华南理工大学学报》1999年第1期，第66—70页。

〔4〕 赵伟、赵肖筠："浅析唐律对贪污贿赂性质犯罪的规定"，载《长治学院学报》2005年第1期，第6—9页。

〔5〕 李影："中国古代监察权力控制机制研究"，黑龙江大学2005年硕士学位论文。

〔6〕 参见刘馨珺："'请求'罪与公私之分际"，载高明士主编：《唐律与国家社会研究》，五南图书出版股份有限公司1999年版（本出版信息以下省略），第232—242页。

〔7〕 参见刘馨珺："'请求'罪与公私之分际"，第242—270页。

〔8〕 参见刘馨珺："'请求'罪与公私之分际"，第270—279页。

性。其二，出于对"请求"的深入研究，而将"请求"扩大至"请"及与之相关的行为，如认为秦律"书请"的行政请示方式——"有事请也，必以书，毋口请，毋羁请"[1]，是"法律上也允许若干请求方式的存在"[2]；再如认为明代"受人财为请求"罪的消失，源于北宋末年以来"书铺"出现，"本来就进行着'受人财为请求'的工作，所以人民到官府办公事时，对于中间受财任事者的处罚，已无意义"[3]，有欠妥当。

刘馨珺《宋代的请托风气——以"请求"罪为中心之探讨》对宋代的"请求"罪法条进行了细致梳理并探讨了执行问题。鉴于宋代的请求罪将《唐律》中的"有所请求""受人财为请求""有事以财行求"合成"请求公事"门，刘馨珺此文一如前文，亦将"无贿请求及有贿请求"[4]一并探讨。文章主体包括三个部分。第一部分是"'请求'罪的法律规定"：从自行请求者的刑罚规定、媒介请求者的刑罚、宋代的实际刑度规定三个方面，分析《宋刑统》中的法律规定；从"受财枉法"的认定、受赃官员的惩处、官员人际关系的防范三个方面，分析宋元时期的相关法律规定。[5]第二部分是"'请求'罪与政治活动"，指出"请求"罪并未被"依法而治"，而是成为政坛倾轧的工具，且请求行为合理化。[6]第三部分是"'请求'罪的社会现象"，通过分析《清明集》中的请求案例，指出涉及请求的行为者有官员及其家属随从、胥吏、职役之人、豪富、低层士人，请求行为对庶民的狱讼、户役、赋税、风教等均有影响。[7]

郑丽《唐律中的请求罪》认为："请求罪，是指为有事之人向有关官员请求，请求做出有利于有事之人的处断的行为而构成的犯罪。"该文指出唐律中的无贿请求罪包括一般官吏请求主司曲法、监临势要为人嘱请，有贿请求罪包

〔1〕 刘馨珺："'请求'罪与公私之分际"，第245页。
〔2〕 刘馨珺："'请求'罪与公私之分际"，第244页。
〔3〕 刘馨珺："'请求'罪与公私之分际"，第268页。
〔4〕 刘馨珺："宋代的请托风气——以'请求'罪为中心之探讨"，载宋代官箴研读会编：《宋代社会与法律——〈名公书判清明集〉讨论》，东大图书股份有限公司2001年版（本出版信息以下省略），第145页。
〔5〕 参见刘馨珺："宋代的请托风气——以'请求'罪为中心之探讨"，第144—168页。
〔6〕 参见刘馨珺："宋代的请托风气——以'请求'罪为中心之探讨"，第168—184页。
〔7〕 参见刘馨珺："宋代的请托风气——以'请求'罪为中心之探讨"，第184—197页。

括非监临主司官吏受财为请求、监临势要受财为请求。[1]

谢红星《唐代的请托及其法律治理困境》界定了请托："又称请谒、干请、嘱托、请求，史书中多有记载。……但都是指通过某种途径请求主管官员曲法处断公事的行为。"[2]文章指出唐代请托从类型上看，有司法请托、科举请托、铨叙请托和政治性请托；从途径上看，有直接向主司请托和委托他人（监临势要、与主司关系密切之人、与监临势要关系密切之人）向主司请托；从手段上看，有以财物请托、以情色请托和空手请托。[3]该文还分析了唐律治理请托效果不佳的原因——复杂的请托实践、监临势要权势的威慑、公权力私化及不受有效监督。[4]

谢红星在《人情、贿赂与权势——唐代请托罪法深论》一文中指出，唐代请托罪可分为基于人情的请托罪、基于贿赂的请托罪和基于权势的请托罪，三者相较，立法对基于权势的请托罪的处罚最重，"说明基于权势的请托对主司行使职权执行公务干扰最甚，最容易达成，是请托的常态"。[5]

谢红星的两篇文章资料扎实、分析细致，但从其对请托的概念界定及具体行文来看，仍未将请托作"有贿""无贿"或"有财""无财"的区分。

四、梳理中国古代请托罪的立法过程、揭示其对当今立法的启示

周永坤《中国古代"请托"立法及其现代意义》认为："请托或曰嘱托，是一项为时已久的犯罪，它是以干扰公权力正当合法行使为手段、以谋取不正当利益为目的犯罪，它同公权力一样古老。"[6]该文包括请托之禁的沿革、请托罪的规范分析、请托之禁的现代意义三部分。[7]其中"请托之禁的沿革"在梳理请托罪的立法历程时，对相关的司法实践也进行了评价，但也没

---

[1]　参见郑丽："唐律中的请求罪"，载《河南公安高等专科学校学报》2006年第2期，第51—53页。

[2]　谢红星："唐代的请托及其法律治理困境"，载《法学家》2014年第6期，第41页。

[3]　参见谢红星："唐代的请托及其法律治理困境"，载《法学家》2014年第6期，第42—46页。

[4]　参见谢红星："唐代的请托及其法律治理困境"，载《法学家》2014年第6期，第51—54页。

[5]　谢红星："人情、贿赂与权势——唐代请托罪法深论"，载《甘肃政法学院学报》2016年第3期，第68页。

[6]　周永坤："中国古代'请托'立法及其现代意义"，载《河北学刊》2013年第1期，第162页。

[7]　参见周永坤："中国古代'请托'立法及其现代意义"，载《河北学刊》2013年第1期，第162—167页。

有将请托与贿赂区分开来，如指出："雍子将自己的女儿供奉给叔鱼（今之所谓'性贿赂'也）。叔鱼遂作出偏袒雍子的判决。"[1]事实上，此事的主要因素是贿赂，将其作为请托案例不太合适。

五、总体评价

中国古代请托罪法是中国重人情文化背景下保证法律权威的产物，在情与法的关系方面作了艰难但有益的探索。相关的预防措施力图防患于未然，也具有一定的积极意义。对它们加以梳理、分析、研究，有助于我们更为清楚地认识请托的法律和文化实质，明确请托罪法的独特民族价值（古代西方主要法典中没有请托罪法），了解中国古代国家治理请托的一般途径，从而深化对中国法制史、古代史的研究。

相对于请托治理实践的绵长及复杂而言，已有的研究还有一定的拓展空间，今后需做好以下几方面的工作。

（1）准确界定请托的概念，将其与交通、干谒、瞻徇、回护以及贿嘱、贿赂明确区分开来，从而凸显出请托的法律与文化实质。

（2）全面考察皇帝、各级官员、普通民众对请托的态度，认识请托存在的社会特点、民意基础。

（3）中国古代对请托的治理不仅是立法打击一途，还制定有多种预防措施，立足于史料，总结不同时代预防请托的行政司法制度和临时措施，以全面了解对请托的治理。

（4）广泛结合法学、史学、文学的相关文献，评价请托罪法的执法情况。

中国古代的请托犯罪与国家治理牵涉面较广，比较复杂，本书只是抛砖引玉。不足之处，敬请各位方家、学者批评指正。

---

[1] 周永坤："中国古代'请托'立法及其现代意义"，载《河北学刊》2013年第1期，第162页。

第一章　中国古代请托罪法的立法历程[1]

中国古代社会以人情礼义为构成基础，请托现象普遍存在[2]，不可避免地对司法、行政造成干扰以至威胁，禁止其存在的法律于是应运而生，本书称之为请托罪法。它是中国古代有别于西方法律的一个特色部分，其立法及实施状况比较典型地体现了情与法的复杂关系，对当今进行相关立法具有重要借鉴意义（现今尚未有专门的请托罪法）。

中国古代请托罪的立法经历了萌芽期、形成期、成熟期三个阶段。

第一节　先秦：请托罪法的萌芽期

《尚书》中即有明确禁止请托行贿的规定。《吕刑》篇载西周时穆王训云：

> 五辞简孚，正于五刑；五刑不简，正于五罚；五罚不服，正于五过。五过之疵，惟官、惟反、惟内、惟货、惟来。其罪惟均，其审克之。五刑之疑有赦，五罚之疑有赦。其审克之。

唐孔颖达认为这段话的大意是：因犯、证人的言辞经检验核实真实可信，符合墨、劓、剕、宫、大辟五刑所定，则以五刑处罚；据其言辞，不符合五刑所定，应该适用于对应的五罚，允许其用金钱赎罪；据其言辞，不符合五罚所定，算作五过，过失可宥，则赦宥之。若应刑而入罚，应罚而入过，妄

---

〔1〕　本节内容于 2010 年完成，后综合第六章的部分内容，写成《也谈中国古代的请托罪法》一文。今录于此，一仍其旧。

〔2〕　《史记》卷一二八《龟策列传》就多有"卜请谒于人得不得"（第 2454 页）之记载，表明请托已成为生活的常态。元世祖忽必烈以少数民族视角，认为"汉人徇私"，见（清）嵇璜、曹仁虎等：《续通志》卷六一《元纪·世祖》"至元二十三年四月己未"，《景印文渊阁四库全书》第 393 册，第 73 页。

赦免之，则为"五过之疵"——"五过"的使用出现错误，其因由在于囚犯与有司曾为同僚、有司为囚犯讳饰事实、囚犯有亲戚在官或通过亲戚说情、囚犯行贿而枉法、囚犯与有司为旧相识。此为有司故出入人罪，其罪与犯人同，有司应当审核事实，不有此五种表现。若入于五刑有疑，则赦免从罚；若入于五罚有疑，则赦免不罚。诸侯国君清证审察，使弊病不行，是为善政。[1]

这里需要注意的是"惟来"的"来"，陆德明《经典释文》云："来，马本作求，云：'有求，请赇也。'"[2]马融所依《尚书》为真古文本，今存本为伪古文，应依马文。赇指贿赂，求可通赇。请赇，指私相请托和接受贿赂。请求有时与请赇同义，有时单指无财请托。另沈家本《汉律摭遗》认为"惟求"指索赇，"惟货"指行贿。[3]

从《尚书》的这段文字可以看出以下几点：（1）首次概括了有司枉法的几种主要表现，其中"惟官""惟内""惟货""惟来"都含有请托成分，可见请托是司法官最主要的主观过错，对司法的公平正义危害最广；（2）包括请托在内的"五过之疵"严重干扰了司法公正，因而确立了严厉的惩处措施——与犯者同罪，这为唐以后的请托罪法所因袭，成为一个原则；（3）惩处方式由穆王以训诰形式颁下，非临时的权宜之计，具有较高、较正式的法律效力；（4）请托虽已受到关注，但与贿赂常相伴而生，此时在定性及惩处上尚未将其独立出来。[4]由以上可见，《吕刑》虽未将请托独立出来，但涉及了请托的表现和惩处措施，对后代的相关立法具有深远影响。

---

〔1〕参见《尚书正义》卷一九《吕刑》，《十三经注疏》（二），第546—547页。关于五过，是与五刑、五罚一样属于刑罚名称，还是下文所言有司不能秉公断案的五种表现，历来有不同看法，兹从前说。相关争论可参见孙星衍：《尚书今古文注疏》，中华书局2004年版，第531页。

〔2〕《尚书正义》卷一九《吕刑》，《十三经注疏》（二），第545页。

〔3〕沈家本：《汉律摭遗》卷二《受财枉法》，《历代刑法考》（一），中华书局2006年版，第1406页。

〔4〕（清）惠栋《九经古义》卷四《尚书古义下》认为："汉《盗律》有受赇之条，即经所云'惟货'也；又有听请之条，即经所云'惟求'也。"[《九经古义》，《丛书集成初编》第254册，中华书局1985年版（本出版信息以下省略），第46页]《二年律令·盗律》有吏受赇枉法的规定（张家山二四七号汉墓竹简整理小组：《张家山汉墓竹简［二四七号墓］》，文物出版社2001年版，第142页），并无听请的规定，说明在吕后二年（前186）之前，律中并无听请之条，请托尚未从贿赂中分离出来，先秦时更不可能区分得清楚。惠栋只依《史记》《汉书》推断，未见类似《二年律令》的材料，故有此说。

战国李悝著《法经》六篇，为中国历史上第一部比较系统完整的私家成文法典。从现存片段看，有禁止受贿的"金禁"规定而无禁止请托的内容。秦律承《法经》，尚未有单独的请托罪法，《法经》也应没有，韩非子、商鞅等没有论及请托罪立法也可参证。

先秦其他文献中亦有关于禁止、惩处请托的内容。《墨子·号令》："离署左右，共入他署，左右不捕；挟私书，行请谒，及为行书者；释守事而治私家事；卒民相盗家室、婴儿，皆断无赦。"[1] 只言挟书请谒，未言贿赂，则应为单纯的请托行为，其罪与渎职、偷盗并列，惩处方式是皆斩无赦。此处的请谒非指一般情形，而是作战守城时的行为；惩处方式也非正式的国家法律，而是学者探讨的"守城之法"，但将其单独呈现，应该说是一个发展。

从《睡虎地秦墓竹简》可推知，秦时已有较完整、详备的法律体系，但有禁止贪赃的规定而无禁止请托的内容。其中《法律答问》指出司法官若有意断案不公，为"不直"罪（指不实、不公），要处以反坐。"不直"的涉及面较《吕刑》的"五过之疵"为广，包含但不限于请托，依然不是请托罪的专门立法。其他史料也无相关记载，可见当时请托罪立法依然是空白。

先秦法家将请托现象独立看待，并对其之于法治的危害有深切认识。如《韩非子·饰邪》："释法禁而听请谒，群臣卖官于上，取赏于下，是以利在私家而威在群臣。……此废法禁、后功劳、举名誉、听请谒之失也。"[2]《管子·立政九败解》："人君唯毋听请谒任誉（按：'誉'似应作'举'），则群臣皆相为请。然则请谒得于上，党与成于乡。如是，则财货行于国，法制毁于官，……请谒任誉之说胜，则绳墨不正。"[3] 若绝请托，则需一依于法。如《管子·任法》："世无请谒任举之人，无间识博学辩说之士，无伟服，无奇行，皆囊于法以事其主。"[4] 法治与请托可谓水火不容。杜绝请托的关键在于君主从公行事、明法任贤。如《韩非子·南面》："人臣者，非名誉请谒无以进取，……三者，惛主坏法之资也。人主使人臣，虽有智能，不得背法而专

---

〔1〕《墨子间诂》卷一五《号令》，《诸子集成》（4），上海书店出版社1986年版（本出版信息以下省略），第357页。

〔2〕《韩非子集解》卷五《饰邪》，《诸子集成》（5），第92页。

〔3〕《管子校正》卷二一《立政九败解》，《诸子集成》（5），第339页。

〔4〕《管子校正》卷一五《任法》，《诸子集成》（5），第256页。

制；虽有贤行，不得逾功而先劳；虽有忠信，不得释法而不禁：此之谓明法。"[1]《商君书·错法》亦云："故人君者，先便请谒而后功力，则爵行而兵弱矣。……是以明君之使其民也，使必尽力以规其功，功立而富贵随之，无私德也，故教流成。"[2]将杜绝请托的主体限于君主，一定程度上抓住了问题的关键，但这只是德行要求，无法强制执行。对于可以强制执行、存在更普遍的一般官员的请托行为，尚没有在立法上加以体现，即便是制定了严苛法令的商鞅，也没有专门涉及请托。不过上述思想对于后世将请托罪单独立法，且将其推到人情对立面加以严厉打击的做法，显然有直接影响。

由上可以看出，《吕刑》已涉及了请托，并有明确而严厉的惩处措施，但尚未将其与贿赂分开而明确单列为一种犯罪类型，直至秦时依然如此。另外，纵观春秋战国时期，其所确立的刑罚原则并没有得到认真、普遍的实施，这已经昭示出请托罪立法易而实施难的困境。战国末期法家将请托作为独立的现象并多有论及，表明对其独有特征已有较深入认识，但尚未上升到立法层面，这可能有两个原因：一是立法难度较大，不易认定并实施；二是其危害不及贿赂直接和重大，为不急之务。不过其理论对后世的请托罪立法显然有指导意义。

第二节　汉至隋：请托罪法的形成期

西汉初的法律可参照《张家山汉墓竹简》中的《二年律令》，其《盗律》有反贪赃枉法的规定，但依然无禁止请托的内容，其他已出土汉简中亦未发现。

至汉武帝时出现请托罪法。《汉书·王子侯表上》载元狩五年（前118）沈猷夷侯刘受"坐为宗正听请，不具宗室，耐为司寇"[3]，颜师古注："受为宗正，人有私请求者，受听许之，故于宗室之中事有不具，而受获罪。"因听受请托而被罚往边地戍守防敌。"耐为司寇"应是依律判罚。《汉书·外戚恩泽侯表》载，汉宣帝时平丘侯王迁"坐平尚书听请受臧六百万，自杀"，三

---

[1]《韩非子集解》卷五《南面》，《诸子集成》（5），第85页。
[2]《商君书·错法》，《诸子集成》（5），第20页。
[3]《汉书》卷一五上《王子侯表上》，第322页。

国魏如淳注引汉律："律，诸为人请求于吏以枉法，而事已行，为听行者，皆为司寇。"[1]意谓根据法律规定，请托事已施行的，请托者与受托者要罚往边地戍守防敌。如淳所引律条显然是针对单纯的请托，因为若有受赃行为可能被处以死刑，上例中王迁之所以自杀正是有受赃行为。

以上所举为受托，主动请托亦要被治罪。《史记·惠景间侯者年表》载建元六年（前135）乐平侯卫侈"坐以买田宅不法，又请求吏罪，国除"[2]。《汉书·百官公卿表上》载"武帝元封五年初置部刺史，掌奉诏条察州"[3]，颜师古注引《汉官典职仪》云："刺史班宣，周行郡国，省察治状，黜陟能否，断治冤狱，以六条问事，非条所问，即不省。……四条，二千石选署不平，苟阿所爱，蔽贤宠顽。五条，二千石子弟恃怙荣势，请托所监。"[4]所据六条虽非直接的法条，但应有法律背景（监察、考核官员时依据的准则），可旁证此时请托要受法律制裁。

上述请托不涉及钱权交易。若是贿赂枉法，则另有"行言许受财"条（《二年律令》中受赇枉法归于《盗律》）。《春秋公羊传·宣公元年》："六月，齐人取济西田。"公羊寿传："曷为赂齐？为弑子赤之赂也。"汉何休解诂："未之齐坐者，由律行言许受赂也。"[5]又《春秋公羊传·宣公十年》："齐人归我济西田。"唐徐彦疏："齐乃许取其赂而与之同，似若汉律行言许受财之类，故云当坐取邑耳。"[6]清惠栋认为"汉律有受赇之条，又有听请之条"[7]，有一定根据。将请托与贿赂区分开来，是汉律的一大进步。请托罪法不见于汉武帝之前，应是汉武帝时大规模立法的产物。

汉律关于请托的刑罚有几点值得关注：（1）从结果着眼，强调事已行才治罪，若虽允但不及行则无罪，这与唐律不同；（2）刑罚的方式是一律耐为司寇，不分事之大小、程度轻重；（3）请托者与受托者一体治罪，这是一个

[1]《汉书》卷一八《外戚恩泽侯表》，第582页。

[2]《史记》卷一九《惠景间侯者年表》，第834页。《汉书》卷一六《高惠高后文功臣表》作"坐买田宅不法，有请赇吏，死"（第509页）。

[3]《汉书》卷一九上《百官公卿表上》，第623页。

[4]《汉书》卷一九上《百官公卿表上》，第623—624页。

[5]《春秋公羊传注疏》卷一五《宣公元年至九年》，《十三经注疏》（八），第322页。

[6]《春秋公羊传注疏》卷一六《宣公十年至十八年》，《十三经注疏》（八），第344页。

[7]（清）惠栋：《九经古义》卷一四《公羊古义下》，《丛书集成初编》第254册，第154页。

重要原则，后为唐律所承继；（4）处罚程度轻于受贿、贪污，受贿、贪污者往往至死。[1]可见请托罪已单独立法，但具体规定尚较粗疏。

东汉承西汉律，请托亦受惩处。《后汉书·郅寿传》："是时大将军窦宪以外戚之宠，威倾天下。宪尝使门生赍书诣寿，有所请托，寿即送诏狱。"[2]《后汉书·梁松传》："松数为私书请托郡县，二年，发觉免官，遂怀怨望。"[3]《后汉书·蔡邕传》："近者以辟召不慎，切责三公，而今并以小文超取选举，开请托之门，违明王之典。"[4]因请托而被送诏狱、被免官、被认为违典，说明是据法而断。

魏改汉律，"《盗律》有受所监受财枉法，《杂律》有假借不廉，《令乙》有呵人受钱，科有使者验赂，其事相类，故分为《请赇律》"[5]。单设《请赇律》，较汉律在律名上是一大进步。从分类内容可知，《请赇律》所涉均与财物有关，请托是否包含其中不得而知。

其后晋律、宋律、南齐律、梁律、后周律皆有《请求律》（或作《请赇律》，梁名《受赇律》）。此时北魏律名不详，北齐律无《请赇律》，从后来隋律的继承情况看，应已并入《违制律》中。

隋代《开皇律》无请赇类，其律名同唐律，唐律请求事在《职制律》，《开皇律》应亦同。炀帝时《大业律》又复设《请赇律》。

汉武帝时已区分请托与贿赂，后世立法总体趋势是愈加精细合理，应该也会区分二者。《梁书·顾宪之传》："至于权要请托，长吏贪残，据法直绳，无所阿纵。"[6]《梁书·沈瑀传》："县大姓虞氏千余家，请谒如市，前后令长莫能绝，自瑀到，非讼所通，其有至者，悉立之阶下，以法绳之。"[7]若请托则"据法直绳""以法绳之"，可见应有请托罪法。北齐文宣帝时尝"令守宰

---

〔1〕《汉书》卷二三《刑法志三》："当斩右止，及杀人先自告，及吏坐受赇枉法，守县官财物而即盗之，已论命复有笞罪者，皆弃市。"（第931页）

〔2〕《后汉书》卷二九《郅寿传》，第694页。

〔3〕《后汉书》卷三四《梁松传》，第784页。

〔4〕《后汉书》卷六〇下《蔡邕传》，第1351页。

〔5〕《晋书》卷三〇《刑法志》，第601页。

〔6〕《梁书》卷五二《顾宪之传》，第526页。

〔7〕《梁书》卷五三《沈瑀传》，第533页。

各设棒，以诛属请之使"[1]。此等严刑峻法为"罕依律文"的结果，但亦反映出请托要受惩处。唐律源于《开皇律》，《职制律》有专门惩处请托的"有所请求"条，则《开皇律》之《职制律》应该亦有请托罪之条。此阶段请托罪法的具体条文较汉武帝时是否有较大变化已不可详考。

从以上可见，自汉武帝始，请托已从贿赂中独立出来，专门予以立法，这将请托罪提到了更重要的法律层面，为惩处提供了充分的依据，也反映出随着社会经济的发展、交流的便利，请托日益普遍，危害愈大。当然这时期法条规定尚较粗疏单一。

第三节　唐至清：请托罪法的成熟期

与唐前不同，唐以后主要律典都有完整文本留存，故得以较准确探讨其请托罪立法的情况。

唐律的代表法典是《唐律疏议》，律文成于贞观年间，疏议成于永徽至开元年间。其《职制》类主要收录与官员博名、财产犯罪相关的条款17条，其中有"有所请求"条，专述不涉及财物的请托犯罪。

有所请求

诸有所请求者，笞五十。谓从主司求曲法之事。即为人请者，与自请同。主司许者，与同罪。主司不许，及请求者皆不坐。已施行者，各杖一百。

【疏】议曰：凡是公事，各依正理，辄有请求，规为曲法者，笞五十。即为人请求，虽非己事，与自请同，亦笞五十。主司许者，谓然其所请，亦笞五十，故云"与同罪"。若主司不许，及请求之人皆不坐。已施行，谓曲法之事已行，主司及请求之者各杖一百，本罪仍坐。

所枉罪重者，主司以出入人罪论。他人及亲属为请求者，减主司罪三等。自请求者，加本罪一等。

【疏】议曰：所枉重者，谓所司得嘱请，枉曲断事，重于一百杖者，

---

[1]《隋书》卷二五《刑法志》，第477页。

主司得出入人罪论。假如先是一年徒罪，嘱请免徒，主司得出入徒罪，还得一年徒坐。他人及亲属为请求者，减主司罪三等，唯合杖八十，此则减罪轻于已施行杖一百，如此之类，皆依杖一百科之。若他人、亲属等嘱请徒二年半罪，主司曲为断免者，他人等减三等，仍合徒一年，如此之类，减罪重于杖一百者，皆从减科。若身自请求而得枉法者，各加所请求罪一等科之。

即监临势要势要者，虽官卑亦同。为人嘱请者，杖一百。所枉重者，罪与主司同。至死者，减一等。

【疏】议曰：监临者，谓统摄案验之官。势要者，谓除监临以外，但是官人，不限阶品高下，唯据主司畏惧不敢乖违者，虽官卑亦同。为人嘱请曲法者，无问行与不行、许与不许，但嘱即合杖一百。主司许者，笞五十。所枉重于杖一百，与主司出入坐同。主司据法合死者，监临势要合减死一等。[1]

由以上可以看出：（1）将请托犯罪列入《职制》类，强调了其主体是官员。事实上无财请托者很多都是权势之人；（2）继承了汉律请托与贿赂分离（与贿赂相关的请托另有"受人财为请求""有事以财行求""监主受财枉法""事后受财"诸条）、请托者亦受惩处的原则，规定得更为明确；（3）主司已许，虽未施行，亦要受惩，与汉律事已行才受惩不同；（4）请托者若为官吏，惩处重于普通人，因其本为知法、执法者之故；（5）规定颇为细致具体，区分了轻重不同的情况，可操作性强。

《唐律疏议》的请托罪法较为完备详细，是其走向成熟的里程碑，其量刑的原则、对象、幅度等基本为后代承袭。唐睿宗太极元年（712）四月辛丑，为解决长期以来"赃贿不息，渝滥公行，放心未宁，禁犯无惧"的衰态，唐睿宗下制对官员实行重罚："自今已后，造伪头首者斩，仍没一房资财，同用荫者并停夺。"为保障此一严刑峻法的功能，他申明："上下官僚辄缘私情相嘱者，其受嘱人宜封状奏闻。成器已下，朕自决罚。其余王公已下，并解见任官，

――――――――――

[1] 刘俊文点校：《唐律疏议》卷一一《职制·有所请求》，法律出版社1999年版，第238—239页。

三五年间不须齿录。其进状人别加褒赏。御史宜令分察诸司。"〔1〕首次提出对举发请托者予以奖励，弥补了律文规定的不足，直接影响了《大明律》奖励举报请托规定的形成。另外，作为一时条规，对请托的惩处是一律免官，明确将请托与免职联系起来，也与律文区分事由轻重不同。

《宋刑统·职制律》有"请求公事"〔2〕门，关于请托的规定全承《唐律疏议》，只是将原"受人财为请求""有事以财行求"也并入本门，将无财请托与有财请托合并归为一大类，其具体条款没有变化。宋代请托严重，甚至出现"私谒公门"的情况，皇帝因之屡次下旨，以刹请托之风。如太祖建隆三年（962）"十一月癸亥，禁奉使请托"〔3〕，孝宗淳熙五年（1178）"六月庚午，饬百官及诸监司毋得请托"〔4〕，"淳熙末，严寺官出谒之禁，以防请托、漏泄之弊"〔5〕。一再下旨禁止请托，正说明请托罪法未被认真实施，未发挥应有的功能。

西夏《天盛改旧新定律令》规定："行贿者按受贿者之从犯法，及有中间说情者，比行贿者罪减一等。若讲情、传贿都有，则讲情比传贿当再依次减一等。"〔6〕此处的大前提是行贿受贿，"中间说情者"与"讲情"者不管其本人是否得到财物，都并非单纯请托罪中的请托者，而是行贿、受贿过程中的中间人。

辽律没有完整存本，由《辽史·刑法志》可看出有关于贪赃枉法之条，但无单独的请托之条。不过另有针对具体问题的诏敕，如圣宗统和十二年（994），耶律隆运"奏三京诸鞫狱官吏，多因请托，曲加宽贷，或妄行搒掠，乞行禁止。上可其奏"〔7〕。又，圣宗太平六年（1026）下诏，对于贵戚犯法

〔1〕《旧唐书》卷七《睿宗本纪》，第107页。

〔2〕薛梅卿点校：《宋刑统》卷一一《职制律·请求公事》，法律出版社1999年版，第196—199页。

〔3〕《宋史》卷一《太祖本纪一》，第8页。

〔4〕《宋史》卷三五《孝宗本纪三》，第447页。

〔5〕《宋史》卷一六五《职官志五》，第2615页。

〔6〕史金波、聂鸿音、白滨译注：《天盛改旧新定律令》卷二《贪状罪法门》，法律出版社2000年版，第148页。

〔7〕《辽史》卷八二《耶律隆运传》，法律出版社1999年版，第878页。

要一体惩处，"其不按辄申，及受请托为奏言者，以本犯人罪罪之"〔1〕。这些零星的诏敕自然无法与成文法相比，不过也表明对请托有所关注。其"以本犯人罪罪之"，与唐律"主司许者，与同罪"〔2〕之旨相同。

金代多次修律，较著名者有成于明昌五年（1194）的《明昌律义》。金章宗承安三年（1198）十一月"定属托法"〔3〕，知《明昌律义》中无请托罪法，后专门补之，可见对请托的重视。泰和元年（1201）修成《泰和律义》，基本同唐律，请托罪法应列入其中。不过在金章宗之前，已有请托受惩的事例，如海陵王佞臣张仲轲劝止以真定府潭园材木营建燕京宫室，海陵王"意仲轲受请托，免仲轲官"〔4〕。又，近侍局副使裴满可孙为受世宗长子"永中请托，为（其子）石古乃求除官"，时裴满可孙已改同知西京留守，"犹坐免"〔5〕。受请托而遭免职，惩处较重。唐古部族节度使移剌毛得之子杀妻而逃，大定十五年（1175）皇姑梁国公主为其求情，世宗对宰臣道："公主妇人，不识典法，罪尚可恕。毛得请托至此，岂可贷宥。"〔6〕受托求情为"罪"，请托者更不可宽恕，明确将请托作为犯罪看待。在正式立法之前就将请托视为违法而惩处，应是一种"法律直觉"，也可能是受唐宋律的影响。

《大元通制条格·杂令》有"请谒"条，规定："诸诉讼人若于应管公事官员私递谒托，又诸官吏入茶坊酒肆，及该载不尽应合纠察事理，委监察御史并行纠察。"〔7〕"今后求仕官吏已未授除其间，不得于省院台部等内外诸衙门当该官吏处私第谒托酬谢及邀请宴会。如违，当该官吏并求仕人员一体究治。"〔8〕这里涉及司法与选官两个最易滋生请托的领域，但不具有普遍适用性，也无惩处措施。《元典章·刑部》引《至元新格》："诸词讼，若证验无疑，断例明白，而官吏看循，故有枉错者，虽事已改正，其元断情由仍须究

---

〔1〕《辽史》卷六一《刑法志上》，第576—577页。
〔2〕刘俊文点校：《唐律疏议》卷一一《职制·有所请求》，第238页。
〔3〕《金史》卷一一《章宗本纪三》，第164页。
〔4〕《金史》卷一二九《佞幸传》，第1861页。
〔5〕《金史》卷八五《永中传》，第1260页。
〔6〕《金史》卷七《世宗本纪中》，第106页。
〔7〕郭成伟点校：《大元通制条格》卷二七《杂令·请谒》，法律出版社2000年版，第300页。
〔8〕郭成伟点校：《大元通制条格》卷二七《杂令·请谒》，法律出版社2000年版，第301页。

治。"〔1〕较之唐律，这一规定显得很简单。元初用金律，后自定法律，反而将较成熟的请托罪法简易化，可见统治者并未意识到请托的广泛危害，或其并不认为请托普遍存在。

《大明律》之《刑律》有"嘱托公事"条，基本与唐律之《职制》"有所请求"条同，其不同处，除具体文字表述略有差异外，还有以下几点：（1）《唐律疏议》"有所请求"在《职制》类中，将其归为官员犯罪，而《大明律》归入《刑律·杂犯》（将受财枉法归入《刑律·受赃》）。这有其道理：受托者与请托者均要受惩处，受托者固为官员，而请托者为"凡官吏诸色人等"，并不限于官吏，故归入《杂犯》更合适。（2）《唐律疏议》从后果着眼，规定若不听嘱托，受托者与请托者均不坐，《大明律》改为嘱者"但嘱即坐"〔2〕，不分听与不听。这样从动机及行为本身着眼，区分请托者与受托者，显然更合理，更有利于惩处请托。（3）增加"若官吏不避监临势要，将嘱托公事实迹赴上司首告者，升一等"〔3〕的规定，试图通过奖励举报遏制请托现象，与"但嘱即坐"的规定相应。单从立法角度讲，这应是有效措施：请托者事前得考虑自己的行为是否会被举报而获罪。（4）除本条规定外，其他条目中还有针对特定事项惩处请托的规定，如《兵律一·宫卫》"禁经断人充宿卫"条〔4〕、《兵律三·关津》"诈冒给路引"条〔5〕。另外，具有法律效力的《问刑条例》及《明会典》中也有惩处请托的条款，如《问刑条例》之《吏律一·职制》"贡举非其人条例"〔6〕、《户律四·仓库》"揽纳税粮新颁条例"〔7〕、《刑律七·诈伪》"诈假官条例"〔8〕，《明会典》卷一〇六《兵部一》"考选军政"条之"事例"〔9〕、卷一六四《都察院一》"问拟刑名"

〔1〕　陈高华、张帆、刘晓、党宝海点校：《元典章》卷五三《刑部卷十五·诉讼》"听讼"，中华书局、天津古籍出版社2011年版，第1748页。

〔2〕　怀效锋点校：《大明律》卷二六《刑律九·杂犯》"嘱托公事"，法律出版社1999年版（本出版信息以下省略），第202页。

〔3〕　怀效锋点校：《大明律》卷二六《刑律九·杂犯》"嘱托公事"，第203页。

〔4〕　怀效锋点校：《大明律》卷一三《兵律一·宫卫》"禁经断人充宿卫"，第102页。

〔5〕　怀效锋点校：《大明律》卷一五《兵律三·关津》"诈冒给路引"，第118页。

〔6〕　怀效锋点校：《大明律》附《问刑条例·吏律一·职制》"贡举非其人条例"，第365页。

〔7〕　怀效锋点校：《大明律》附《问刑条例·户律四·仓库》"揽纳税粮新颁条例"，第376页。

〔8〕　怀效锋点校：《大明律》附《问刑条例·刑律七·诈伪》"诈假官条例"，第432页。

〔9〕　（明）徐溥等撰、李东阳等重修：《明会典》，《景印文渊阁四库全书》第618册，第11页。

条之"宪纲"[1]、卷一六七《通政使司》"吏科"条之"事例"[2]、卷一八
〇《上二十二卫》"镇抚司"条之"事例"[3]。这些条款是《大明律》"嘱
托公事"条的重要补充,其惩处力度一般都重于"嘱托公事"条所定。由上
可见,明律请托罪法的规定比此前更细致、严格、合理。

《大清律例》之《刑律》中"嘱托公事"条一仍《大明律》,个别地方的
注释更为明确。另外,将明代《问刑条例》《明会典》中的一些相关规定融入
相应的律例中,使体例更为合理,惩处力度与《大明律》基本相同。有些条
款增加了惩处请托的内容,如《户律·仓库下》"收支留难"条[4]、《刑律·
断狱上》"故禁故勘平人"条[5]及"陵虐罪囚"条[6];有些条款加重了惩
处力度,如《吏律·职制》"贡举非其人"条规定乡试、会试中有嘱托行为,
双方都要斩决。[7]另外,《大清会典则例》卷一四《吏部·考功清吏司·营
私》"馈送嘱托"条收录了康、雍、乾三朝皇帝关于禁止请托的多条诏谕,也
具有法律作用,其中基本形成定例的提法是官员请托照不谨例革职,若受托
不举报则照受嘱不报例革职,[8]这与《大清律例》的规定有所不同。总体而
言,《大清律例》中的请托罪法较《大明律》有所发展。

由上可见,唐律标志着请托罪法走向成熟,奠定了基本格局,宋律承之。
西夏、辽、金、元几朝虽程度不等地有所倒退,但除西夏外,对请托罪也都
有各种形式的规定。明清两朝对唐律有所发展,使请托罪法更趋成熟完善。

随着清王朝的灭亡,古代请托罪立法也走向终结。1928 年民国政府颁布
《中华民国刑法》,这是民国正式颁布实施的第一部刑法,请托罪法被取消,
从此再也没有回到刑法中来。

---

〔1〕 (明)徐溥等撰、李东阳等重修:《明会典》,《景印文渊阁四库全书》第 618 册,第 628 页。
〔2〕 (明)徐溥等撰、李东阳等重修:《明会典》,《景印文渊阁四库全书》第 618 册,第 656 页。
〔3〕 (明)徐溥等撰、李东阳等重修:《明会典》,《景印文渊阁四库全书》第 618 册,第 758—
759 页。
〔4〕 田涛、郑秦点校:《大清律例》卷一二《户律·仓库下》"收支留难",法律出版社 1999 年
版(本出版信息以下省略),第 239—240 页。
〔5〕 田涛、郑秦点校:《大清律例》卷三六《刑律·断狱上》"故禁故勘平人",第 563 页。
〔6〕 田涛、郑秦点校:《大清律例》卷三六《刑律·断狱上》"陵虐罪囚",第 566 页。
〔7〕 田涛、郑秦点校:《大清律例》卷六《吏律·职制》"贡举非其人",第 146 页。
〔8〕 (乾隆)《大清会典则例》卷一四《吏部·考功清吏司·营私》"馈送嘱托",中国第一历
史档案馆书同文古籍数据库(本出版信息以下省略),第 28—33 页。

第四节　余论

通过以上对中国古代请托罪立法的梳理，可以看出先秦时请托即被关注，但尚未从贿赂中独立出来；汉至隋出现了独立的请托罪法，但尚较粗疏单一；唐以后走向具体详细。总体趋势是越来越独立，越来越完备。请托罪法直接反映着情与法的消长，一定程度上是考察该时代法律是否严密详备的一个窗口。

请托罪立法与文化背景密切相关。反观外国古代重要法典，有对法官公正廉洁的强调和规定，但没有独立的请托罪法，这在古巴比伦《汉穆拉比法典》（公元前十八世纪）、古赫梯《赫梯法典》（公元前十五世纪）、古罗马《十二铜表法》（公元前五世纪，残）、古印度《摩奴法典》（公元前二世纪至二世纪）、古法兰克《萨利克法典》（五世纪，残）、古罗马《学说汇纂》第48卷（罗马刑事法，六世纪）诸法典中都可看出。

现代有影响的外国刑法典一般都有贿赂罪，但都没有请托罪。[1]我国民国时期的《中华民国刑法》是参照当时主流的外国刑法制定的，故没有请托罪法。独立详细的请托罪法是中国重人情文化背景下保证法律权威的产物，其他国家没有请托罪法，是其轻人情、重契约的文化背景决定的。

另外，从少数民族政权立法也可看出文化背景的影响。唐以后的几个少数民族政权并未将唐律中独立细致的请托罪法全盘接受（或一开始未与其他法律一起接受），辽、金、元都如此。在统治者看来，夤缘请托乃"汉人陋习"[2]，他们是不用为此专门立法的。不过随着汉化程度的加深以及统治广大汉人的需要，请托罪法也应势而生，金代补立请托罪法就是显例。清朝统治者汉化程度深，故承袭了明律中的相关规定并有所发展。

---

　〔1〕　关于现代有影响的外国刑法典，参考萧榕主编：《世界著名法典选编·刑法卷》，中国民主法制出版社1998年版。其中《美国联邦刑法典》第六章《妨害司法罪》第二百四十三条规定："任何人书写或发送信件、书写的或印刷的通知，企图影响美国法院的陪审员对于其所处理的或参加处理的或与其职务有关的任何问题或事件的行动或决定者，处一千元以下罚金或六个月以下徒刑，或两刑并处。"（第17页）发送书面材料不一定都属私情枉法请托，这仍然不是完全的、纯粹的请托罪法。

　〔2〕　如元世祖忽必烈就认为"汉人徇私"，见（清）嵇璜、曹仁虎等：《续通志》卷六一《元纪·世祖》"至元二十三年四月己未"，《景印文渊阁四库全书》第393册，第73页。

　　古代请托罪法虽然后来发展得很成熟，但也有不足，较明显的是惩处范围主要限于司法领域，不够广泛。《尚书·吕刑》已奠定了这一趋向，唐律虽没有明确限于司法领域，但"所枉罪重者，主司以出入人罪论"的惩处原则是针对司法审判而言的。明律、清律除"嘱托公事"条外，其他条款中的请托内容正是针对司法以外的领域，但依然不够广泛。除司法领域外，请托在考试、选官（包括考核、升迁）、行政领域也极易普遍滋生，立法对这些领域的关注相对不足（唐律惩处贡举不实，但未明确涉及请托，明清对惩处科考请托有明确规定）。这一定程度上是法律对人情的妥协，反映出统治者无意将普遍存在的请托彻底铲除。

　　请托罪在古代立法上虽不断受到重视，但具体实施上却与立法初衷相去较远，其中所透射出的问题值得深思。

第二章 汉代的请托与治理

汉代是继秦之后，中国历史上又一大一统国家。汉代是古代请托罪法的形成期，其时的请托治理对后世也产生深远影响。

第一节 汉代的察举制与请托

请托的发生，与人、人情密切相关，但这只是文化，确切地说是"熟人社会"文化方面的原因；其发生，还有着制度方面的原因。如果说"熟人社会"文化的存在，导致人们在人情的驱遣下钻制度的空子，请托、受托；那么某些制度的设计，则因没有注意回避人、人情的因素，客观上为请托的发生创造了条件。汉代用以选官的察举制就属于这种情况。

夏、商、周选官实行世卿世禄制，按照血统世袭爵位、职位。这种方式以出身而论，导致出身低微、家境贫寒者基本没有进入国家管理阶层的可能。至春秋战国时期，社会剧烈动荡，需要大批人才，一些底层平民得以进入官僚阶层，世卿世禄制被打破。秦朝至汉初实行军功爵制，开辟了寒门之子以军功晋升的道路，但限于标准的严苛，选官途径仍然十分窄逼。汉代察举制的出现，较大程度地改变了这一局面。

察举指中高级官员通过考察，向朝廷荐举各种人才，是一种自下而上的选官方式。刘邦在争夺天下的过程中认识到人才的重要性，于高祖十一年（前196）下诏求贤："贤士大夫有肯从我游者，吾能尊显之。布告天下，使明知朕意。"[1]汉文帝不仅选拔各类人才，还实行新的选官方法，以便在更大范围内求得人才。文帝前元二年（前178），诏"举贤良方正能直言极谏者"[2]；十五年（前165），又"诏诸侯王、公卿、郡守举贤良能直言极谏

---

〔1〕《汉书》卷一下《高帝纪下》，第52页。

〔2〕《汉书》卷四《文帝纪》，第84页。

者，上亲策之，傅纳以言"[1]。这开创了汉代察举制的先河。武帝建元六年（前135），董仲舒建议："使诸列侯、郡守、二千石各择其吏民之贤者，岁贡各二人以给宿卫"，通过试用后，"量材而授官，录德而定位"[2]。武帝采纳了他的建议，于元光元年（前134），"初令郡国举孝廉各一人"[3]。察举制正式确立。[4]

汉代察举科目繁多，一般分常科、特科两类。常科有孝廉、秀才（东汉为避光武帝讳改称"茂才"）等，特科有贤良方正、贤良文学、明经、明法等。除了察举，汉代的选官方式还有征辟、任子、通经、献赋、赀选等，"除赀选外，各类选士均含有一定的察举性质"[5]。

察举的创制初衷是好的，具有积极意义。汉代幅员辽阔，在皇帝所见所闻有限的情况下，由中高级官员代替皇帝鉴别人才，识拔人才于草莽之中，一来缓解了"寒门""下品"怀才不遇的境况，二来为国家治理选拔了各种人才，扩大了统治基础。

但是，由于荐举缺乏统一的客观标准，且主要依靠人来执行，存有私心的贵族公卿遂得到可乘之机。他们或倚仗自身的权力、地位，或凭借与察举官员的人情、关系，为子孙、亲戚、朋友的前途而请托。察举官员身处人情社会，不可避免地受到人情的羁绊，或畏于权势，或碍于情面，不得不违心接受，为之开请托之门。请托就这样与察举相伴而生。

察举制最初实行时，请托虽时有发生，但尚不普遍。从西汉晚期开始，随着世族地主的崛起，以及外戚、宦官的专权，察举被作为把持政治、结党营私的工具，请托对察举制的侵害日益严重。五世公任南阳太守，因与东莱太守蔡伯起"同岁"，欲荐举其子。蔡伯起"自乞子瓒尚弱，而弟琰幸以成人"，五世公遂"是岁举琰，明年复举瓒"[6]。任情察举，全无顾忌。东汉"三杰"之一的王符曾这样揭露官场上请托的盛行：有察举权的官员"却于贵

---

[1]《汉书》卷四《文帝纪》，第92页。
[2]《汉书》卷五六《董仲舒传》，第1911页。
[3]《汉书》卷六《武帝纪》，第114页。
[4] 参见晁福林主编：《中国古代史》（上），北京师范大学出版集团2016年版，第202页。
[5] 许结："从察举到科举（一）"，载《古典文学知识》2000年第1期，第112页。
[6]（汉）应劭：《风俗通义》卷四《过誉》，《景印文渊阁四库全书》第862册，第375页。

人之风指，胁以权势之嘱托，请谒阛门，礼赘辐辏"[1]。其结果是，"权富子弟多以人事得举，而贫约守志者以穷退见遗"[2]，好的初衷就此变质。

其时，人们对人才荐举与私人交往之间的关系有一定思考。张汤之子张安世，武帝、昭帝、宣帝时三朝为官，累迁大司马车骑将军、领尚书事以及卫将军，集军政大权于一身，周密谨慎，为官廉洁。曾荐举他人，其人来谢，张安世大恨："以为举贤达能，岂有私谢邪？绝勿复为通。"[3]在他看来，为国荐举乃出于公心，并未掺杂私人感情，不必因之而交往。东汉"建安七子"之一的徐幹曾指出："先王之教，官既不以交游导民，而乡之考德，又不以交游举贤。……古之交也为求贤，今之交也为名利而已矣。……知福祚之来，不由于人也，故无交游之事，无请托之端。心澄体静，怡然自得，咸相率以正道，相厉以诚愨。"[4]认为三代时交往是出于公心而非私谊，只是发现人才的途径，而非取舍人才的因素。当时的官吏、民众都以先王之道为导向，为公而屏私，知晓论人以才学而不以私交，故请托自少。这样的思考虽然不多，却也触及了某些本质问题，即杜绝请托从根本而言是以公义为社会价值与用人导向，并最终成为士人的道德自觉。

任何一项制度都不是十全十美的，如察举制这样关系到国家治理的重大制度，其实施更需要完善的考核制度、严密的监察制度来辅助。汉代显然没有这方面的充分支持——东汉虽然在郡国荐举人数、具体标准方面有规定，惜乎比较粗糙。人情、请托对汉代察举制的腐蚀，不仅破坏了汉代的人才选拔、行政制度，还导致汉代最终走向分裂，孙家洲对此有精辟论述："部分显贵官僚，利用'请托'为手段，结成相互利用的关系网，实际控制了任人大权，于是，官僚子弟恒为官僚，形成了变相的职官世袭制度。'四世三公'之类世家大族的出现，就是以此为背景的。它最终成为汉末由统一趋向分裂的社会原因之一。"[5]

---

[1]　（汉）王符：《潜夫论》卷二《本政第九》，《景印文渊阁四库全书》第696册，第372页。

[2]　《后汉书》卷六一《黄琬传》，第1378页。

[3]　《汉书》卷五九《张安世传》，第2009页。

[4]　（汉）徐幹：《中论》卷下《谴交第十二》，《景印文渊阁四库全书》第696册，第488—489页。

[5]　孙家洲："'请托'之风对汉代人事制度的腐蚀"，载《成人高教学刊》1994年第4期，第23页。

第二节 汉代皇帝对请托的预防

汉代的传世文献在数量和种类上无法与明清比拟，因此对汉代皇帝关于请托的认识及相关治理措施，也无法像对明清皇帝那样有比较深入的了解，而只能是略知一二。从现有文献可见，汉代皇帝能够防患于未然，比较重视对请托的预防。

第一，创立、完善监察州郡的刺史制度，防范地方高级官员及其子弟的受托、请托行为。元封五年（前 106），汉武帝完善文帝时创立的刺史制度，将州部由 9 个增至 13 个，刺史由临时巡察改为常驻地方。[1] 刺史"以六条问事"[2]，"六条"是郡国守相与地方豪强相互勾结、威胁中央统治的六种罪行，其中第四、五条涉及了请托：第四条是"二千石选署不平，苟阿所爱，蔽贤宠顽"，即二千石受托或出于报恩等心理而选举不公；第五条是"二千石子弟恃怙荣势，请托所监"[3]，即二千石子弟仗势逞威，向主管人员请托。"六条"是郡国守相、地方豪强最恶劣的六种罪行，将请托包含在内，可见对请托的重视。

第二，为提高察举实效而规定的连带责任，有打击请托之效。汉时，"凡是被察举的孝廉名不符实、或不能胜任行政职务、或在任期内犯罪的，都要追究察举者的连带责任，视其情节轻重，分别给予贬秩、罢官等行政处罚"[4]。严延年宣帝时为河南太守，察举狱吏廉洁，但其实犯有赃罪，严延年"坐选举不实贬秩"[5]。何武成帝时任京兆尹，因所举方正者被召见时盘旋雅拜，"有司以为诡众虚伪"，何武"坐左迁楚内史"[6]。很多官员为国举贤的出发点是好的，选举"不实"也并非都源于请托，但关于察举连带责任的规定能促使察举官员谨慎行事，从而一定程度地避免请托，却是毋庸置疑的。

---

〔1〕 参见陈长琦："汉代刺史制度的演变及特点"，载《史学月刊》1987 年第 4 期，第 10—12 页。

〔2〕《汉书》卷一九上《百官公卿表上》，第 623 页。

〔3〕《汉书》卷一九上《百官公卿表上》，第 624 页。

〔4〕 孙家洲："'请托'之风对汉代人事制度的腐蚀"，载《成人高教学刊》1994 年第 4 期，第 22 页。

〔5〕《汉书》卷九〇《酷吏传》，第 2718 页。

〔6〕《汉书》卷八六《何武传》，第 2587 页。

东汉皇帝以诏旨的形式，明确规定察举时接受请托的连带责任。建武中元二年（57）十二月，明帝即位不久，即下诏："今选举不实，邪佞未去，权门请托，残吏放手，百姓愁怨，情无告诉。有司明奏罪名，并正举者。"〔1〕关于"并正举者"，李贤注："举非其人，并正举主之罪。"即如果选官中发现请托等行为，主管部门要"明奏罪名"，予以惩处，而察举官员也要承担连带责任。

第三，限制被举者的身份，也能起到预防请托的作用。东汉顺帝时，"诏书所以禁侍中、尚书、中臣子弟不得为吏察孝廉者，以其秉威权、容请托故也"。汉时，侍中随侍皇帝左右，与闻朝政；尚书掌管文书奏章，协助皇帝处理政务；中臣即宦官，侍奉皇帝，执役内廷。他们都"在日月之侧"〔2〕，有请托的先决条件，对其子弟察举资格作出限制，可以说从源头上堵住了一部分请托。顺帝的皇位靠宦官得来，却为避免请托而禁其子弟被举，可见其对请托有着清醒的认识。

本初元年（146）七月丙戌，桓帝即位不久，下诏："其令秩满百石、十岁以上、有殊才异行，乃得参选。臧吏子孙，不得察举。杜绝邪伪请托之原，令廉白守道者得信其操。"〔3〕规定官秩满一百石、任职十年以上、有特殊才能和良好表现者，才允许参加选拔，那些名实不符、妄图依靠请托上位的人只能望洋兴叹。此外，贪官子孙也不得被举，大概因其从小耳闻目睹不法之事，易致心术不正，这也对官员提出告诫——勿因一己私欲而影响子孙的前途。这些措施都有"杜绝邪伪请托之原"的作用。

总体而言，汉代皇帝比较注意预防请托，但并非所有的皇帝都能做到这一点，还有皇帝破坏对请托的惩处。杜笃光武帝时居美阳，与美阳县令交好，"数从请托，不谐"。杜笃因之衔恨，县令大怒，逮捕杜笃送京师。当时大司马吴汉薨，光武帝召诸儒写文章悼念。杜笃于狱中所写文章文辞最高，"帝美之。赐帛免刑"〔4〕。还有皇帝包庇请托。安帝乳母王圣"缘恩放恣"，其女

---

〔1〕《后汉书》卷二《显宗孝明帝纪》，第67页。
〔2〕《后汉书》卷六三《李固传》，第1403页。
〔3〕《后汉书》卷七《孝桓帝纪》，第192页。
〔4〕《后汉书》卷八〇上《文苑传》，第1751页。

伯荣出入宫掖，"外交属托，扰乱天下"〔1〕。司徒杨震上疏建议将王圣移居外舍，断绝伯荣。安帝以示王圣等，王圣心怀忿恚，伯荣骄淫尤甚。后伯荣嫁故朝阳侯刘护从兄刘瓌，刘瓌因之得袭刘护爵位，位至侍中。杨震深疾之，再上疏指出"不稽旧制，不合经义"，结果"书奏不省"〔2〕，安帝不予理睬。这些在当时都产生恶劣的影响。

汉代皇帝预防请托的措施对后世皇帝有所启发，唐宋实行别头试——"礼部侍郎掌贡举，其亲故即试于考功，谓之'别头举人'"〔3〕，以及宋初"贡举法未备，公卿子弟多艰于进取，盖恐其请托也"〔4〕，都是为避免公卿子弟请托仕进而采取的身份限制性政策。当然，与汉代相同，后世也有不少皇帝包庇请托、破坏对请托的惩处，这些当非受汉代皇帝的影响，而是君主专制制度使然。

第三节　汉代官员对请托的态度

汉律没有被完整保存下来，因此关于汉代请托罪法的具体细节，我们今天仅粗知西汉是耐为司寇，东汉是予以免官。虽然不能据以评价汉代官员对请托罪法的执行情况，却可从中了解汉代官员对待请托的态度。

一、不当惩处

有些官员痛恨请托，予以惩处，但惩处方式不当。史弼桓帝时为河东太守，向朝廷荐举孝廉，"知多权贵请托，乃豫敕断绝书属"。但这样的预防措施还是被别有用心者钻了空子。中常侍侯览派遣诸生赍书请托，数日不得通，诸生"乃说以它事谒弼，而因达览书"。史弼大怒："太守忝荷重任，当选士报国，尔何人而伪诈无状！"命左右引出，楚捶数百后，"付安邑狱，即日考杀之"〔5〕。陈蕃桓帝时为乐安太守，大将军梁冀威震天下，"遣书诣蕃，有

〔1〕《后汉书》卷五四《杨震传》，第1188页。
〔2〕《后汉书》卷五四《杨震传》，第1189页。
〔3〕《旧唐书》卷一三六《齐抗传》，第2554—2555页。
〔4〕（宋）叶梦得：《石林燕语》卷五，《景印文渊阁四库全书》第863册，第575页。
〔5〕《后汉书》卷六四《史弼传》，第1427页。

所请托"。使者因不得通，"诈求谒"。陈蕃怒，"笞杀之"〔1〕。

　　史弼、陈蕃所惩处的诸生、使者，既非请托者，亦非求托者，仅是以欺诈手段完成送信目的的信使。史弼、陈蕃不是顺藤摸瓜举发或惩处请托者、求托者，而是迁怒于信使，非法严惩，本为护法，实却违法。这说明他们的底线不是国家律法，而是个人尊严；他们的严惩不仅是痛恨请托，更是爱惜己身。由此可见请托罪法在其心目中的地位。

二、一力举发

　　虞诩顺帝时为司隶校尉，中常侍张防特用权执，"每请托受取"。虞诩举发之，但"屡寝不报"。虞诩不胜其愤，自系廷尉，奏曰："……今者张防复弄威柄，国家之祸将重至矣。臣不忍与防同朝，谨自系以闻，无令臣袭杨震之迹。"〔2〕杨震乃东汉名臣，除了前面提到的建议安帝防范伯荣请托，他还多次拒绝请托：任涿郡太守时，"性公廉，不受私谒"〔3〕；任太尉时，安帝舅大鸿胪耿宝推荐中常侍李闰之兄，"不从"；皇后兄执金吾阎显推荐所亲厚之人，"又不从"〔4〕。后因不堪被诬，服毒而死。虞诩不愿"袭杨震之迹"，乃是不愿被小人进谗诬陷，而宁可明明白白受皇帝的惩处。张防则流涕诉于顺帝之前，结果虞诩"坐论输左校"。张防必欲害之，"二日之中，传考四狱"〔5〕。宦者孙程、张贤等及中常侍高梵知虞诩因忠诚而获罪，相率言于顺帝，张防被徙边，虞诩得赦。

　　桓帝时，中常侍左悺与其兄左称相与为恶，司隶校尉韩演"因奏悺罪恶，及其兄太仆南乡侯称请托州郡，聚敛为奸，宾客放纵，侵犯吏民"〔6〕。左悺、左称自杀。司隶校尉是京师及附近的监察官，韩演作为司隶校尉，举发左悺、左称的请托行为，乃职责所系。

　　由上可见，当事人作为刚直大臣，在举发请托方面没有太多的心理负担。

〔1〕《后汉书》卷六六《陈蕃传》，第1460页。
〔2〕《后汉书》卷五八《虞诩传》，第1263页。
〔3〕《后汉书》卷五四《杨震传》，第1188页。
〔4〕《后汉书》卷五四《杨震传》，第1190页。
〔5〕《后汉书》卷五八《虞诩传》，第1263页。
〔6〕《后汉书》卷七八《宦者传》，第1703页。

值得关注的是，虞诩的举发是针对请托背后的"复弄威柄"、祸乱朝政，而非具体的请托事件，可见更多的是从德治方面出发，而非法治角度的考量。

三、拒而不惩

（一）直接拒绝

汉时，大多数正直官员对请托是拒绝但不惩处。何武"仁厚好进士，疾朋党，绝请托"[1]。乐恢章帝时为郡功曹，"选举不阿，请托无所容"[2]。

仅拒绝而不惩处请托，也有风险存在。因为被拒者会认为对方不识抬举、不给面子，从而心怀怨恨，借机打击报复。东汉末年哲学家、政论家仲长统在《法诫篇》中曾对此加以描述："至如近世，外戚宦竖请托不行，意气不满，立能陷人于不测之祸，恶可得弹正者哉！"[3]

灵帝时，司隶校尉王寓出于宦官，"欲借宠公卿，以求荐举"。百僚畏惮，莫不许诺，唯太常张奂"独拒之"。王寓怒，"因此遂陷以党罪，禁锢归田里"[4]。被诬陷禁锢归乡还是小事，有人险些为此付出生命代价。赵戬献帝时为尚书，主持选举。董卓"数欲有所私授"，赵戬"坚拒不听，言色强厉"[5]。董卓大怒，召欲杀之。众人悚栗，惟赵戬言谈自若，董卓后悔，遂释之。

法律并没有为拒绝请托者提供相应的制度保障，正直的拒绝者常面临着权势的威胁，而君主能否保护其免受报复则带有主观偶然性，这提高了拒绝请托的成本。

（二）使人自动退避

有的官员展现自身人格魅力，使请托不发，自动退避。尹翁归宣帝时任东海太守，赴任前去廷尉于定国处辞行。于定国"欲以邑子二人嘱托"，但与尹翁归交谈后，终日不敢提及。后谓邑子曰："此贤将。汝不任事也，且不可

---

〔1〕（汉）荀悦：《前汉纪》卷二七《孝成四》，《景印文渊阁四库全书》第 303 册，第 453 页。
〔2〕《后汉书》卷四三《乐恢传》，第 997 页。
〔3〕《后汉书》卷四九《仲长统传》，第 1118 页。
〔4〕《后汉书》卷六五《张奂传》，第 1447 页。
〔5〕《后汉书》卷六六《赵戬传》，第 1472 页。

干以私。"〔1〕尹翁归以其干练而廉洁的人格魅力，打消了于定国的请托之心。

但这种情形是偶然的个人行为，并且很大程度上依赖请托者的素质，意义有限。

（三）预防先行

有些官员是通过预防而拒绝请托，其措施主要如下。

其一，闭门谢客。左雄安帝时为冀州刺史，"州部多豪族，好请托，雄常闭门不与交通"〔2〕。

其二，不通书信。史弼为河东太守时，当举孝廉，"知多权贵请托，乃豫敕断绝书属"〔3〕。

其三，预为规定。何武在任命吏之前，"先为科例，以防请托"〔4〕。

这些预防措施具有普适性，若能上升为通用规章，对于拒绝请托当起到一定作用。可惜它们仅是个人实践，官员自身及皇帝似乎都没有意识到应将其制度化，因而只能作为官员的正直清廉的标志而存在。

四、接受请托

汉时，很多官员接受请托，其原因主要如下。

其一，不违拗贵戚。田歆顺帝时为河南尹，掌握察举六名孝廉的名额。其外甥王谌有知人之名，田歆谓之曰："今当举六孝廉，多得贵戚书命，不宜相违，欲自用一名士以报国家，尔助我求之。"〔5〕为了不违贵戚之命，于"当举六孝廉"中，仅"自用一名士以报国家"，报国何其少也，亦可见其时请托之猖獗。

其二，不得罪地方豪强或豪族。刘馨珺认为："汉初，地方豪强者对于官方行政有其若干影响力，……面对豪强的请求，一般士人是不敢怠慢；……历经汉武帝的整饬豪强之后，个人势力的豪强逐渐消弭，新兴的豪族却正蕴

〔1〕（汉）荀悦：《前汉纪》卷一八《孝宣二》，《景印文渊阁四库全书》第303册，第375页。
〔2〕《后汉书》卷六一《左雄传》，第1361页
〔3〕《后汉书》卷六四《史弼传》，第1427页。
〔4〕《汉书》卷八六《何武传》，第2588页。
〔5〕《后汉书》卷五六《种暠传》，第1233页。

·37·

酿中，……西汉晚期以下，地方上有力的请求者是为豪右家族；……东汉以来，汝颍一带就是大家鼎盛之域，也是地方公认的豪右充斥之所，请求之事也时常发生。"〔1〕

其三，保护上司。陈寔桓帝时为郡功曹，中常侍侯览请托太守高伦用吏，高伦教署为文学掾。陈寔知其人不可用，怀檄而见，言："此人不宜用，而侯常侍不可违。寔乞从外署，不足以尘明德。"李贤等注："请从外署之举，不欲陷伦于请托也。"因为侯常侍不可得罪，同时为保护高伦的清名，陈寔将受托之事揽到自己身上，以己之名义任用了求托者，等于主动接受了请托。因之，"乡论怪其非举"，但陈寔"终无所言"。后高伦被征为尚书，临行前说出实情，称陈寔"可谓善则称君，过则称己者也"〔2〕，天下遂服其德。陈寔是从德行角度来看待、处理请托的。

前两种是接受请托的常见情形，受托者不论是主动还是被动，都属于因私害法。第三种较罕见，是为保护他人而主动受托，不惜使自己遭受污名，实际上对于请托本身并无防治意义，仅是对权贵不可违的变通应对。

五、利用请托

此外，还有人借惩处请托之名，行打击报复之实，堪称利用请托。灵帝时蔡邕与司徒刘郃不睦，蔡邕叔父卫尉蔡质又与将作大匠阳球有隙，阳球即中常侍程璜之婿。程璜"使人飞章言邕、质数以私事请托于郃，郃不听，邕含隐切，志欲相中"〔3〕，诬蔑蔡邕因请托不遂，欲中伤刘郃。蔡邕先是被召诘状，后与叔父同下洛阳狱，"劾以仇怨奉公，议害大臣，大不敬，弃市"。中常侍吕强怜悯蔡邕无罪，为之请，帝乃"有诏减死一等，与家属髡钳徙朔方，不得以赦令除"〔4〕。

以请托相诬，便利处有二：一是请托属明文规定的违法行为，理由冠冕堂皇；二是请托具有隐秘性、非实证性，不易确实质证辩白。以请托为诬陷工具，表明不论是诬者、受诬者还是君主，都明确承认请托是违法行为，单

---

〔1〕 刘馨珺："'请求'罪与公私之分际"，第246—247页。
〔2〕 《后汉书》卷六二《陈寔传》，第1396页。
〔3〕 《后汉书》卷六〇下《蔡邕传》，第1352页。
〔4〕 《后汉书》卷六〇下《蔡邕传》，第1353页。

从法律意识角度看，也可谓是一种进步。以请托诬陷政敌，用法律手段行非法之实，具有较强的隐蔽性，故为后世佞臣屡屡使用。

对于请托，汉代官员有惩处、举发、拒绝、接受、利用等多种态度。其中惩处、举发、拒绝的态度，虽然反对请托，但很多时候却比较偏激、被动；接受、利用的态度，则完全背离了打击不法的立场。作为执法官员，面对请托的态度首先不是依法惩处，而是其他，说明无论在立法还是意识层面，法治依然被置于人情之下。

汉代以察举选官，在为国家治理提供大量人才的同时，因没有注意防范人情的渗透，也给请托培植了萌生的土壤。汉代皇帝通过诏旨加以禁止和防范，官员也采取多种态度、方式予以应对，这些都为后世的相关治理提供了仿效的样板。

第三章　唐代的请托与治理

在中国漫长的历史长河中，唐代堪称盛世。盛世的标准之一是政治清明，但政治清明并不意味着请托绝迹，唐时，请托依然较为盛行。唐律将请托作为违法行为加以惩处，可以说是比较彻底的法治思维，但在实践中却始终无法真正贯彻实施，与其时科考实行得不彻底、皇帝不重视甚至破坏等有关。

第一节　唐代的科举、干谒与请托

与汉代以察举选官不同，唐代以科举——分科考试选官，照理会排斥人的因素，使请托屏迹。但实际情况是，唐代的科举选官实行得并不彻底，同时还有荐举、门荫等途径，故而无法完全排除人的因素。而且唐代科举考试不糊名，由主考官决定去取，"唐世科举之柄，专付之主司，仍不糊名。又有交朋之厚者为之助，谓之通榜"[1]。在这种情况下，士子为了科考及第，常干谒有名望者，冀其向主考官推荐。干谒的常见方式是行卷，"所谓行卷，就是应试的举子将自己的文学创作加以编辑，写成卷轴，在考试以前送呈当时在社会上、政治上和文坛上有地位的人，请求他们向主司即主持考试的礼部侍郎推荐，从而增加自己及第希望的一种手段。这也就是一种凭借作品进行自我介绍的手段"[2]。唐代著名诗人如王维、李白、杜甫、白居易、韩愈等，都曾通过行卷或书信等方式求知于人。

其初，主考官畏于时评，有所顾忌，"其取人也，畏于讥议，多公而审"[3]；不问派系、门第，请托不行，"当时唯务切磋，不分党甲，绝侥幸请托之路，

〔1〕（宋）洪迈：《容斋随笔·四笔》卷五《韩文公荐士》，《景印文渊阁四库全书》第851册，第701页。
〔2〕程千帆：《唐代进士行卷与文学》，上海世纪出版集团、中西书局2019年版，第37页。
〔3〕（宋）洪迈：《容斋随笔·四笔》卷五《韩文公荐士》，《景印文渊阁四库全书》第851册，第701页。

有推贤让能之风。等列标名，仅同科第；既为盛事，固可公行"[1]，确实起到了积极作用。但既然荐举在科考中占有重要分量，而"赏识"在某种程度上又因人而异、没有一定之规，一些权贵为子弟、亲朋前途计，开始动用人际关系，请托于人。这对当时的社会风气造成非常不好的影响，更多的文人为了求取功名，挖空心思，寻觅、请求、逢迎，干谒遂由正常的自我推荐方式蜕变为请托。武则天时，左补阙薛登批评当时的"觅举"现象："今之举人，……或明制才出，试遣搜扬，驱驰府寺之门，出入王公之第。上启陈诗，唯希欬唾之泽；摩顶至足，冀荷提携之恩。故俗号举人，皆称觅举。觅为自求之称，未是人知之辞。"[2]文人的自尊、自信至此基本无存。就当时社会而言，"今之得举者，不以亲，则以势；不以贿，则以交"[3]。请托盛行，初生的科举制度遭到极大破坏。

不止是科考领域的干谒易引发请托，事实上，只要有人，注重人情，就会发生请托，只不过科考直接关系到富贵功名，表现得最为突出。

第二节　唐代皇帝对请托的态度

请托罪法明白载之律典，依其惩处请托行为，即可达到限制、打击人情干预司法、行政的目的。但由中国古代权治社会的属性决定，法律的社会地位是次要的、从属的，良法美意不一定能通过执行得到实现，"条文的规定是一回事，法律的实施又是一回事。某一法律不一定能执行，成为具文。社会现实与法律条文之间，往往存在着一定的差距"[4]。唐代请托罪法的执行亦然，这主要表现在皇帝对请托的态度上。本质上，皇权是规则的出处，也是规则最大的破坏力量。皇权对请托的治理，底层逻辑以是否危及统治地位为限，但也不是每一个统治者都有这种理智，故表现为立场的动摇和目标上标榜自己的明君人设。

第一，曲从私情，接受亲近之人的请托。

---

〔1〕（五代）王定保：《唐摭言》卷二《废等第》，《唐五代笔记小说大观》（下），第1586页。

〔2〕《旧唐书》卷一〇一《薛登传》，第2125页。

〔3〕（五代）王定保：《唐摭言》卷六《公荐》，《唐五代笔记小说大观》（下），第1629页。

〔4〕瞿同祖：《中国法律与中国社会·导论》，中华书局2003年版，第2页。

在是否接受请托的问题上，作为皇帝有两种心态需要关注：一是身份上的公与私，皇帝职位本身是国家公器，同时皇帝也是个体的存在，有自己的亲情、友情、爱憎；二是后果上的轻微与严重，是否认识到后果的严重性、长远性。唐代皇帝有预防请托等人情腐败的意识。太宗即位时曾言："以天下为公，无私于物。"[1]高宗因不满官场讲人情的习气，曾问计于长孙无忌："闻所在官司，行事犹互观情面，多不尽公。"[2]这是从皇帝职位及长远效果着眼的，一般皇帝都会有这种意识，这直接关系到社会运行及皇权稳固。但若涉及私情，皇帝往往会抛却公义甚至利用公职来营私徇情，显示出认识的分裂与矛盾。

长孙皇后异母兄长孙安业参与谋反将被诛。长孙皇后跪求太宗："安业之罪，万死无赦。然不慈于妾，天下知之，今置以极刑，人必谓妾恃宠以复其兄，无乃为圣朝累乎！"[3]长孙皇后在父亲去世后，被长孙安业逐回外家。后长孙皇后富贵，略不介意，反请太宗厚加恩礼，使之位至将军。长孙皇后担心此次长孙安业被诛，别人会误以为是自己乘机报复兄长，从而"为圣朝累"。考虑到长孙皇后此前的行为，"为圣朝累"很可能是其为长孙安业请托的冠冕理由。太宗最后同意从轻惩处，长孙安业被"减流越巂"[4]。对私情的维护，以对法律的破坏为代价。

高宗时卫尉卿尉迟宝琳胁迫人做妾，侍御史刘藏器弹劾其归还。尉迟宝琳为尉迟敬德的嫡长子，凭此身份，"私请帝止其还"。刘藏器几次弹劾，高宗出于私情，"凡再劾再止"，出面平息。刘藏器慷慨陈词："法为天下县衡，万民所共，陛下用舍缘情，法何所施？今宝琳私请，陛下从之；臣公劾，陛下亦从之。今日从，明日改，下何所遵？彼匹夫匹妇犹惮失信，况天子乎。"[5]一针见血地指出私情对公法的破坏。高宗被迫同意，但仍心内衔之，后迁刘藏器为比部员外郎。这很能看出皇帝对请托认识的二重性：对于刘藏器的观点，

---

〔1〕（唐）吴兢撰、（元）戈直集论：《贞观政要》卷五《公平第十六》，《景印文渊阁四库全书》第407册，第458页。

〔2〕（宋）司马光编著：《资治通鉴》卷一九九《唐纪十五·高宗天皇大圣大弘孝皇帝上之上》"永徽二年闰月甲戌"（八），中华书局2013年版（本出版信息以下省略），第5259页。

〔3〕《旧唐书》卷五一《太宗文德皇后长孙氏传》，第1460页。

〔4〕《新唐书》卷七六《文德长孙皇后传》，第2845页。

〔5〕《新唐书》卷二○一《刘藏器传》，第4392页。

高宗也是认可、无法辩驳的，但内心又希望自己作为个人的私情也能兼顾到。这种矛盾心理反映出另一更深层次的认识——自己此次徇情是轻微的，只是整个司法实践中一个小小的个案，不会对国家治理产生较大、长远的危害。事实上这一徇情案件确实也相对不大，但对当事人来说就是大事，对社会风气的侵蚀也会起到助推作用。高宗显然没有充分认识到"千里之堤，溃于蚁穴"的道理，没有意识到皇帝徇私对社会公义的巨大破坏。

玄宗也有类似做法。其宠爱的乐工胡雏曾犯法，洛阳令崔隐甫欲逮之。胡雏请求玄宗搭救。玄宗着意安排此事，"非时，托以他事，召隐甫对"，并安排胡雏"在侧"。玄宗指着胡雏道："就卿乞此得否？"崔隐甫道："陛下此言，是轻臣而重乐人也。"提出辞官。玄宗只好给自己找台阶下，托言"朕与卿戏耳"，同意崔隐甫将胡雏带走。俄顷又"有敕释放"[1]，仍欲包庇之。可见玄宗是真心想帮助胡雏的，但崔隐甫已杖杀之。

值得一提的是中宗时大行的"斜封官"。唐初由三省制衡皇权，政令、官员任用等诏敕须经中书省起草、皇帝书红色"敕"字并用黄纸封装、门下省审核同意，方交尚书省执行。唐中宗常出于私心，越过中书、门下两省，自行封官——封官诏敕上用墨笔画"敕"，黄纸封袋也故意打斜封合，交给尚书省，命其执行。这些未经正式程序、皇帝私封的官被称作"斜封官"。《旧唐书》《新唐书》对此都有记载，《资治通鉴》所记较为详细："安乐、长宁公主及皇后妹郕国夫人、上官婕妤、婕妤母沛国夫人郑氏、尚宫柴氏、贺娄氏、女巫第五英儿、陇西夫人赵氏，皆依势用事，请谒受赇。虽屠沽臧获，用钱三十万，则别降墨敕除官，斜封付中书，时人谓之'斜封官'；钱三万，则度为僧尼。其员外、同正、试、摄、检校、判、知官，凡数千人。西京、东都各置两吏部侍郎，为四铨，选者岁数万人。"[2]"斜封官"是唐中宗纵容请托的标志性现象，其出于私心的受托行为不但破坏了国家制度，败坏了社会风气，还遗后世以不良影响，宋代的"内降"授官、明代的"传奉官"均可溯源于此，但他本人对这一做法的破坏性及长远影响显然缺乏足够认识。

针对高宗"互观情面，多不尽公"的询问，长孙无忌曾回答："此岂敢言

〔1〕 （唐）李肇：《唐国史补》卷上，《唐五代笔记小说大观》（上），第164页。
〔2〕 （宋）司马光编著：《资治通鉴》卷二〇九《唐纪二十五·中宗大和大圣大昭孝皇帝下》"景龙二年七月甲午"（九），第5544—5545页。

无，然肆情曲法，实亦不敢。至于小小收取人情，恐陛下尚不能免。"〔1〕长孙无忌领导编纂《唐律疏议》，对律法的意义、请托罪法的条文及惩处应有深入了解，也是比较守法的高官，这段话比较典型地反映了一般官吏对请托的认识：大的不能、不敢，小的接受，在法与情之间取得平衡；这一点，即便皇帝也不能免俗。皇帝本人对此也心知肚明。玄宗时，驸马都尉王守一请求为其父建造高规格坟墓，玄宗应允。宋璟、苏颋上疏请止，玄宗悦之："朕每欲正身率下，况于妻子，何敢私之！然此乃人所难言。卿能固守典礼，以成朕美，垂法将来，诚所望也。"〔2〕己身不得已而曲从私情，却期望臣子"固守典礼，以成朕美"，典型反映了皇帝处在私情与公义的夹缝中而左右摇摆的心态。在皇权缺乏有力制约的情境下，公义与私情的区分只能靠皇帝本人深入的认识、理性的克制、长久的坚持及臣子公忠的进谏来实现，但这些非基于制度性保障的主观性行为显然难以有效持续。

第二，认识偏狭，鄙视、迫害举发请托者。

《唐律疏议》没有举发请托的规定，直至明清，律典中都没有这一规定，但有些明清皇帝提出举发请托的要求。唐代皇帝没有提出这一要求，不仅于此，还出于认识上的偏狭，鄙视、迫害举发者。

据《新唐书》所载，魏知古早年得姚崇引荐，后与姚崇并列为相，但为姚崇所轻。姚崇奏请任命魏知古为吏部尚书，主持东都洛阳选士，魏知古心内"憾焉"。时姚崇二子在洛阳，"通宾客馈遗，凭旧请托"。魏知古返京后，"悉以闻"。一日，玄宗向姚崇询问其子才学及住居，姚崇揣摩上意，奏云："臣二子分司东都，其为人多欲而寡慎，是必尝以事干魏知古。"玄宗本以为姚崇会包庇儿子，不想无私坦言，心内大喜，询问何由知之。姚崇道曾荐拔魏知古于微时，儿子们可能因此"必谓其见德而请之"。玄宗于是"爱崇不私而薄知古，欲斥之"〔3〕。姚崇反为之请，玄宗乃止，但卒罢魏知古为工部尚书。《旧唐书》未记此事，仅言"姚崇深忌惮之，阴加谗毁，乃除工部尚书，

---

〔1〕（宋）司马光编著：《资治通鉴》卷一九九《唐纪十五·高宗天皇大圣大弘孝皇帝上之上》"永徽二年闰月甲戌"（八），第5259页。

〔2〕（宋）司马光编著：《资治通鉴》卷二一二《唐纪二十八·玄宗至道大圣大明孝皇帝上之下》"开元七年夏四月壬午"（九），第5639页。

〔3〕《新唐书》卷一二四《姚崇传》，第3467页。

罢知政事"〔1〕，即姚崇迫害魏知古。《次柳氏旧闻》则言"以吏部尚书宋璟门下过官，知古心衔之，思有以中之者"〔2〕，即魏知古存心报复姚崇。无论魏知古举发请托是否出于报复之心，姚崇二子请托都是实情，玄宗不惩处请托，反以魏知古举发之行为负心从而打击之，颇不公允。

德宗也曾鄙视、迫害令狐峘对请托的举发：

> 有士子杜封者，故相鸿渐子，求补弘文生。炎尝出杜氏门下，托封于峘。峘谓使者曰："相公诚怜封，欲成一名，乞署封名下一字，峘得以志之。"炎不意峘卖，即署名托封。峘以炎所署奏论，言："宰相迫臣以私，臣若从之，则负陛下；不从，则炎当害臣。"德宗出疏问炎，炎具言其事。德宗怒甚，曰："此奸人，无可奈何。"欲决杖流之。炎苦救解，贬衡州别驾。〔3〕

谢红星指出《唐摭言》卷一四《主司失意》亦记此事，其中"峘惶恐甚，因进其私书"〔4〕，认为："按《旧唐书》所载，当是令狐峘存心坑害杨炎，但无论如何杨炎向令狐峘请托是实，其错在先。"〔5〕德宗怒责令狐峘，在于其以诈术获得证据，就一般道德意义而言，显然属于缺德。相对于貌似正直的举发请托及"不负陛下"的表白，缺德牵涉官德，更让德宗不屑，故重责之。但其举发请托本身基于法治意识，德宗没有意识到此点而适当褒扬，也不惩处请托者，比较狭隘。

举发请托为发现请托的途径之一，对请托者具有一定的威慑力。玄宗、德宗不积极倡导臣子举发请托，反怒斥举发者为"薄""奸人"，予以贬官，认识上的偏狭，导致其客观上认可了"正人"较轻微的请托行为，对整个官场风气产生直接的负面影响。皇帝的这种态度，究其根源，一是轻忽请托的危害，在中国古代公私界限不明确的社会文化心理之下，认为请托"应该""没什么大不了""大家都这么做"，不认为有多大危害；二是受儒家思想影

---

〔1〕《旧唐书》卷九八《魏知古传》，第 2075 页。
〔2〕（唐）李德裕：《次柳氏旧闻》，《唐五代笔记小说大观》（上），第 465 页。
〔3〕《旧唐书》卷一四九《令狐峘传》，第 2727 页。
〔4〕（五代）王定保：《唐摭言》卷一四《主司失意》，《唐五代笔记小说大观》（下），第 1699 页。
〔5〕谢红星："唐代的请托及其法律治理困境"，载《法学家》2014 年第 6 期，第 42 页。

响，在儒家德治理念背景下，"隐恶扬善"成为教化民众及为人处世的基本思路和美德体现，因而对举发请托一直心怀警惕甚至反感，生怕为了短期效果而妨碍世道人心的长远教化，反映的依然是法治意识欠缺。

第三，缺乏肚量，借惩处请托以打击与己政见不合者。

自古以来，借惩处请托之名，行打击报复之实的情况并不鲜见，但主要发生于官员之间。特别是明代，政治黑暗，党争严重，不少朝臣借惩处请托而党同伐异。但玄宗却以帝王之尊，借惩处请托以打击与己政见不合者，显示出缺乏肚量的一面。

玄宗对中书令张九龄的直言敢谏不满："事总由卿？"后借惩处张九龄好友、中书侍郎严挺之的请托案，将其罢免。严挺之前妻再嫁之夫蔚州刺史王元琰坐赃，玄宗命三司使审讯，严挺之出面为其请托。玄宗察之，告张九龄："王元琰不无赃罪，严挺之嘱托所由辈有颜面。"九龄曰："此挺之前妻，今已婚崔氏（又与王元琰离婚，再嫁崔姓），不合有情。"玄宗曰："卿不知，虽离之，亦却有私。"此后，玄宗"籍（按：'籍'通'藉'）前事，以九龄有党，与裴耀卿俱罢知政事，拜左、右丞相，出挺之为洺州刺史，元琰流于岭外"。张九龄与严挺之交好但并未结党，且严挺之请托一事，张九龄并未参与，只因曾"违忤圣情"[1]，即为玄宗怀恨，借惩处请托而打击，这对政治生态的影响是极坏的。

太宗乃一代明君，高宗虽平庸却不昏庸，玄宗是先明后暗。太宗把法律上升到"国之权衡也，时之准绳也"[2]的高度，太宗、高宗还几次召集朝臣进行大规模的立法活动，成果之一是制定了堪称中国古代立法典范的《唐律疏议》，但在请托的问题上，他们都不是很明智——或曲从私情，接受亲近之人的请托；或认识偏狭，鄙视、迫害举发请托者；或缺乏肚量，借惩处请托以打击与己政见不合者。这说明在他们的心目中，请托不是一种很严重的犯罪，自己有权凌驾于法律之上。请托罪法是古代最没有被很好执行的法条之一，就唐代的社会环境来看，皇帝带头轻视、破坏是原因之一。

当然，唐代也有比较重视请托的皇帝。睿宗时，宦官间兴贵以事请托长

---

〔1〕《旧唐书》卷一〇六《李林甫传》，第2194页。

〔2〕（唐）吴竞撰、（元）戈直集论：《贞观政要》卷五《公平第十六》，《景印文渊阁四库全书》第407册，第466页。

安令李朝隐。李朝隐不受其请，"命拽出之"。睿宗闻而赞曰："卿为京县令能如此，朕复何忧。"[1]乃下制："宜加一阶，用表刚烈。可太中大夫。特赐中上考，兼绢百匹。"[2]这是所知最早的对拒绝请托的奖励。

太极元年（712）四月辛丑，为解决长期以来法纪隳堕的衰态，睿宗下制对官员实行重罚："自今已后，造伪头首者斩，仍没一房资财，同用荫者并停夺。"同时，为保障这一严刑峻法的实现，特别申明："上下官僚辄缘私情相嘱者，其受嘱人宜封状奏闻。成器已下，朕自决罚。其余王公已下，并解见任官，三五年间不须齿录。其进状人别加褒赏。御史宜令分察诸司。"[3]这是所知最早的对举发请托的奖励。

上述措施对拒绝、举发请托者具有吸引力，对请托者也构成威慑力，因为请托者事前得考量对方是否会为了获得奖励而拒绝、举发自己。可惜不止唐代，放眼整个中国古代，能制定这样措施的皇帝少之又少。

第三节　唐代请托犯罪的特点

请托虽为中国古代社会所共有的一种现象，但受时代风潮、政治斗争等因素的影响，在不同历史阶段，还是"一代有一代之请托"的。唐代请托在参与者的身份等方面，颇能体现出一些特殊性。

一、后妃、公主等参与请托

在其他朝代，无论是请托者，还是受托者，基本上都以男性为主，但在唐代，却颇多后妃、公主、女官参与请托的例子。

关于后妃请托，除了前举太宗的长孙皇后，还有肃宗的张皇后。张皇后"宠遇专房，与中官李辅国持权禁中，干预政事，请谒过当"[4]。皇后生活于皇帝身边，接近最高权力中心，故而有机会请托、受托。

此外，公主请托、受托在唐代也表现得很突出。太平公主是高宗和武则

---

〔1〕《旧唐书》卷一〇〇《李朝隐传》，第2115页。
〔2〕《旧唐书》卷一〇〇《李朝隐传》，第2116页。
〔3〕《旧唐书》卷七《睿宗本纪》，第107页。
〔4〕《旧唐书》卷五二《肃宗张皇后传》，第1475页。

天之女、中宗和睿宗之妹。武则天宠爱太平公主，常与之商议政事。睿宗即位后，因对政治和权力不感兴趣，将大部分政事交给太平公主和太子李隆基处理，太平公主权力大炽。萧至忠任晋州刺史时，为改京职，向太平公主请托，"诛韦氏之际，至忠一子任千牛，为乱兵所杀，公主冀至忠以此怨望，可与谋事，即纳其请"〔1〕。安乐公主是中宗与韦后之女。韦后专权，宠爱安乐公主，安乐公主借以请托、受托。中宗命中书侍郎赵彦昭出使吐蕃，赵彦昭"以既充外使，恐失其权宠"〔2〕。司农卿赵履温私谓之曰："公国之宰辅，而为一介之使，不亦鄙乎?"赵履温"因阴托安乐公主密奏留之。于是以左卫大将军杨矩使焉"〔3〕。

除公主外，其他女谒现象也很突出。女谒谓通过宫中嬖宠的女子干求请托。前文提及中宗时女谒之盛，王维对此也有描述："中宗之时，后宫用事，女谒寖盛，主柄潜移。"〔4〕玄宗宠爱杨贵妃，封其三姊为韩国夫人、虢国夫人、秦国夫人，"出入宫掖，并承恩泽，势倾天下。……三姊与铦、锜五家，凡有请托，府县承迎，峻于制敕;四方赂遗，辐凑其门，惟恐居后，朝夕如市"〔5〕。府县将她们的请托看得比皇帝诏令还重，可见其权势熏天。

《韩非子》载："近习女谒并行，百官主爵迁人，用事者过矣。"〔6〕可见此事由来已久，但以唐代为盛。唐时，女性所受束缚较少，社会地位相对较高，而且其时出了中国第一位女皇帝武则天，为宫廷女性树立了拥有野心、争取权力的榜样。在她之后，太平公主、安乐公主都尝试着把握权力。因此，唐代后妃、公主参与请托的例子比较多。当然，也正因为武则天的君临天下对男性世界构成震撼，后世皇帝开始防范身边女性对权力的热衷，后妃、公主参与请托的现象遂较难见及。

---

〔1〕《旧唐书》卷九二《萧至忠传》，第 2010 页。

〔2〕《旧唐书》卷一九六《吐蕃传上》，第 3556 页。

〔3〕《旧唐书》卷一九六《吐蕃传上》，第 3557 页。

〔4〕（唐）王维撰、（清）赵殿成笺注：《王右丞集笺注》卷二四《碑铭一首·大唐大安国寺故大德净觉师碑铭》，《景印文渊阁四库全书》第 1071 册，第 303 页。

〔5〕（宋）司马光编著：《资治通鉴》卷二一六《唐纪三十二·玄宗至道大圣大明孝皇帝下之上》"天宝七载十一月癸未"（九），第 5767 页。

〔6〕《韩非子集解》卷一七《诡使》，《诸子集成》（5），第 317 页。

二、权要请托时态度嚣张

请托为律法所不容，受托者需为之承担风险，故请托者对受托者多温言细语、小心求助。但在唐代特殊的社会氛围下，多有请托者对受托者颐指气使、态度嚣张之时。

张昌宗在太平公主的引荐下，得到武则天宠幸，又向武则天推荐自己的哥哥张易之，也得到宠幸。兄弟二人拜官进爵，势力熏天。其弟张昌仪为洛阳令，"请属无不从"。曾有薛姓选人以五十金请托张昌仪，张昌仪以其状授天官侍郎张锡。后张锡不慎失其状，向张昌仪询问。张昌仪骂道："不了事人！我亦不记，但姓薛者即与之。"连求托者的姓名亦记不确切，可见其专以收钱为意。张昌仪的破口大骂令张锡大惧，"索在铨姓薛者六十余人，悉留注官"[1]。

裴思谦则以誓达目的的再三请托，显示出其态度的嚣张。高锴文宗时主持贡举，举子裴思谦打通宦官仇士良的关节，被排在第一名。高锴当面斥责并将其驱逐出场。裴思谦出门时，厉声曰："明年打脊（一定）取状头。"次年，高锴提前告诫门下勿收书信以防请托。不想裴思谦怀揣仇士良的书信进入贡院，曰："军容（仇士良任观军容使）有状，荐裴思谦秀才。"高锴不得已收下书信，但表示："状元已有人，此外可副军容意旨。"裴思谦曰："卑吏面奉军容处分，裴秀才非状元请侍郎不放（裴思谦如果中不了状元，请你不要让他及第）。"[2]仇士良其人，权势熏天，心狠手辣，《新唐书》说他"杀二王、一妃、四宰相，贪酷二十余年"[3]，可见一斑。高锴知得罪不起，只好同意。

一些普通文人在请托被拒后，出于报复目的，也表现得很嚣张。开元二十四年（736），考功员外郎李昂主试隽、秀等科。其性刚急，不容物，欲革举人请谒风气："如有请托于时、求声于人者，当悉落之。"[4]李昂舅荐举邻居李权，李昂怒，当众责备李权，并欲通过点评其文章瑕疵以折辱之。李权

〔1〕（宋）司马光编著：《资治通鉴》卷二〇六《唐纪二十二·则天顺圣皇后中之下》"久视元年六月"（八），第5481页。

〔2〕（五代）王定保：《唐摭言》卷九《恶得及第》，《唐五代笔记小说大观》（下），第1657页。

〔3〕《新唐书》卷二〇七《仇士良传》，第4486页。

〔4〕（五代）王定保：《唐摭言》卷一《进士归礼部》，《唐五代笔记小说大观》（下），第1583页。

预感自己必然落第，乃生计报复李昂，指斥其诗有"犯上"之嫌。这已不单是品评才学高下的问题，而是涉及人身迫害。虽然最后李权以"风狂不逊"而被下为吏，但李昂经此挫折，由"强愎，不受嘱请"，一变而为"及是，有请求者，莫不先从"〔1〕。请托不遂而加以报复，乃因视请托为理所当然。

请托者态度嚣张固然与唐代特定时期的官场黑暗、法治败坏有关，但也离不开皇帝对请托罪法的轻视、破坏。太宗、高宗、玄宗总体上来说都是有作为的皇帝，但他们却轻视、破坏请托罪法，这实际上向臣民释放出一种请托并非严重违法行为、请托罪法无关紧要的信号。在这种情况下，请托者大张其事、态度嚣张就不足为怪了。

三、受托者需揣摩、迎合请托者的心理

一般情况下，请托者会比较明白地提出请求意愿，以便受托者斟酌办理。但在唐代，有些势要言辞隐晦，不似请托，但其实有着特殊的意思表达；受托者需仔细揣摩，主动受托，投其所好。

> 杨国忠之子暄举明经。礼部侍郎达奚珣考之，不及格，将黜落，惧国忠而未敢定。……珣子抚……既至国忠私第，……乃白曰："奉大人命，相君之子试不中，然不敢黜退。"国忠却立，大呼曰："我儿何虑不富贵，岂藉一名，为鼠辈所卖耶！"……抚惶骇，遽奔告于珣曰："国忠恃势倨贵，使人之惨舒，出于咄嗟，奈何以校其曲直？"因致暄于上第。〔2〕

从杨国忠"却立""大呼"的反应，可见其对儿子即将被黜的巨大失望。杨国忠身为宰相，且为杨贵妃之兄，权倾朝野、炙手可热，对于其子举明经一事，熟悉官场潜规则的人都会主动徇情，而不是被动受托。正是出于这样的心理，杨国忠考前才没有出面为儿子活动。但礼部侍郎达奚珣显然不谙人情世故，欲遵规黜退，却又没有足够的胆量实施，反派儿子达奚抚前来试探。

---

〔1〕（五代）王定保：《唐摭言》卷一《进士归礼部》，《唐五代笔记小说大观》（下），第1584页。
〔2〕（唐）郑处海：《明皇杂录》卷上，《唐五代笔记小说大观》（上），第957页。

这是杨国忠为儿子争取中第的最后时机，他必须表明自己的态度，但他仍没有温言直陈——既然先前没有以此种方式请托其父，现在更不会以此种方式请托其子，而是态度激烈地表达出对中第的不屑一顾——这显然不是其真实的意思表达，而是蕴含着对黜退结果的强烈不满；而且，杨国忠还将其子的落榜归于"为鼠辈所卖"，而不是自身术业不精——将达奚珣置于道德的负面评判之下。这给达奚珣造成巨大的精神压力，最后不得不录取其子。杨国忠采取"咄嗟"——呵斥的态度，以不请托为请托，曲折地达成了谋私的目的。

> 纳言娄师德，郑州人，为兵部尚书。……先有乡人姓娄者，为屯官犯赃，都督许钦明欲决杀。令众乡人谒尚书，欲救之。尚书曰："犯国法，师德当家儿子亦不能舍，何况渠？"明日宴会，都督与尚书俱坐，尚书曰："闻有一人犯国法，云是师德乡里。师德实不识，但与其父为小儿时共牧牛耳。都督莫以师德宽国家法。"都督遽令脱枷至，尚书切责之曰："汝辞父娘，求觅官职，不能谨洁，知复奈何！"将一碟槌饼与之曰："噇却，作个饱死鬼去。"都督从此舍之。[1]

娄师德拒绝了乡人的请托，在都督许钦明面前也明言"莫以师德宽国家法"，看似铁面无私、不会请托，但接下来，他的行为又表现得情深意切——先以父执的口吻教诲娄姓乡人，继而送以槌饼，要其"作个饱死鬼"。这传达出一种信息：其与对方有着密切的情感联系，对对方即将被"决杀"充满不舍。不言请托，但请托之基础——情感赫然而在，官场之人许钦明自然深谙其中原委，遂释之不问。谢红星言"有些请托甚至是用反向的方式暗示的"[2]，很有道理。娄师德乃唐朝宰相、名将，狄仁杰曾赞"娄公盛德"[3]，有德之人尚且请托、受托，其他人可想而知，这充分体现出请托有着深厚的社会心理基础。

凭借有限的信息去揣摩权要的意思，难免会用力过猛，发生误会。嗣薛

〔1〕（唐）张鷟：《朝野金载》卷五，《唐五代笔记小说大观》（上），第62—63页。
〔2〕谢红星："唐代的请托及其法律治理困境"，载《法学家》2014年第6期，第51页。
〔3〕《新唐书》卷一〇八《娄师德传》，第3267页。

王李知柔昭宗时为大京兆。刘纂贫居京师，与一医工交好，医工为东枢密院吴开府门徒[1]。医工为李知柔诊脉时，言及刘纂之穷且屈，恰巧试官以解送等第禀告，"知柔谓纂是开府门人来嘱，斯必开府之意也，非解元不可。由是以纂居首送，纂亦不知其由"[2]。真实情况是，刘纂并未请托医工——吴开府门人来嘱，吴开府甚至不知有刘纂其人。李知柔过于敏感的官场神经，使其在想象中自行完成了对上司嘱托的建构并实现之，毫无根底的刘纂因之受益。

为了增加所托事件成功的概率，受托者有时还要主动迎合，设计弥缝，掩人耳目。李林甫玄宗时知选，宁王"私谒十人"。李林甫曰："就中乞一人卖之。"于是放选榜，云："据其书判，自合得留。缘嘱宁王，且放冬集。"[3]虽然黜落一人，却保证了其他人录取的合理性。

请托者言辞隐晦、不着痕迹，受托者揣摩迎合并努力达成，都源于上司对下属的威势傲慢，这也与唐代特定时期的官场腐败有直接关系。

四、请托不遂加剧党争

请托的潜在危害，除了易致贿赂，还与党争有所关联。若请托达成，有助于巩固已有的关系，从而成为结党的温床；请托被拒，加之政见不合，则易加剧党争。这一点，在唐代表现得很突出。

唐时，"科举制度的诞生，庶族士人登上政治舞台，对于凭藉门第荫封取得官位的权贵不啻是个严重威胁，士族一贯以阀阅自矜，尽管他们的地位已经每况愈下，但仍然瞧不起庶族，仇视进士出身的新官僚。从唐代中叶开始，凭仗门荫的官僚贵族与依靠科举入仕的新官僚各自结成朋党，展开了激烈的斗争"[4]。其中历时最长、范围最广、斗争最激烈的是"牛李党争"——以牛僧孺、李宗闵为领袖的新官僚"牛党"与以李德裕、郑覃为领袖的旧氏族"李党"之间的斗争。

其始，官场因藩镇割据等背景而互相倾轧，形成两个对立的派别。而其

---

〔1〕 吴开府具体姓名不详。
〔2〕 （五代）王定保：《唐摭言》卷九《误摭恶名》，《唐五代笔记小说大观》（下），第1653页。
〔3〕 （唐）李肇：《唐国史补》卷下，《唐五代笔记小说大观》（上），第189页。
〔4〕 朱子彦："唐代科举制度和牛李党争"，载《济南大学学报》2016年第4期，第13页。

矛盾的激化以至最终形成对立的牛、李二党，则与请托被拒有直接的关系。

穆宗长庆元年（821），礼部侍郎钱徽、右补阙杨汝士主持科举。西昌节度使段文昌得杨浑之家藏书画，"面托钱徽，继以私书保荐"；翰林学士李绅亦"托举子周汉宾于徽"〔1〕。前文已言，"由请托而固结的关系亦可便于结党"，如果上述请托达成，出于感激等原因，官员之间的关系、唐代的党争格局等都会发生较大变化。但榜出后，段文昌、李绅所荐之人均名落孙山，可见没有相当程度的人情、关系，请托很难达成。不止于此，中书舍人李宗闵之婿苏巢以及主考官杨汝士之弟杨殷士均考中，令人生疑。段文昌上奏穆宗："今岁礼部殊不公，所取进士皆子弟无艺，以关节得之。"双方矛盾进一步激化。穆宗询问诸学士，李德裕、元稹、李绅皆曰："诚如文昌言。"〔2〕穆宗派人复试，十人不中选，钱徽、李宗闵、杨汝士被贬官。钱徽、李宗闵、杨汝士等大为怀恨，双方矛盾遂至不可调和地步，形成对立的牛、李二党，"比相嫌恶，因是列为朋党，皆挟邪取权，两相倾轧。自是纷纭排陷，垂四十年"〔3〕。

为了暂时之利而抛弃成见，请托于人，注定了合作的基础是薄弱的。在这种情况下，因请托不遂而转相对立，形成并加剧党争，亦属必然。

《唐律疏议》将请托单独立法，表明在立法层面明确将请托作为危害公义法治的私情恶行来对待，将人情干扰完全推到了法治的对立面。这是法律自身的逻辑性、体系性所决定的，表明对请托的法律属性的认识已达到较高层次。这也是统治者出于维护社会公平正义，从而确保江山稳固的目的，是主要受法家思想影响的结果。但在实际社会生活中，人情因素无处不在，加之受儒家德治观念的影响，有法不依、执法不严的情况比较普遍，连皇帝也不甚重视请托治理，甚至破坏相关的治理成果，配套的预防措施也不够严密，导致请托治理与立法本意之间存在较大差距。尽管如此，请托罪法的存在本身就彰显出法治思维，也一直提醒着立法者、执法者、守法者去关注、利用、维护这一法条，从而促使请托治理不断深化，促进法治思想不断深入人心，

---

〔1〕《旧唐书》卷一六八《钱徽传》，第2985页。

〔2〕（宋）司马光编著：《资治通鉴》卷二四一《唐纪五十七·穆宗睿圣文惠孝皇帝上》"长庆元年三月戊午"（十），第6515页。

〔3〕《旧唐书》卷一七六《李宗闵传》，第3098页。

这在后世，特别是明清时期的请托治理实践中体现得更清晰。由此反观唐律的请托罪立法，可以看出其在法制史上的重要价值。直至今日，如何处理法、理、情之间的关系仍然是走向现代法治之路上难以绕开的问题，也许从古人身上，我们可以得到某种启示。

第四章　宋代的请托与治理

　　请托在中国古代普遍存在，是深入了解古代社会的密码之一。同时，请托又与不同历史阶段的政治、经济、文化相关联，呈现出独具时代性的特征。因此，尽管请托的方式大同小异，但从整体上说，不同时代的请托还是各有其特点的。

　　宋代在中国历史上不是一个强大的朝代，南宋还偏安一隅，连国家的统一都谈不上，但宋代经济富庶、文化发达，最高统治者对民众比较温和，对知识分子也比较礼遇，这些都在其请托治理上打下特殊的烙印。

第一节　宋代的请托罪立法

　　两宋重要的成文法典，一是宋太祖建隆四年（963）颁布的《建隆重详定刑统》，简称《宋刑统》；二是南宋宁宗朝的《庆元条法事类》。《宋刑统》自颁布后，虽有几次修改，但改动很少，整个宋代相沿不改。

　　《宋刑统》的编撰深受《唐律疏议》的影响，除了个别需要避讳的字，内容与唐律基本一致。其《职制律》"请求公事"门中关于请托的规定，全承《唐律疏议》：

请求公事

　　诸有所请求者，笞五十。谓从主司求曲法之事。即为人请者，与自请同。主司许者，与同罪。主司不许，及请求者皆不坐。已施行者，各杖一百。所枉罪重者，主司以出入人罪论。他人及亲属为请求者，减主司罪三等。自请求者，加本罪一等。即监临势要势要者，虽官卑亦同。为人嘱请者，杖一百。所枉重者，罪与主司同。至死者，减一等。

　　【疏】"诸有所请求者，笞五十"，注云："谓从主司求曲法之事。即为人请者，与自请同。"又云"主司许者，与同罪"，注云："主司不许，及请求者皆不坐。"又云"已施行者，各杖一百"。【议曰】凡是公事，各依正理，辄有请求，规为曲法者，笞五十。即为人请求，虽非己事，与自请同，亦笞五十。主司许者，谓然其所请，亦笞五十，故云"与同罪"。若主司不许，及请求之人皆不坐。已施行，谓曲法之事已行，主司及请求之者各杖一百，本罪仍坐。

又云"所枉罪重者，主司以出入人罪论。他人及亲属为请求者，减主司罪三等。自请求者，加本罪一等"。【议曰】所枉重者，谓所司得嘱请，枉曲断事，重于一百杖者，主司得出入人罪论。假如先是一年徒罪，嘱请免徒，主司得出入徒罪，还得一年徒坐。他人及亲属为请求者，减主司罪三等，唯合杖八十，此则减罪轻于已施行杖一百，如此之类，皆依杖一百科之。若他人、亲属等嘱请徒二年半罪，主司曲为断免者，他人等减三等，仍合徒一年，如此之类，减罪重于杖一百者，皆从减科。若身自请求而得枉法者，各加所请求罪一等科之。

又云"即监临势要"，注云："势要者，虽官卑亦同。"又云"为人嘱请者，杖一百。所枉重者，罪与主司同。至死者，减一等"。【议曰】监临者，谓统摄案验之官。势要者，谓除监临以外，但是官人，不限阶品高下，唯据主司畏惧不敢乖违者，虽官卑亦同。为人嘱请曲法者，无问行与不行、许与不许，但嘱即合杖一百。主司许者，笞五十。所枉重于杖一百，与主司出入坐同。主司据法合死者，监临势要合减死一等。[1]

一如《唐律疏议》，《宋刑统》也将请托罪列入《职制》类，强调了其主体是官员；主司已许，虽未施行，亦要受惩；请托者若为官吏，惩处重于普通人，等等，体现出在汉律基础上的进一步发展、成熟。

南宋宁宗时修成法令汇编《庆元条法事类》，共82卷，今残存38卷，其中未见有与请托直接相关的法条。

---

〔1〕 薛梅卿点校：《宋刑统》卷一一《职制律·请求公事》，法律出版社1999年版，第196—197页。

第二节 宋代的谒禁、禁谒

一、"私谒公门"与请托

唐有干谒，宋有私谒。私谒即为私事而请托或贿赂。

宋代私谒之风盛行，有学者认为导致这种情形的原因，是"在中国封建社会中，官僚士大夫之间为了某种目的而私下拜谒请托行贿受贿的行为，作为私有制社会下的一种通弊，历代都存在，且防不胜防。随着封建社会深入的发展，这种现象更滥、更突出，宋代就是一个很典型的例子"[1]。此言不谬。宋代在唐代的基础上继续推行科举选才，录取人数大为增加，大量出身底层的文人通过寒窗苦读、科举中第而得以进入官僚阶层，这在以往朝代是少见的。没有显赫的家世、巨大的财富作为支撑，文人们聊以傍身的，除了满腹诗书，就是其读书、科考过程中陆续建立起的同窗、同年、师生等关系。而这些关系在其步入仕途后，一旦遭遇职位升迁、规避弹劾或亲朋求助等现实问题，就会成为借重的不二之选，这是私谒产生的直接原因。清雍正帝对此深有感触，其在处理查嗣庭案的过程中，屡次言及科举中人易于请托的情况："尔等汉人于同年师生之谊，党比成风，平日则交相固结，有事则互相袒护，夤缘请托，背公徇私。"[2]

宋代私谒的独特性在于，其不仅发生于私人宅第中，还波及至公门内，出现"私谒公门"的情形。北宋初年，群官"只诣中书请谒，日不下百辈。……其中干以私者，盖十八九"[3]；除了中书省，还有人借出入三司、御史台、开封府之便，"妄托公事，私入看谒"[4]。神宗时，因开封府界提点

---

[1] 史继刚："宋代官吏谒禁制度述论"，载《青海师范大学学报》1992年第3期，第80页。

[2] 雍正四年十二月十二日，"着严禁科甲同年师生夤缘请托朋比营私事上谕"，转引自张书才"查嗣庭文字狱案史料（下）"，载《历史档案》1992年第2期，第21页。

[3] （宋）李焘：《续资治通鉴长编》卷三二《太宗》"淳化二年夏四月辛巳"，《景印文渊阁四库全书》第314册，第453页。

[4] 刘琳、刁忠民、舒大刚、尹波等校点：《宋会要辑稿·刑法二·禁约一》之22（第14册），上海古籍出版社2014年版（本出版信息以下省略），第8294页。

司、提举司的治所在城中，有些官员"不务管职赴功，惟以请谒奔竞为事"〔1〕，神宗不得不下诏将官署分别徙至白马县、管城县。其时私谒风气之盛，可见一斑。

有学者认为宋代官员"私谒公门"，乃"由于宋初'士尚恬退'，官员亦'不喜人附会'，故宰执一般'不于私第见客'，即便有些人是因私事而请，由于宋初两府（中书、枢密院）还未行谒禁，即两府是分厅言事，便于私谒干请，故'百官亦罕造门（即宰执私第）'"〔2〕。"不喜人附会""不于私第见客"等材料见于《续资治通鉴长编》，原文如下：

> 国初，不喜人附会权势，故大臣不于私第见客，百官亦罕造门，只诣中书请谒，日不下百辈。……其中干以私者，盖十八九。〔3〕

"不喜人附会权势"者，应该不是"大臣"：如果是"大臣"，按照古人的语言表达习惯，下句的"大臣"二字应提前，即为"国初，大臣不喜人附会权势"；但这样一来，表达上又很别扭，因为"大臣"一般不自认为是"权势"，故此一句"不喜人附会"足矣，"权势"二字纯属画蛇添足。在这种情况下，能够"不喜人附会权势"从而导致"大臣不于私第见客"的，只能是地位高于大臣的皇帝，确切说是开国皇帝宋太祖。宋太祖建国后，为避免功臣背叛，曾采取"杯酒释兵权"的办法，许功臣以安逸享乐，而将权力收归己有。对于那些仍在朝的官员，宋太祖自然也希望其随侍左右、众星拱月，而不是私下交往、彼此情密。官员之间结交，未必皆有党同伐异、改朝换代的目的，却不可避免要有荐举、免参的追求，"干时求进，俗多竞于呈身。衔鬻叫呼，贪缘请托，倚声名而挟形势"〔4〕。在谒于私门为皇帝所不喜的情况下，只能另寻门路，借口办理公务而前往公门请见，于是"私谒公门"

〔1〕 （宋）李焘：《续资治通鉴长编》卷三一二《神宗》"元丰四年夏四月甲申"，《景印文渊阁四库全书》第319册，第334页。

〔2〕 史继刚："宋代宰执的谒禁制度"，载《西南师范大学学报》1990年第3期，第100页。

〔3〕 （宋）李焘：《续资治通鉴长编》卷三二《太宗》"淳化二年夏四月辛巳"，《景印文渊阁四库全书》第314册，第453页。

〔4〕 （宋）魏齐贤、叶棻编：《五百家播芳大全文粹》卷三二《谢到任启·幕职·制属到任谢席师启》，《景印文渊阁四库全书》第1352册，第620页。

的现象应运而生。

随着时间的推移，因"大臣不于私第见客"而"私谒公门"的情况也发生了变化，出现"私谒私门"的情形。神宗时，王安石"欲广收人材，于是不以品秩高卑，皆得进谒，然自是不无夤缘干求之私进见者。既不敢广坐明言其情，往往皆于送客时罗列于庑下，以次留身，叙陈而退"[1]。徽宗时，"士大夫以造请为勤。每遇休沐日，赍刺，自旦至暮，遍走贵人门下。京局多私居，远近不一，极日力只能至数十处，往往计会阍者纳名刺上见客簿，未敢必见也"[2]。"私谒私门"之盛，不亚于私谒公门。

无论私谒公门，抑或私谒私门，其目的都是借以搭上关系，乘机请托，谋取私利。仁宗时，一"蜀贾"即因"援外戚，得郎官，知蔡州"[3]。高宗时，也有不少人经过"近臣荐对，即改官升擢"[4]。射利至此，竟可平步青云，私谒大盛就不足为怪了。

二、谒禁、禁谒的出台

私谒不仅导致请托公行、社会风气败坏，还直接影响到政府有关部门的正常工作。如群官出入中书省，宰相等"动至午际，不得就食。敕牒或未印署，堆积几案，政事停壅"[5]。在这种情况下，宋代皇帝相继出台谒禁、禁谒的规定。

清俞樾《茶香室丛钞》卷六引宋赵升《朝野类要》"百司门首'谒禁'者，不许接客也。若大理寺官，则又加'禁谒'及不许出谒也"，认为："按此条，似谒禁、禁谒有别。谒禁者，人来谒见则有禁；禁谒者，禁其谒人也。"[6]可见，谒禁是禁止他人拜见官员，官员不得"受谒"；禁谒是禁止官

〔1〕（宋）叶梦得：《石林燕语》卷六，《景印文渊阁四库全书》第863册，第590页。
〔2〕（宋）朱彧：《萍洲可谈》卷一，《丛书集成初编》第2754册，第10—11页。
〔3〕（宋）杜大珪编：《名臣碑传琬琰之集》中卷六宋祁《高文庄公若讷墓志铭》，《景印文渊阁四库全书》第450册，第266页。
〔4〕《宋史》卷一五八《选举四》，第2485页。
〔5〕（宋）李焘：《续资治通鉴长编》卷三二《太宗》"淳化二年夏四月辛巳"，《景印文渊阁四库全书》第314册，第453页。
〔6〕（清）俞樾：《茶香室丛钞》卷六《禁谒》，第6页（清光绪二十五年刻春在堂全书本；"鼎秀"，第138页）。

员拜见他人，官员不得"出谒"。

宋代的谒禁、禁谒制度并非一蹴而就，而是综合考虑多方面的因素，并在实践中不断地加以丰富、调整而形成的。官员有高级、低级与中央、地方以及文、武之分，与之相对的谒者、被谒者同样有"亲戚"[1]（"亲故"[2]）、"士人内通医药者"[3]、"职事相干"[4]之别。诏令先是根据私谒的严重程度，制定专门针对宰执的谒禁、禁谒规定，然后波及于中央其他部门、辐射至地方各级衙门；随着"军兴之际，州郡将迎送谒，妨废日力"[5]，又由文官扩展至武官。在此过程中，还要考虑与官员相对的谒者、被谒者的具体身份而不全以"宾客"统称之，对隶属不同部门但职司相近的官员的规定尽量趋同，一旦规定有妨职事则及时停止，等等，比较复杂。

从法律角度看，宋代的谒禁、禁谒制度主要有以下特点。

第一，不仅以谒禁、禁谒限制官员的受谒、出谒，还对违禁行为加以惩处。

其惩处见于《宋会要》者，有杖一百、徒二年、徒三年、编管远恶州郡，如：

（神宗熙宁）九年五月八日，枢密副都承旨张诚一言："……今欲应在京司属，非假日不得看谒及接见宾客；非廨宇所在者，虽亲戚不得入谒。违者并接见之人，各徒二年。……"从之。[6]

（神宗元丰）四年四月二十五日，……诏中书立法。其后立法："执政官在京本宗有服亲戚非职事相干及亲属，不得往还看谒。违者并往还

〔1〕 刘琳、刁忠民、舒大刚、尹波等校点：《宋会要辑稿·职官六·枢密院承旨司》之8（第5册），第3158页。
〔2〕 刘琳、刁忠民、舒大刚、尹波等校点：《宋会要辑稿·刑法二·禁约一》之9（第14册），第8286页。
〔3〕 刘琳、刁忠民、舒大刚、尹波等校点：《宋会要辑稿·刑法二·禁约一》之35（第14册），第8302页。
〔4〕 刘琳、刁忠民、舒大刚、尹波等校点：《宋会要辑稿·刑法二·禁约一》之36（第14册），第8303页。
〔5〕 刘琳、刁忠民、舒大刚、尹波等校点：《宋会要辑稿·刑法二·禁约二》之103（第14册），第8338页。
〔6〕 刘琳、刁忠民、舒大刚、尹波等校点：《宋会要辑稿·职官六·枢密院承旨司》之7—8（第5册），第3158页。

之人，各杖一百。"〔1〕

高宗建炎元年十月二十七日，诏入内内侍省、内侍省："今后，两省使臣不许与统制官、将官等私接见、往来、同出入。如违，追官勒停，编管远恶州郡。"〔2〕

（高宗建炎三年九月）十二日，诏："江东西、湖南北、两浙、福建守倅，今后并不许出谒及受谒、接送。违者，徒三年。"〔3〕

其惩处见于《庆元条法事类》者，有笞五十、杖八十、杖一百、徒一年、徒二年、流二千里编置，如：

诸路分兵官将副、缘边都监、武臣知县或镇寨长官、押队、部队将，辄出谒及见宾客，并见之者，各徒二年。〔4〕

诸知州、通判、县令，非假日辄出谒及宾客受谒者，各徒一年。

诸监临官，与所部不应接坐人而接坐者，徒二年；在官非监临，杖一百；邂逅接坐者，各减五等：仍为公坐。……

诸帅臣，辄令随行子弟、亲属接见所部官，并见之者，各杖八十。

诸内侍官，辄与外朝官非亲戚往还，或出谒接见宾客者，并流二千里，量轻重取旨编置。〔5〕

另外，《续资治通鉴长编》还涉及了罚金：

（神宗熙宁十年十一月）己酉诏："右千牛卫将军世奖等五人，免追

---

〔1〕 刘琳、刁忠民、舒大刚、尹波等校点：《宋会要辑稿·刑法二·禁约一》之35（第14册），第8302页。

〔2〕 刘琳、刁忠民、舒大刚、尹波等校点：《宋会要辑稿·职官三六·内侍省》之23—24（第7册），第3900页。

〔3〕 刘琳、刁忠民、舒大刚、尹波等校点：《宋会要辑稿·刑法二·禁约二》之102（第14册），第8338页。

〔4〕 戴建国点校：《庆元条法事类》卷四《职制门一·禁谒·敕·职制敕》，杨一凡、田涛主编：《中国珍稀法律典籍续编》（第一册），黑龙江人民出版社2002年版，第32页。小注未录。

〔5〕 戴建国点校：《庆元条法事类》卷四《职制门一·禁谒·敕·职制敕》，杨一凡、田涛主编：《中国珍稀法律典籍续编》（第一册），黑龙江人民出版社2002年版，第33页。小注未录。

官勒停，听罚金。"坐私接宾客罪，至徒二年，上特宽之。[1]

这些惩处根据官员的职位、本人或家人的身份等作出，一般情况下，内侍官员重于地方官员、武官重于文官、官员本人重于参与家人，非常细致。而且，这些惩处多重于对请托的惩处，私谒为请托之源，正本清源，可有效降低请托的发生。

第二，对官员提出举发违反谒禁、禁谒行为的要求。

北宋时，要求御史台、街司、执法言事之吏举发违反谒禁、禁谒的行为。

> （仁宗天圣五年）九月二日，御史台言："开封府近日多有臣僚取便出入看谒，虽有先降敕命，未闻遵守施行。"诏令御史台、街司常切觉察闻奏。[2]

> （哲宗元祐元年四月）二十四日，监察御史韩川乞除官局依旧不许接宾客外，内谒禁并废。监察御上官均乞除开封、大理官司依旧行谒禁外，其余一切简罢。如罢谒禁后小大之臣或敢挟私背公、慢职玩令，执法言事之吏得以纠举上闻，黜之谪之。于是尚书省看详，参用旧条，申饬谒禁之制。[3]

宋代御史台专司弹劾，街司为掌管京城道路的衙门，执法言事之吏属于言官，由他们举发违反谒禁、禁谒的官员，既履行了本职，又无"告密"的心理负担。

南宋时，要求海巡八厢、阁门使、御史、正副长官举发违反谒禁、禁谒的行为。

> （高宗建炎四年六月）九日，尚书省言："……除已差人密行觉察，如有漏泄朝廷未下有司政事差除之类，又受请托贿赂，私相看谒，六曹、百司等处因公事受乞钱物等事，即具姓名密报，送所司根勘，即依法施

---

〔1〕（宋）李焘：《续资治通鉴长编》卷二八五《神宗》"熙宁十年十一月己酉"，《景印文渊阁四库全书》第 318 册，第 788 页。

〔2〕刘琳、刁忠民、舒大刚、尹波等校点：《宋会要辑稿·刑法二·禁约一》之 16（第 14 册），第 8291 页。

〔3〕刘琳、刁忠民、舒大刚、尹波等校点：《宋会要辑稿·刑法二·禁约一》之 37（第 14 册），第 8303 页。

行。……"诏三省、枢密院、六曹令尚书省出榜，……令海巡八厢密行视（密）〔察〕，兼出榜晓谕。[1]

（高宗建炎四年六月）十七日，阁门言："奉旨，近来臣僚为患在朝假，往往赴局治事及看谒，并无约束。自今后如在假辄（起）〔赴〕局治事及看谒，令阁门觉察弹奏取旨。内文臣，令御史觉察弹奏。"[2]

（高宗绍兴二年）十二月三日，诏："大理寺官自卿、少至司直、评事，虽假日亦不得出谒及接见宾客。令本寺长贰常切觉察，仍令尚书省出榜于本寺门晓示。"[3]

海巡八厢属内司，掌稽察；阁门使掌引接朝见，纠弹失仪；正副长官有监督属下之职，由其举发违反谒禁、禁谒的官员，也有利于对请托等违法行为的惩处。

宋代的谒禁、禁谒具有合理性。在"私谒公门"与"私谒私门"比较猖獗的情况下，出台关于受谒、出谒的禁止性规定，并提出举发要求，可将借"私谒"而谋"私利"的可能性降至最低。但亦不乏一定的问题。因为谒者并非全为私利而来，也包括正常的人际交往、礼尚往来；且受谒者通过谒者，亦可"悉知外事"[4]。如果不分情况地一概而论、一律禁止，甚至"非廨宇所在者，虽亲戚不得入谒"[5]，不仅伤害了人情，"非仁主推赤心待大臣"[6]；还妨碍了政务，导致"端坐廨宇，一两日不出厅者"[7]的结果。因

---

〔1〕刘琳、刁忠民、舒大刚、尹波等校点：《宋会要辑稿·刑法二·禁约二》之105（第14册），第8339页。

〔2〕刘琳、刁忠民、舒大刚、尹波等校点：《宋会要辑稿·刑法二·禁约二》之106（第14册），第8339—8340页。

〔3〕刘琳、刁忠民、舒大刚、尹波等校点：《宋会要辑稿·刑法二·禁约二》之113（第14册），第8343页。

〔4〕（宋）李焘：《续资治通鉴长编》卷三二《太宗》"淳化二年夏四月辛巳"，《景印文渊阁四库全书》第314册，第453页。

〔5〕刘琳、刁忠民、舒大刚、尹波等校点：《宋会要辑稿·职官六·枢密院承旨司》之8（第5册），第3158页。

〔6〕（宋）李焘：《续资治通鉴长编》卷一八二《仁宗》"嘉祐元年夏四月己卯"，《景印文渊阁四库全书》第317册，第76页。

〔7〕刘琳、刁忠民、舒大刚、尹波等校点：《宋会要辑稿·刑法二·禁约二》之103（第14册），第8338页。

此谒禁、禁谒的设置，应进行更多、更细致的考虑。

干谒是请托的前奏，却并不必然导致请托得逞。如果在录取、任用、决策等方面制定富有针对性的预防措施，并做到严密、制衡、公开、公正，则请托无多大意义，这是杜绝请托的有效途径，也是制度建设最困难的部分。可惜宋代在这些方面作为很少。

根据史继刚的研究，宋神宗熙宁、元丰时期，"这是宋代谒禁制度全面实行的时期，……这一制度随着宋神宗的去世而逐渐弛废"[1]，"徽宗、钦宗统治时期，谒禁制度名存实亡"[2]。治理效果至此，与其不加区分地将合法、非法的受谒、出谒一律禁止，损害了人情，有较大关系。

第三节　宋代的内降与请托

宋时，除了"私谒"公门请托，还请求皇帝颁布"内降"以达成谋私的目的。

内降，是指宋代"皇帝（包括垂帘太后）违背封建政府正常颁诏程序，绕过二府（北宋前期）或三省和枢密院（元丰改制后），直接由内宫下达给有关部门的行政命令"[3]。宋初承袭唐代的三省制，以中书省为重要的决策机构，各项庶务进拟、命令传宣、台谏章奏等都经由中书；门下省掌审驳；尚书省负责庶务之执行。随着封建专制体制下君主权力的高度集中，宋中期以后，皇帝不断颁布内降，直接插手行政事务。

根据余春燕、夏松涛的研究，宋代的内降主要有出自君王本人意愿的内降、他人交结请托而颁出的内降、他人假借伪造的内降三种，其中与请托有关的是第二种内降，这里称之为请托类内降。

此类内降主要涉及官员、内官的提升转迁或免罪。皇帝（包括垂帘太后）掌握了国家最高公权力，其身边人遂挖空心思，打着"圣人出口为敕，批出

---

〔1〕史继刚："宋代官吏谒禁制度述论"，载《青海师范大学学报》1992年第3期，第83页。

〔2〕史继刚："宋代官吏谒禁制度述论"，载《青海师范大学学报》1992年第3期，第84页。

〔3〕余春燕、夏松涛："试析宋代'内降'颁出的种类及原因"，载《贵州文史丛刊》2012年第3期，第15页。

谁敢违"[1]的幌子，请求内降，"臣僚、宗室、外戚、命妇，多以进纳为名，干祈恩泽"[2]。不止于此，他们还充当求托人，代他人请求内降。在其穿针引线下，"甚至闾阎琐屑之斗讼、皂隶猥贱之干求，悉达内庭，尽由中降"[3]，并且"纵恣舆台，囊橐巨盗，而邀求内批以免死者矣"[4]。内降之滥，可以想见。

当然，皇帝（包括垂帘太后）为笼络私人、巩固统治，也会主动发出内降，对官员、内官进行提升转迁。仁宗即位时年仅十三岁，由刘太后垂帘听政。为了得到群臣的支持，刘太后开启了以内降奖励官员、内官的先河，"只自章献明肃皇后垂帘之日，有奔竞之辈，货赂公行，假托皇亲，因缘女谒"[5]。刘太后曾坦陈如此做的心理："一小孩儿与一妇人，不与人些恩泽，怎生把握天下？"[6]虽有被迫的成分，却主要是为了达成自己的目的，"或有内批指挥，皆是出于宸衷"[7]。

请托类内降则不同，皇帝（包括垂帘太后）完全是被牵着鼻子走：宫廷女子以甘言或悲诉乞求，"凡内降恩泽事，不关中书，此皆妇人、女子甘言悲辞之托，以乱圣听"[8]；臣僚则抓住进呈奏章或面陈的机会，"或密附封奏，求从于中出，或间因奏对，辄露于私祈"[9]，甚至有"涕泗上前，以希恩泽者"[10]。

---

〔1〕（宋）周煇：《清波杂志·别志》卷三，《景印文渊阁四库全书》第1039册，第124页。

〔2〕（宋）赵汝愚编：《国朝诸臣奏议》卷二三《君道门·诏令下·曾肇〈上哲宗进仁宗朝戒饬内降诏书事迹乞禁止请谒〉》，第9—10页（宋淳祐刻元明递修本；"鼎秀"，第351—352页）。

〔3〕（宋）文天祥：《文山集》卷三《对策·御试策一道》，《景印文渊阁四库全书》第1184册，第409页。

〔4〕（宋）高斯得：《耻堂存稿》卷一《奏疏·轮对奏札》，《丛书集成初编》第2040册，第2页。

〔5〕（宋）赵汝愚编：《国朝诸臣奏议》卷二三《君道门·诏令下·韩琦〈上仁宗论干求内降乞降诏止绝〉》，第1页（宋淳祐刻元明递修本；"鼎秀"，第343页）。

〔6〕（宋）李心传：《旧闻证误》卷三，《景印文渊阁四库全书》第686册，第600页。

〔7〕（宋）赵汝愚编：《国朝诸臣奏议》卷二三《君道门·诏令下·韩琦〈上仁宗论干求内降乞降诏止绝〉》，第1页（宋淳祐刻元明递修本；"鼎秀"，第343页）。

〔8〕（宋）王珪：《华阳集》卷五七《墓志铭·推忠佐理功臣正奉大夫行给事中参知政事上护军鲁国郡开国公食邑二千三百户食实封四百户赐紫金鱼袋赠礼部尚书谥质肃唐公墓志铭》，《景印文渊阁四库全书》第1093册，第424页。

〔9〕（宋）《宋大诏令集》卷一九二《政事四十五·诫饬三·诫约干宠内降诏康定二年二月甲辰》，中华书局1962年版，第707页。

〔10〕（宋）赵汝愚编：《国朝诸臣奏议》卷二三《君道门·诏令下·曾肇〈上哲宗进仁宗朝戒饬内降诏书事迹乞禁止请谒〉》，第9页（宋淳祐刻元明递修本；"鼎秀"，第351页）。

当此际，皇帝（包括垂帘太后）需面对人情、人性等多方面的拷问与抉择，不仅被动而且无奈。

仁宗曾与臣子言及自己的相关遭遇："比有贵戚近习，贪缘请托，以图内降。虽颇抑绝，然未免时有侵挠。"[1]屡抑而不绝，并至"侵扰"程度，可见给皇帝带来的困扰。明代佘自强在《治谱》中呼吁对士大夫的某些请托多加理解："士夫请托，未必一一皆是徇私，其中亦有激于公义或迫于情之不容已者。每见先辈为亲戚所迫，求死不得。"[2]这类士大夫与仁宗在请托中的地位不同，一为请托者，一为受托者，但被动、无奈的境遇却颇为相似：一为亲戚逼迫而充当请托者，一受臣下裹挟而被迫受托。请托带给人的难堪与无奈于兹可见。

请托类内降或关乎官员、内官的提升转迁，或涉及免罪，破坏了国家正常的行政、司法程序，引起大臣的不满，纷纷上疏皇帝，请求下诏禁止。杨建宏据赵汝愚所编《宋名臣奏议》卷二三统计，仅仁宗、哲宗、徽宗、钦宗四朝，反内降的奏疏就达21篇之多，[3]笔者统计其全部关涉反请托类内降。在奏疏中，大臣除了请求皇帝"根逐"[4]请托类内降，还指出此类请托给君臣关系带来的不良影响："国体之重，不询于公卿大臣；政事之权，乃付之宦官女子。至于政府，见如此等事，始不预议，终无执持，将顺奉行，焉用彼相？臣恐斜封墨敕之弊，不足罪于昔时；告密罗织之风，复基祸于今日矣。"[5]言辞恳切，据理而发。

在这种情况下，宋代皇帝不断下诏禁止请求内降。从刘太后死后亲政的仁宗，至偏安一隅的南宋诸帝，禁止请托类内降的诏令被不断下达。有意思的是，这些诏令不仅禁止请求内降，对请求内降者治罪，还要求中书、枢密

---

〔1〕（宋）赵汝愚编：《国朝诸臣奏议》卷二三《君道门·诏令下·曾肇〈上哲宗进仁宗朝戒饬内降诏书事迹乞禁止请谒〉》，第11页（宋淳祐刻元明递修本；"鼎秀"，第353页）。

〔2〕（明）佘自强：《治谱》卷四《词讼门·请托四》，官箴书集成编纂委员会编：《官箴书集成》（第二册），黄山书社1997年版（本出版信息以下省略），第127页。

〔3〕笔者统计为20篇。

〔4〕（宋）赵汝愚编：《国朝诸臣奏议》卷二三《君道门·诏令下·傅尧俞〈上仁宗乞止绝内降凡进用悉与大臣议其可否〉》，第7页（宋淳祐刻元明递修本；"鼎秀"，第349页）。

〔5〕（宋）赵汝愚编：《国朝诸臣奏议》卷二三《君道门·诏令下·赵抃〈上仁宗论内降旨挥差台官勘张怀恩等事〉》，第5页（宋淳祐刻元明递修本；"鼎秀"，第347页）。

院并所承受官司"执奏"内降。以哲宗时中书舍人曾肇所上奏疏《上哲宗进仁宗朝戒饬内降诏书事迹乞禁止请谒》为例，其中所列仁宗朝禁止内降的 8 条诏书中，有半数涉及于此：

> 明道二年四月诏，……内批改官及与差遣，未得即行，委中书、枢密院审取处分。……
>
> 康定元年十月诏，如内降指挥与臣僚迁官及差遣者，并令中书、枢密院具条执奏以闻。……
>
> 皇祐二年九月赐中书门下诏，……自今内降指挥，仰中书、枢密院并所承受官司执奏，毋得施行。……
>
> 嘉祐二年八月，知谏院陈升之言，比日内降营求恩赏者多，虽许执奏，而有司时有奉行。自今请令中书、枢密院推劾，以正干请之罪。[1]

请托类内降使皇帝不安、令大臣不满，皇帝下诏禁止请求，或对请求者治罪均可，为什么还要求中书、枢密院并所承受官司"执奏"？需知中书、枢密院并所承受官司"执奏"请托类内降，类似于举发，但又不同于一般的举发：内降的发出者是皇帝，一旦中书、枢密院并所承受官司"执奏"，则是举发皇帝的受托行为。遑论大臣是否敢于尽职"直奏"，皇帝完全可以自律不发此类内降，何必多此一举？

哲宗时，右正言刘安世奏上《上哲宗论李偒妄干求内降挟私罔上》，对此有所披露：

> 臣窃谓人主之德，多尚仁恩，或有请求，难于面折。但以其奏付之外廷，若大臣守法而不回，则私谒虽多而无患。盖不违其请，足以示圣王之仁；断之于公，足以严朝廷之政。如此，则恩归于上而法行于下矣。[2]

原来是皇帝一方面不愿受托颁布内降，另一方面又不愿直接拒绝而表现

---

〔1〕（宋）赵汝愚编：《国朝诸臣奏议》卷二三《君道门·诏令下·曾肇〈上哲宗进仁宗朝戒饬内降诏书事迹乞禁止请谒〉》，第 9—11 页（宋淳祐刻元明递修本；"鼎秀"，第 351—353 页）。

〔2〕（宋）赵汝愚编：《国朝诸臣奏议》卷二三《君道门·诏令下·刘安世〈上哲宗论李偒妄干求内降挟私罔上〉》，第 13 页（宋淳祐刻元明递修本；"鼎秀"，第 355 页）。

出自己的不仁，故而借助臣子的"执奏以闻"加以二次过滤。也许，这正是一种帝王之术。

此类诏书在维护国家机器正常运转的同时，也给皇帝提供了拒绝请托的挡箭牌。仁宗庆历年间，吏部侍郎、枢密使杜衍"每内降恩，率寝格不行，积诏旨至十数，辄纳帝前。谏官欧阳修入对，帝曰：'外人知杜衍封还内降邪？凡有求于朕，每以衍不可告之而止者，多于所封还也。'"[1]杜衍拒绝执行内降，并将积压的十多份内降如数封还仁宗，而仁宗也以此为借口，拒绝近臣请求内降，甚至仁宗本人顶住的内降比他发出去的还多。连皇帝也要借助外力才能拒绝请托，一般官员拒绝请托的难度当更大。

第四节　宋代官员对请托的认识与对请托罪法的执行

一、认识请托

赵匡胤通过"陈桥兵变"登上皇帝宝座，逐步结束五代十国的割据局面，实现了国家统一。为避免重蹈后周覆辙，他采取重文轻武的策略，以防备武将篡权。他曾说文人"纵皆贪浊"，其危害"亦未及武臣十之一也"，并留下训诫："不得杀士大夫及上书言事人"，"子孙有渝此誓者，天必殛之"。[2]有宋一代，文人的社会地位很高，不断扩大的科举录取名额，使相当数量的读书人得以参与政治，而一旦入仕，待遇方面又从优，真可谓"士大夫的乐园"。凡此种种，对宋代官员认识请托产生一定影响。

（一）理性看待皇帝的受托行为

一方面，宋代官员反对请托类内降，恳请皇帝拒颁此类内降并惩处请求者——"愿陛下谨守前书，坚于金石。虽甚宠爱之人，如敢私挠，必加之罪"[3]；另一方面，他们又体谅皇帝于中的无奈，建议依法定程序进行——

---

〔1〕《宋史》卷三一〇《杜衍传》，第 8226 页。

〔2〕（宋）陆游：《避暑漫抄》，《丛书集成初编》第 2863 册，第 6 页。

〔3〕（宋）赵汝愚编：《国朝诸臣奏议》卷二三《君道门·诏令下·吴奎〈上仁宗乞谨守杜绝内降诏〉》，第 2 页（宋淳祐刻元明递修本；"鼎秀"，第 344 页）。

"若有人材可用，或联近亲，出自圣意，欲与恩泽者，自可明谕辅臣，度其所宜，公行除授"〔1〕。这一情形，只有在君主从谏如流、君臣关系融洽之时才会出现。

（二）以"民"为落脚点阐释请托的危害

请托以人情博弈公权力，其危害的首先是国家的司法、行政，宋代官员却能够较多地关注百姓。如认为官员迁改中的请托乃"官失其正"，将导致"不肖混淆，请托侥幸，迁易不已，中外苟且，百事废堕，生民久苦，群盗渐起"〔2〕的结果。再如认为地方官暴虐而监司郡守受托不治，势必造成"百里善良之民，三岁受其残虐，未知其何辜"〔3〕的局面。可见其所具有的民本思想。

（三）从理学的角度探讨杜绝请托的关键

先秦儒学经由宋儒的推动而发展成为理学，理学家将学术运用到社会生活中，如朱熹将杜绝请托与齐家联系起来，认为："苟苴不达、请谒不行者，家之齐也。然闺门之内，恩常掩义，是以虽以英雄之才，尚有困于酒色、溺于情爱而不能自克者。苟非正心修身、动由礼义，使之有以服吾之德而畏吾之威，则亦何以正其宫壶、杜其请托、检其姻戚而防祸乱之萌哉！"〔4〕杜绝请托是法律、制度问题，但根本上是德行修养问题，由慑于法律的不敢请托、碍于制度的不能请托，发展到思想自觉的不想请托，才会真正根绝请托，朱熹此言正是着眼于此。这也是儒家德治思想的体现。

（四）认为"荣利启心"〔5〕，请托不可完全避免

一方面，人人皆有仕进之心，"即举天下之士，孰无求进之望哉？或以佞

---

〔1〕　（宋）赵汝愚编：《国朝诸臣奏议》卷二三《君道门·诏令下·曾肇〈上哲宗进仁宗朝戒饬内降诏书事迹乞禁止请谒〉》，第9页（宋淳祐刻元明递修本；"鼎秀"，第351页）。

〔2〕　（宋）范仲淹：《范文正奏议》卷上《治体·答手诏条陈十事》，《景印文渊阁四库全书》第427册，第5页。

〔3〕　（宋）杨冠卿：《客亭类稿》卷九《杂著编三·愚虑说·革滥进》，《景印文渊阁四库全书》第1165册，第506页。

〔4〕　（宋）朱熹：《晦庵集》卷一二《封事·己酉拟上封事》，《景印文渊阁四库全书》第1143册，第201页。

〔5〕　（宋）林季仲：《竹轩杂著》卷三《策问·科举》，《景印文渊阁四库全书》第1140册，第338页。

或以贿，或以请托或以亲故，其求之者非一方也。固有求而不得，未有不求而自得也"[1]，人们必然请托；另一方面，没有绝对的避免请托之法，"自来举官之法多矣，岂能尽绝小人干求"[2]。这一认识比较清醒。

宋代官员对请托的认识，除了源于优渥的政治环境，还与其较强的思辨力、为国为民之心有关。

二、对请托罪法的执行

前文提及，宋代的请托罪法主要包括两部分：一是《宋刑统》中继承唐律对请托的惩处条文；二是皇帝通过诏令规定的治罪标准。那么，宋代官员在面对请托时，是否会依据这些条文来执行？从现有史料看，宋代官员的执行方式主要有如下几种。

（一）拒绝请托，但不加惩处

请托不单纯是一种违法犯罪行为，惩处请托也非仅关涉法律，而是有着深刻的社会文化背景。请托者或与受托者有熟识关系，或拥有一定的权势，"杜请托则深咈于人情"[3]，若再加惩处，则风险之大，可以想见。此外，请托者中有一类是士人，他们虽然目下并无功名、官职，将来却有可能走上仕途，故应惜其廉耻，存其体面。陈襄仁宗时以浦城县主簿代理县令，"邑之封疆远且多世族，前后令罕能制，蔽蒙请托，习以为常"；有请托者，陈襄"惜其士类，不欲遽绳以法"[4]。可见对请托拒而不惩的原因大要有三：一是与对方熟识，不愿因此得罪；二是对方为权贵势要，无法惩处；三是根据儒家教化理念，出于感化人心的目的，不欲惩处。

宋代官员拒绝请托的方式比较多样。其一，温颜强笑，好好拒绝。田况仁宗时为三司使，"深厌干请者，虽不能从，然不欲峻拒之，每温颜强笑以遣

---

[1] （宋）黄幹：《勉斋集》卷七《书·上江西运使书》，《景印文渊阁四库全书》第 1168 册，第 74—75 页。

[2] （宋）欧阳修撰、周必大编：《文忠集》卷一〇七《奏议十一·河北转运·论两制以上罢举转运使副省府推判官等状》，《景印文渊阁四库全书》第 1103 册，第 97 页。

[3] （宋）葛胜仲：《丹阳集》卷五《启·复修撰谢两府启》，《景印文渊阁四库全书》第 1127 册，第 445 页。

[4] （宋）陈襄撰、陈绍夫编：《古灵集》卷二五《附录·叶祖洽〈先生行状〉》，《景印文渊阁四库全书》第 1093 册，第 705 页。

之"。他曾对人言："作三司使数年，强笑多矣，直笑得面似靴皮。"[1]这样做，可以将对方的不满情绪降至最低。其二，当面不拒，以法断事。马遵仁宗时守开封，"客至，有所请，君辄善遇之，无所拒。客退，视其事，一断以法"[2]。如此行事，可在人情与执法之间取得平衡。其三，充耳不闻，暗含拒意。向仲堪徽宗时摄开封县丞，"权贵人请托，不闻耳"[3]。不接受请托，亦不花精力与之周旋。其四，当众表白，明确拒绝。吴松年孝宗时知南剑州，"时荐举久敝。有挟诸公贵人书至者，公一不省，廷语于众曰：'荐举之意，举贤才及治行而已。挟贵而问，岂荐举本意哉！'"[4]较之软性、消极的拒绝，此方式更需要刚直坚毅的性格，不计较个人得失。其五，品德高尚，感化他人。胡安国高宗时官至宝文阁直学士，其子胡寅说："近世士风奔竞，惟事干谒，公在琐闱，虽抱羸疾，接纳无倦。随其品历，访以四方利病，于容貌颜色辞气间，消人贪鄙。有欲启口请托者，必忘言而去。"[5]这种靠高尚品德与内在气质打消请托的情况只能是个例。

总体而言，较之汉代与后世，宋代官员拒绝请托的态度比较温和。

（二）采取措施，预防请托

既然宋代官员不愿、不欲、不能惩处请托，拒绝请托又耗费心力，不如采取措施，提前预防。

他们重点预防考试中的请托。如即刻赴任。苏易简太宗时主持贡举，"受诏即赴贡院，不更至私第，以防请托"[6]。如严密内外。何逢原高宗时以成都路转运判官充监试官，"四川类省试，有请托暗记传义之弊"，逢原"措画

〔1〕（宋）欧阳修撰、周必大编：《文忠集》卷一二七《归田录》，《景印文渊阁四库全书》第1103册，290页。

〔2〕（宋）王安石：《临川文集》卷九五《墓志·兵部员外郎马君墓志铭》，《景印文渊阁四库全书》第1105册，第797页。

〔3〕（宋）洪适：《盘洲文集》卷七六《墓志二·向通判墓志》，《景印文渊阁四库全书》第1158册，第761页。

〔4〕（宋）杨万里撰、杨长孺编：《诚斋集》卷一二五《墓志铭·知漳州监丞吴公墓志铭》，《景印文渊阁四库全书》第1161册，第617页。

〔5〕（宋）胡寅：《斐然集》卷二五《先公行状》，《景印文渊阁四库全书》第1137册，第676—677页。

〔6〕（宋）曾巩：《元丰类稿》卷四九《本朝政要策·贡举》，《景印文渊阁四库全书》第1098册，第760页。

有方，内外严密，纤分不通，前弊尽革"[1]。这些措施比较有效，为后世所沿袭。

此外，诉讼中的请托也是他们预防的重点。如听讼时手下环立。陈襄"每听讼，必使数人环列于前，私谒者无所发。由是，邑人知公之不可干"[2]。如不接书信。刘起晦光宗时以承直郎监建康榷货务，"无为军与和州尝争一镇税场务，两郡太守移书请乞，却而不视"[3]。甚至焚烧书信。林从周仁宗时任开封府推官，"锐意痛绝私谒，所得权贵人翰墨都不省视，至夕聚而焚之"[4]。这些措施经过适当改造，可成为普适性制度。

（三）举发请托，有主动、被动之别

赵抃仁宗时任殿中侍御史，上疏请求罢黜孙惟忠高阳关兵马钤辖一职，因其历官以来，过犯不少，却骤膺升陟，"外议纷纭，皆以为惟忠要结权贵，密行请托"[5]。虽然是引用他人评价之言，却借以达于圣听，属于主动举发请托。

马光祖理宗时知临安府，在给皇帝的劄子中云："自后宣谕旨挥，容臣覆奏；戚里请托，容臣缴进。"[6]明确表达了举发请托的意愿，完全没有品行因之有玷的担心。

理学大师朱熹也主动举发请托。孝宗淳熙八年（1181），浙东大饥。经左丞相王淮推荐，朱熹任提举浙东常平茶盐公事，前往赈灾。此后，朱熹六上奏章，弹劾台州太守唐仲友。此事在历史上聚讼不已，至今仍难以辨清，这里仅探讨朱熹弹劾唐仲友的理由。六状奏章中有两状提及唐仲友受托、请托

---

〔1〕（宋）王十朋撰，（宋）王闻诗、王闻礼编：《梅溪集·梅溪后集》卷二九《墓志铭·何提刑墓志铭》，《景印文渊阁四库全书》第1151册，第625页。

〔2〕（宋）陈襄撰、陈绍夫编：《古灵集》卷二五《附录·叶祖洽〈先生行状〉》，《景印文渊阁四库全书》第1093册，第705页。

〔3〕（宋）杨万里撰、杨长孺编：《诚斋集》卷七〇《奏对札子·荐刘起晦章燮堪充馆学之任奏状》，《景印文渊阁四库全书》第1160册，第680页。

〔4〕（宋）余靖撰、余仲荀编：《武溪集》卷一九《墓志上·宋故两浙提点刑狱尚书度支员外郎林公墓碣铭》，《景印文渊阁四库全书》第1089册，第182—183页。

〔5〕（宋）赵抃：《清献集》卷六《奏议·奏状乞罢孙惟忠充高阳关兵马钤辖》，《景印文渊阁四库全书》第1094册，第834页。

〔6〕（宋）周密：《癸辛杂识·别集》卷下《马光祖》，《景印文渊阁四库全书》第1040册，第153页。

事宜：一是第三状纵容、接受弟妓请托——"弟妓早晚出入宅堂，公然请嘱"，"其弟妓与心腹人吏、住持、乡僧等内外相通，同共请托，取受货赂"；[1]二是第五状断定唐仲友在事件曝光后，会请托亲友帮忙脱罪——"仲友近日又为吏部尚书、侍御史所荐，而其支党共为贪虐之人，又皆台省要官子弟亲戚。况仲友为人，阴狡有素，事穷势迫，干求请托，何所不为"[2]。朱熹在举发唐仲友请托方面不遗余力，而此次推荐朱熹任职的宰相王淮又与唐仲友有姻亲关系，可见朱熹在举发请托上没有顾虑，敢于据法直言。

当然，有些官员不是主动举发请托，而是迫于某种形势被动举发。太宗时，东上阁门使赵镕自认为与参知政事郭贽有"同府之旧，尝有所请托"。郭贽不从，赵镕遂"摭堂吏过失以闻"。郭贽"见上，白镕私谒"[3]。郭贽是在赵镕挟私报复、于己不利的情况下才举发其请托行为的，此事如果发生在明清，会被皇帝认为是被动举发、目的不纯而予以惩处，宋代皇帝比较宽容，未加惩处。

此外，有人认为举发请托会助长揭人阴私之风。林宗臣孝宗时议"私请托以求荐举者，必白发其书"，左丞相王淮以为不妥，"谓长告讦之风"[4]。一次推进反请托制度建设的机会就这样流失。这比较典型地体现了反请托在执法上面临的困境：请托固然妨碍司法，举发请托也易被利用。另外，也表明一种根深蒂固的认识：请托在人情社会中有其合理性，举发请托会蜕变为道德上为人所不齿的"告讦"，反而不利于道德人心的长远建设。归根结底，还是缺乏充分的法治思维。

宋代官员对请托的认识比较深刻，但无法与严格执行相结合，拒而不惩、以预防为主仍占较大成分。当然，一些正直的官员能够主动举发请托，但所占比重不大，无法改变宋代官员消极对待请托的整体格局。

宋代私谒、请托之风盛行，皇帝因之通过限制官员之间的交往——规定

---

[1]（宋）朱熹：《晦庵集》卷一八《奏状·按唐仲友第三状》，《景印文渊阁四库全书》第1143册，第348页。

[2]（宋）朱熹：《晦庵集》卷一九《奏状·按唐仲友第五状》，《景印文渊阁四库全书》第1143册，第365页。

[3]《宋史》卷二六八《赵镕传》，第7567页。

[4]（宋）杨万里撰、杨长孺编：《诚斋集》卷一二〇《碑·宋故少师大观左丞相鲁国王公神道碑》，《景印文渊阁四库全书》第1161册，第545页。

谒禁、禁谒来加以预防，在一定时期内取得了效果。但是，宋代皇帝不能以身作则，以所颁布的内降直接破坏了请托治理成果；宋代官员对请托的认识虽然比较深刻，但执行不严，依法惩处的比重仍然很小，这些都使宋代的请托治理，教训多于经验，但仍然提供了重要的历史借鉴。

第五章　明代皇帝对请托的认识与治理

关于请托治理，宋代皇帝主要是通过限制官员之间的交往——规定谒禁、禁谒来进行，明代皇帝则采取认识、预防、举发、惩处相结合的综合治理。

认识请托，指对请托本质、类别、危害等的了解与看法。认识指导行动，就请托治理而言，准确、深入地认识请托的本质、危害、类别等，有助于制定出富有针对性的预防、举发、惩处措施。明清二代史料宏富，为解决上述问题提供了便利。

第一节　明代的请托罪立法

明太祖朱元璋比较重视修律，洪武七年（1374）修成《大明律》，二十二年（1389）作较大修改，三十年（1397）重新颁布，规定废除其他榜文和禁例，决狱以此为准。此后终明之世，《大明律》未再修订。另于弘治十三年（1500）制定《问刑条例》279 条，嘉靖二十九年（1550）、万历十三年（1585）重修，作为《大明律》的补充。

明承唐律，《大明律》之《刑律》有"嘱托公事"条，基本与唐律"有所请求"条同，具体如下：

> 凡官吏诸色人等，曲法嘱托公事者，笞五十。但嘱即坐。谓所嘱曲法之事，不问从与不从、行与不行，但嘱即得此罪。当该官吏听从者，与同罪；不从者，不坐。若事已施行者，杖一百。所枉罪重者，官吏以故出入人罪论。若为他人及亲属嘱托者，减官吏罪三等。自嘱托己事者，加本罪一等。若监临势要为人嘱托者，杖一百。所枉重者，与官吏同罪。至死者，减一等。谓监临势要之人但嘱托者，杖一百。官吏听从者，仍笞五十。已施行者，亦杖一百。所枉之罪重于一百者，官吏与监临势要之人皆得故出入人之罪。官吏依律合死者，监临势要之人合减死一等。若受赃者，并计赃以枉法

论。若官吏不避监临势要，将嘱托公事实迹赴上司首告者，升一等。[1]

上述条文对请托罪的基本类型、量刑幅度、举报奖励等作了较详细的规定，具体而言有以下特点。一是此处嘱托指纯粹的人情请托，与杂有财物的贿赂分离，与贿赂相关的请托另有"受人财为请求""有事以财行求""监主受财枉法""事后受财"诸条，属《刑律·受赃》类，刑罚重于请托。二是请托者亦受惩处，其若为官吏，惩处重于普通人，因其本为知法、执法者之故。三是受托者只要同意就受惩处，若已施行则加倍惩处（唐律规定已施行才受惩处）。这样从动机及行为本身着眼，区分请托者与受托者，显然更合理，更有利于惩处请托。四是若原案中的被告应判刑罚超过杖一百，则对受托者的惩处力度相应增加。五是较之唐律，增加了受托者若举报请托可获奖励的规定。单从立法角度讲，这应是有效措施：请托者事前得考虑自己的行为是否会被举报而获罪。

除本条规定外，《大明律》其他条目中还有针对特定事项惩处请托的规定。此外，具有法律效力的《问刑条例》及《明会典》中也有惩处请托的条款。这些条款是《大明律》"嘱托公事"条的重要补充，其惩处力度一般都重于"嘱托公事"条所定。

除上述载之律典的规定外，还有不少以谕旨形式规定的惩处请托措施，如弘治元年（1488）吏部议："今后凡遇大小官员缺，即为照例开报，从本部铨选，或推举拟奏定夺。……一应人员，不许营求内外权要之人奏乞升职，……违者，并听本部参奏。就将所举之人拿送法司问罪，不分原有官、无官，俱发回原籍为民当差。举主一体治罪。"圣旨批云："是。今后一应人员，不许营求内外权要冒滥升职。违了的，治罪不饶。钦此。"[2]此类谕旨历朝还有不少，是律典的重要补充。

---

〔1〕 怀效锋点校：《大明律》卷二六《刑律九·杂犯》"嘱托公事"，第202—203页。

〔2〕 （明）王恕：《王端毅奏议》卷九《吏部·议郎中陆容陈言杜幸门奏状》，《景印文渊阁四库全书》第427册，第616页。

第二节　明太祖:"无意"治理而请托自治

作为开国之君,明太祖朱元璋在历史上颇有争议:有言"历代贤君,莫如洪武"[1]者,也有言"明祖一人,圣贤、豪杰、盗贼之性,实兼而有之"[2]者。但在吏治方面,各方评价却比较趋同,即太祖重典治吏、严惩贪官,取得了较好的社会效果。

请托对司法、行政造成干扰乃至威胁,照理太祖会投入较多精力加以治理,但从现存史料可见,他并不热衷于此。

一、极少发表关于请托的言论

太祖极少针对请托发表言论,与其经常谈及贪贿形成鲜明对比。事实上,他接触过请托案件,并有机会深入了解。太祖先后颁发《御制大诰》三编及《大诰武臣》,要求官民一体遵守,"均系朱元璋亲自编纂或据本人口述记录而成"[3],其中一个案件即涉及请托:成都前卫千户胡中"与蒋指挥家人蒋均俊通同前去胡参议处,求浼从轻发落(客人叶惟茂),过付钱钞"[4]。"求浼"即是请托,因同时有"过付钱钞"的行为,这还是一个贿嘱案,比较严重。太祖完全可以据以阐发请托的危害,告诫臣民勿行请托,但他处理完即结案,并未因之有感而发。

如果说胡中案同时夹杂着贿赂,不具有典型性,故而没有引起太祖的重视,那么宇文桂行囊中的请托信则是赤裸裸的请托,太祖亦未善加利用。洪武四年(1371),都察院管勾宇文桂因事被问,从其囊中搜到上百封书信,"悉系浙右儒吏奖誉之言,或是或非,皆欲祸人,中间亦有私托求进者"。"私托求进"即是请托,太祖大可借以斥责臣子品行不堪,但他却抚今追昔,由

---

〔1〕《清世祖实录》卷七一"顺治十年春正月丙申",第 17 页。

〔2〕(清)赵翼:《廿二史札记》卷三六《明祖以不嗜杀得天下》,《丛书集成初编》第 3552 册,第 769 页。

〔3〕杨一凡:《明大诰研究》,江苏人民出版社 1988 年版,第 1 页。

〔4〕杨一凡:《明大诰研究》,江苏人民出版社 1988 年版,见附录《大诰武臣·说事过钱第三十二》,第 451 页。

此思及元朝的灭亡，感慨贪婪难去——"如蝇蚋之趋朽腐，蝼蚁之慕腥膻"[1]，并感动于其中一封他人托宇文桂转交、父教子忠的家信，令中书遣人赍诏赏赐，而将请托之事置之不问。

太祖极少谈及请托的本质、类别、危害等，原因可能有二：一是其对请托的潜在危害认识不足，请托虽于司法、行政等有损，毕竟不涉金钱，与贪污、贿赂等有本质区别；二是其将主要精力用于治理贪贿，分身乏术，无暇他顾。明初官场沿袭元末风气，从中央六部到地方州县多贪赃枉法之行，"贪墨所起，以六曹为罪魁"[2]，太祖很有可能集中精力治贪而耽误了对请托的关注。

二、预防请托措施比较单一

太祖采取的预防请托措施是谕旨禁止。谕旨禁止是皇帝察觉请托已然发生或预感可能发生，下旨予以禁止。此措施考验的是皇帝的观察力与决断力。

洪武十六年（1383），绍兴卫指挥高谦嘱托会稽县典史满整，要其免除依附他的会稽县民的徭役。满整不从，遭高谦答责。满整诉之于朝。太祖曰："谦武将，何得与民交通？挠有司法乎？"逮捕高谦与会稽县民，"因命兵部申戒武臣：自今有受民嘱托以病有司者，皆论罪不赦"[3]。太祖在处理因请托不遂而打击报复的案件时，意识到预防的重要性，故下旨禁止，可见其关于请托的言论虽少，相关认识却未必肤浅。

除了谕旨禁止，历代预防请托的措施还有很多，但太祖基本上都没有采纳。预防措施的单一，与其关于请托言论的单薄保持了一致。

三、奠定了宽宥请托的基调

与以"重典"、残酷手段治贪不同，太祖对请托多予以宽宥。

户部尚书徐铎因党逆事被免，洪武十三年（1380），复起为湖广布政使。《明实录》言此因太祖"惜其才"。洪武十四年（1381），徐铎"受岳州府官

〔1〕（明）叶盛：《水东日记》卷一一《记王轸父家书事》，中华书局1980年版，第115页。
〔2〕《明史》卷九四《刑法志二》，第1550页。
〔3〕《明太祖实录》卷一五六"洪武十六年八月丁亥"，第2426页，本书所引《明实录》为1962年"中研院"历史语言研究所据北平图书馆红格钞本微卷影印（本出版信息以下省略）。

请托事觉，当下狱"，太祖再次"宥之，遂改山东左布政使"[1]。按《明实录》的思路，徐铎此次请托被宥，应该也是太祖出于惜才的心理。

洪武二十五年（1392），左军都督府经历唐奉先"以事请托通政使叶璿，于法当杖"[2]，《明实录》直言太祖"以奉先进士，命纪其过"[3]。因太祖对进士出身的爱惜，当受杖刑的请托者仅被记过处理。

太祖惜才一事由来已久：打天下时，"首罗贤才"，朱升、宋濂、刘基等儒生先后被招至麾下；吴元年（1367），下令"设文武二科取士"，要求地方官"劝谕民间秀士及智勇之人，以时勉学，俟开举之岁，充贡京师"[4]；国家初创，官员缺额很多，令各行省连续三年举行乡试，"举人俱免会试，赴京听选"[5]。虽然如此，毕竟洪武十四年（1381）、二十五年（1392）距开国已久，其间也多有才华出众者被杀的例子，因此太祖对请托的宽宥，深层次上可能缘于其认为请托并非严重的违法犯罪行为。

太祖在律令修订上花费了不少心血：吴元年（1367），命左丞相李善长等议律，"每御西楼，召诸臣赐坐，从容讲论律义"；洪武元年（1368），命儒臣四人，"同刑官讲《唐律》，日进二十条"；五年（1372），诏刑部尚书刘惟谦详定《大明律》，"每奏一篇，命揭两庑，亲加裁酌"。太祖认为"法贵简当，使人易晓。若条绪繁多，或一事两端，可轻可重，吏得因缘为奸"[6]，因此在律令修成后，开展了一系列的普法活动。但他没有认识到，律令的"简当"固然重要，但还需严格的执行以保证其效果；胥吏"因缘为奸"可能破坏律法，自己的宽宥对法律未尝不是另一种伤害。由此可见，"有法可依"容易，"执法必严"实难。

太祖对请托的宽宥给后世子孙树立了不好的榜样，后世明帝一发不可收，对请托多予以宽宥或从轻惩处。如永乐三年（1405）三月庚戌，大理寺等衙门奏会议："文职官及中外旗校、军民人等，凡犯偷盗官物、殴骂本管官及尊

---

〔1〕《明太祖实录》卷一四〇"洪武十四年十二月戊辰"，第2211页。

〔2〕《明太祖实录》卷二二一"洪武二十五年九月戊子"，第3232—3233页。

〔3〕《明太祖实录》卷二二一"洪武二十五年九月戊子"，第3233页。

〔4〕《明史》卷七〇《选举志二》，第1132页。

〔5〕《明史》卷七〇《选举志二》，第1133页。

〔6〕《明史》卷九三《刑法志一》，第1524页。

长、斗殴伤人、威逼人致死、诈伪、窃盗、犯奸、恩军再犯、冒名顶替上工、守卫擅离信地、私卖及弃毁军器、从征违期、诬告人，则依律科斯（按：'斯'应为'断'）。其犯私度关津、临事避难、私和公事、失火犯夜、私造斗斛秤尺、失囚、嘱托公事、求索取受财物、牧养畜产不如法、居丧嫁娶、匿税诸不应为而为，一应注（按：'注'应为'挂'）误连累，则免决，记罪。"[1]大理寺官员属于专门的司法官员，却如此缺乏法治意识，建议对包括"嘱托公事"在内的相对较轻的犯罪"免决，记罪"，而成祖朱棣居然同意，"从之"[2]，可见其对请托不甚重视。朱棣还是在臣子的建议下宽宥请托，其他固执己见、宽宥甚至包庇请托的明帝就更多了。

虽然太祖极少发表关于请托的言论，所制定的预防请托措施也比较单一，还经常宽宥请托，但其在位时期，却是明清二代官员最为廉洁之时。请托与贪污、贿赂同属于以职官为主体的违法犯罪行为，可能是太祖对贪污、贿赂的预防与惩处在一定程度上遏制、打击了请托，故而取得"无意"治理而请托自治的效果。

事实上，不仅预防、惩处与请托类似的行为能起到遏制、打击请托的作用，单纯打击权贵也能取到这样的效果。如汉明帝时，"其后梁、窦之家，互有非法，明帝即位，竟多诛之。自是洛中无复权戚，书记请托，一皆断绝"[3]。可见太祖的"无意"治理而请托自治乃渊源有自。这也说明，请托治理要取得好的效果，需要在更广阔的法治背景下展开，不能就请托而言请托。

第三节 明宣宗：请托治理进入发展阶段

明宣宗朱瞻基在位10年，平定汉王叛乱，任用"三杨"、蹇义、夏元吉等贤臣，撤兵安南，重农爱民，与其父仁宗朱高炽一起，开创了"仁宣盛世"。由宣宗开始，明代的请托治理进入发展阶段。

〔1〕《明太宗实录》卷四〇"永乐三年三月庚戌"，第665页。
〔2〕《明太宗实录》卷四〇"永乐三年三月庚戌"，第666页。
〔3〕（宋）司马光编著：《资治通鉴》卷四五《汉纪三十七·显宗孝明皇帝下》"永平十八年十一月"（二），第1230页。

一、较早揭示请托的危害并探讨杜绝的关键

宣德三年（1428），宣宗敕谕三法司：

> 朕惟圣人制刑罚，用昭天讨，以弼治化。……比闻刑罚失当，无辜者衔冤，有罪者幸免。朕为恻然，不遑宁处，咨尔法司。……或畏权势，徇其请托；或念恩怨，从而报复；或拨弄刀笔，轻重任情；或恣肆捶楚，锻炼成狱；甚至贪图贿赂，略无畏惮，此何心哉？……尔惟恭朕命，惕然警省，追改前愆，以公道为心，以爱人为本，廉以持身，勤以从事，不惟国家有赖，尔亦永保禄位，贻福子孙。尔不恭命，明有国法，幽有神谴。[1]

这段话揭示出宣宗认识请托的三个比较重要的方面。第一，关于请托的危害。宣宗由查找"刑罚失当，无辜者衔冤，有罪者幸免"的原因，涉及"或畏权势，徇其请托"等官场弊端。明代公案小说《龙图公案》卷十《尸数椽》说包公"生平最怪的是分上（讲分上即请托）一事。……听讼的听了人情，把虚情都当实了"，可见请托对诉讼的具体影响。

此外，宣宗还告诫官员如能"追改前愆"，不行请托等弊，则"不惟国家有赖，尔亦永保禄位，贻福子孙"；换言之，如果达不到上述要求，则不仅于国家有害，亦累及个人及子孙的福禄。

以上宣宗对请托危害的揭示，既非专门针对请托，也非从正面探讨，但却同时涉及了国家、他人、个人三个角度，比较丰富。宣宗是明代较早揭示请托危害的皇帝。

第二，关于杜绝请托的关键。宣宗强调"以公道为心，以爱人为本，廉以持身，勤以从事"，即将杜绝请托等弊的关键，系于官员的公、仁、廉、勤等品质，这是中国古代比较典型的"贤人政治"思路。宣宗还是明代较早探讨杜绝请托关键的皇帝。

第三，关于治理请托的利器。宣宗言"尔不恭命，明有国法，幽有神谴"，可见其赖以治理请托等弊的利器，既有"国法"，又有"神谴"。众所

---

〔1〕《明宣宗实录》卷三六"宣德三年二月戊辰"，第906—907页。

周知，太祖不仅注重人间法的制定与宣传，还强调冥世法的威慑力量："天虽高，所鉴甚迩；鬼神甚幽，所临则显。"[1]他在《授职到任须知》中把"祀神"[2]放在第一位，《大明律》中又专列"祭祀"[3]一卷，如此规定，"并不表明他当游方僧经历对他的影响，他是要州县长官通过一本正经的祭祀活动使百姓们对鬼神心存畏惧，相信'举头三尺有神明'，减少犯上作乱的念头"[4]。明末清初小说《醒世姻缘传》第二十六回言："一个神圣，原是塑在那里儆惕那些顽梗的凶民，说是你就逃了官法，绝乎逃不过那神灵。"可见"神灵"在一定程度上确实能起到震慑作用。史载宣宗不相信神仙，不认为人会长生不老，却借助"神谴"的力量来治理请托，可见其深谙帝王之术。

二、支持对不受请托者的保护

不受请托固然遵守了国法，却可能因之而被谤遭诬。宣德七年（1432），行在都察院右都御史顾佐奏，布政司、按察司、巡按御史以里老、甲长、生员等之言，定地方官之去留，为害甚大："殊不知，有等小人即假公济私，以图报恩复仇，于刚正公平、不受请托者，诬毁以为非。"他建议"在外巡抚官、巡按御史从公考察，毋徇私纵，毋徇私情"，以保护不受请托者。宣帝"从之"[5]。《龙图公案》卷十《尸数椽》中的知县任事就道出了不接受乡宦、上司的请托，则仕途堪忧的情况："窃思徇情难为法，不徇难为官。不听在乡宦，降调尚在日后；不听在上司，罢革即在目前。"宣宗支持对不受请托者的保护，在激励臣子不受请托的同时，对诽谤者也提出了警告。这一点，宣宗也走在了明代其他皇帝的前面。

三、有所发展的预防请托措施

宣宗的预防请托措施较太祖、成祖等有所发展。

---

〔1〕（明）林尧俞等纂修、俞汝楫等编撰：《礼部志稿》卷一《圣训·太祖高皇帝敬天之训》，《景印文渊阁四库全书》第597册，第8页。

〔2〕（明）徐溥等撰、李东阳等重修：《明会典》卷一〇《吏部九·授职到任须知目录》，《景印文渊阁四库全书》第617册，第91页。

〔3〕怀效锋点校：《大明律》卷一一《礼律一·祭祀》，第87—89页。

〔4〕郭建：《帝国缩影——中国历史上的衙门》，学林出版社1999年版，第261页。

〔5〕《明宣宗实录》卷九四"宣德七年八月壬子"，第2139页。

（一）谕旨禁止

宣德三年（1428），宣宗因"广宗县奏训导生员嘱公事、通贿赂"，要求行在礼部尚书胡濙等"申明旧章，严加戒饬，以副朝廷教养之意"[1]。与太祖一样，也是要求相关部门申斥、禁止请托行为。生员嘱托公事，在整个帝国官绅请托事例中不算大事，宣宗却亲自关注谕禁，可见其对请托的重视。前文宣宗因"比闻刑罚失当，无辜者衔冤，有罪者幸免"而"敕谕三法司"，也属于谕旨禁止。

（二）悬榜示禁

"榜"即榜文。榜文是官府发布的公告。太祖特重榜文的发布，其御制《授职到任须知》第五条即针对"制书榜文"而发，并强调发布"制书榜文"的重要性："为官之道，政治禁令，所当先知。须考求节次所奉圣旨制书，及奉旨意出给榜文、晓谕官民事件，逐一考究，讲解立法旨意。"[2]太祖没有将榜文打造成预防请托的利器，宣宗却善加利用。

太祖、惠帝都曾严密监视宦官，防止其参与政事。[3]宣宗一反常规，"设内书堂，选小内侍，令大学士陈山教习之，遂为定制。用是多通文墨，晓古今，逞其智巧，逢君作奸"[4]。宣宗还不断派出宦官，到各地采办皇宫大内各项所需。有些宦官因之请托受委，借以搜刮民财。对此，宣宗采取措施，加以防范。宣德六年（1431），因太监袁琦"受人嘱托，私遣内使出外，假以干办，虐害官吏军民"，宣宗谕太监王瑾、吴诚等："尔等其揭榜昭示内官、内使及小火者：能守法事上、不恃宠作威、不害民取财者，鬼神佑之；若违法越礼、惟务贪虐，鬼神不佑，国法不赦。"[5]

悬榜示禁的内容同于谕旨禁止，但其悬于要地、寓之于目，在预防请托方面，更能起到时时提醒、防患未然的作用。而且，此处对请托的治理仍是

---

[1]　（明）林尧俞等纂修、俞汝楫等编撰：《礼部志稿》卷三《圣训·饬训导之训》，《景印文渊阁四库全书》第597册，第59页。

[2]　（明）徐溥等撰、李东阳等重修：《明会典》卷一〇《吏部九·授职到任须知目录》，《景印文渊阁四库全书》第617册，第92页。

[3]　参见《明史》卷三〇四《宦官传一》，第5199页。

[4]　《明史》卷三〇四《宦官传一》，第5199—5200页。

[5]　《明宣宗实录》卷八五"宣德六年十二月丙申"，第1963页。

借助鬼神的力量来完成，可见宣宗的倚重。

四、宽宥与惩处请托相结合

宣宗曾发布敕谕，宽宥发生于特定群体中的请托行为。宣德三年（1428），少师、吏部尚书蹇义等奏，本部放回吏、监以及致仕、侍亲的官员，有"出入公门，结交官吏，嘱托公务"等情，建议："今后许诸人陈告，提问明白，并家属发口北充军，逃者拟重罪。"[1]宣宗认为："不教而杀，古谓之虐。先移文示之，俾知儆戒。若复不戒而罪之，彼亦无悔。"[2]宽宥请托行为，否定臣子"许诸人陈告"[3]的建议，从长远来说，不利于对请托的治理。

类似的情况非仅一次。宣德八年（1433）七月辛未，宣宗诫饬群臣，指出存在于中央各部官员中的请托等弊——"今在廷典铨选、掌兵政、司钱谷、理刑狱、董缮作之臣，……亦有苟徇私情，不率公道，是非失当，请托肆行，违越礼法，怠废职事"，要求："自今宜省躬知过，湔涤旧染，勉图自新。庶几长保禄位，光辅予理。"[4]仍是予以宽宥。

前述蹇义的惩处建议固然超出《大明律》请托罪法条文所定，但却基于法治原则，而宣宗秉承儒家教而后诛之说，寄望于官员"省躬知过"，在社会运行早已步入正轨、需要普遍性守法的背景下，无疑有些迂腐。因为无法做到允许每个人在每个领域内试错后再行惩处，宽宥实质上也就蜕变为了纵容。

可贵的是，宣宗也有惩处请托之时。宣德六年（1431），汉中府缺知府，同知王聚设宴邀请教授张迪及所属知县毕昇等，"求共荐己，请授本府知府"。案发，宣宗曰："此亦无耻甚矣。士君子患无诸己，何俟求人？今卑辞下气，请托属官，不复知有廉耻矣。"将求托者王聚以及请托者"教授、知县悉罪之"[5]。宣德九年（1434），江西左布政使孟桓因"不能绳检吏胥，奸弊滋

〔1〕《明宣宗实录》卷四二"宣德三年闰四月癸未"，第1024页。
〔2〕《明宣宗实录》卷四二"宣德三年闰四月癸未"，第1024—1025页。
〔3〕《明宣宗实录》卷四二"宣德三年闰四月癸未"，第1024页。
〔4〕《明宣宗实录》卷一〇三"宣德八年秋七月辛未"，第2313页。
〔5〕《明宣宗实录》卷八四"宣德六年十一月辛卯"，第1957页。

甚，坐受嘱托，冒支俸钞"，遭都察院追问。都御史熊概"于桓有故"[1]，孟桓得以减从轻典，罚役、还职行在。吏部针锋相对，言孟桓老不任事，宣宗命孟桓致仕。虽然具体惩处未与律法规定相一致，但较之太祖的宽宥，无疑是一个进步。

宣宗开启了明代皇帝阐释请托危害、探讨杜绝关键以及支持保护不受请托者的先河，预防措施有所发展，也能一定程度上惩处请托，给后世皇帝以重要启迪。宣宗还是明代少有的在请托治理上表现出"一致性"的皇帝——有作为，能够重视请托；对请托的认识比较深刻，其认识也能指导对请托的预防、惩处。自此，明代的请托治理进入发展阶段。

从宣宗朝的请托及相关治理可见，请托还是政治的一杆风向标，对政治活动的某些面向有所折射。宣宗倚重宦官，赋予其参与行政的权力；但参政伊始，宦官即出现请托行为，可见人情不可藐视、请托无孔不入。宣宗能够注意并加以控制，可见其责任感以及对请托的重视。但宦官之害，非仅请托一端，宣宗未能全部掌控，遂使宦官专权演变成明代一大祸患，"王振的当权和英宗的无能导致了'土木之变'的惨败……'土木之变'是宣德时期政治隐患的总爆发，既是封建制度的悲剧，也是瞻基个人的悲剧"[2]。

第四节　明英宗、明景帝：请托治理的前后踵袭

明英宗朱祁镇出生两个多月就被册立为太子，是明代年纪最小的皇储。九岁时，其父宣宗去世，在祖母张太后的主持下，他顺利登基，君临天下。因轻信太监王振之言，于正统十四年（1449）亲征瓦剌，在土木堡兵败被俘，史称"土木之变"。于谦等大臣为避免瓦剌借此名义相要挟，拥立英宗异母弟郕王朱祁钰为帝，国号景泰。一年后英宗回銮，朱祁钰没有让出帝位，反将其软禁南宫，并违背传位于英宗长子朱见濬（后改名朱见深）的承诺，立己子为太子。七年后石亨、徐有贞乘朱祁钰生病，发动"夺门之变"，拥英宗复位，改元天顺。不久朱祁钰病死，英宗废其帝号，赐谥号为"戾"。明宪宗即

---

〔1〕《明宣宗实录》卷一一二"宣德九年八月辛酉"，第2518页。
〔2〕赵中男："论朱瞻基的历史地位"，载《求索》2004年第11期。

位后，恢复朱祁钰皇帝之位，史称明景帝、景泰帝。

明英宗、明景帝不仅在帝位上前后承继，在请托的预防、举发、惩处方面也先后踵袭，多有近似之处。

一、人生经历加深对请托危害的认识

"土木之变"既是英宗、景帝人生境遇的分界线，也是他们认识请托的分水岭。

英宗正统六年（1441）十月亲政前，由杨士奇、杨荣、杨溥等名相辅政。其间，英宗有机会接触请托，但没有深入了解。正统二年（1437），有大臣退朝后于左掖门忿争哄然，遭给事中、御史弹劾。后查明，行在工部尚书李友直、右侍郎李庸"与涛（顺天府府尹姜涛）语，有所嘱托"，姜涛不从，李庸怒叱之，引起哄乱。英宗未派人查明具体情况，即"皆宥之"[1]。

"土木之变"中兵败被俘的屈辱，以及此后一年被羁北地的经历，促使英宗的思想走向深化，其中就包括对请托的认识。天顺元年（1457）四月，英宗复位伊始，谕六部等衙门，指出"惟致理之要，在乎敬天勤民。然欲从事于期而无失，盖必君臣同心而后可"后，要求臣子条奏"弊所当革者"，而诸"弊"中，即包括"请谒不息而官爵滥"[2]。在英宗看来，请托对吏治具有不良影响。

英宗由天命之子沦为阶下囚的经历，也同样刺激了景帝。他登基后，敕谕文武群臣，指出太平之治"必资大小群臣共理其事"的同时，总结土木之变中"奸臣紊政，辱国丧师，祸及生灵"的原因——"由尔文武群臣或庸庸保位，缄默不言；或请托公行，希求迁叙；或掊剋下人，以图奉献；或贪黩无厌，以肥身家"[3]。此处涉及了请托等弊的危害——"辱国丧师"。

就以上而言，英宗对请托危害的认识，似乎没有达到景帝的高度。这其实未必。联系英宗复辟后的一些行为，他如此总结请托的危害，可能是刻意回避当年兵败被俘的屈辱经历。当然，也可能是因为暂时没有外患而以内

---

[1]《明英宗实录》卷三六"正统二年十一月辛卯"，第699页。

[2]（明）林尧俞等纂修、俞汝楫等编撰：《礼部志稿》卷四《圣训·修省之训》，《景印文渊阁四库全书》第597册，第64页。

[3]《明英宗实录》卷一八三（《废帝郕戾王附录》第一）"正统十四年九月甲午"，第3576页。

政为主。

二、着重预防方面官选任中的请托

不止人才的选拔，事实上，官缺的选任，即官僚阶层内部人员的流动，也易受人情侵扰，从而滋生出请托。英宗、景帝着重预防方面官——布政使、按察使选任中的请托。

太祖、成祖时，方面官的选任，由皇帝特简或吏部推选；宣宗时，因"未至贤才效用，尚虑有遗"〔1〕，命会在京三品以上官保举，称会举，同时规定会举不当、不善的连带责任："后犯赃罪，并罚举者及所保授官员。"〔2〕特简、部选不免闻见有限，会举可广泛发现人才，但易致请托等弊，辅之以连带责任，应是有效的措施，关键是能否在实践中很好地执行。

（一）英宗

第一，英宗即位不久，即表示谨遵宣宗时以会举选任方面官的惯例，并重申举主的连带责任，以预防请托等弊。

宣德十年（1435）四月丁卯，敕谕吏部、都察院："今后方面及郡守有阙，仍遵皇考宣宗皇帝敕旨举保，不许故违。但犯赃罪，并坐举者。"〔3〕

第二，英宗还不断提高被举的条件，以便从根源上避免请托等弊。

正统四年（1439）六月戊戌，敕谕公侯伯以及五府、六部、都察院等衙门官："敢有徇人投托，以私废公，以不肖为贤，举主及吏部官皆治以罪。自今在京、在外官员未及两考者，不许保举，违者罪之。"〔4〕

正统十一年（1446）二月癸亥，敕谕五府、六部、都察院、大理寺等衙门官："方面、知府必选用得人，然后民受实惠。今后该保官须访察素有清誉、才行堪任者，从公举保，庶惬公论。"〔5〕

从必须经过"两考"到要求"素有清誉、才行堪任"，对被举者的要求

〔1〕《明英宗实录》卷一五〇"正统十二年二月己未"，第2953页。

〔2〕（明）佚名：《皇明诏令》卷九《宣宗章皇帝下》，第24页（明嘉靖十八年刻二十七年浙江布政司增修本；"鼎秀"，第324页）

〔3〕《明英宗实录》卷四"宣德十年夏四月丁卯"，第94页。

〔4〕《明英宗实录》卷五六"正统四年六月戊戌"，第1074—1075页。

〔5〕《明英宗实录》卷一三八"正统十一年二月癸亥"，第2747—2748页。

在不断提高。

为了防止请托等弊，英宗不仅一如宣宗，强调举主的连带责任，还不断提高被举的条件，以便从源头上加以把握，可谓用心良苦。

第三，英宗在位期间，虽然几次拒绝大臣因会举易致请托而代之以部推的建议，但显然意识到此一弊端不容忽视，故要求吏部从严把关。

正统五年（1440）十一月壬子，英宗拒绝吴昇以部推代替会举的建议后，强调："继今荐举人才，吏部先秉公廉严考察，毋容朋比请托。苟或滥荐，即以奏闻。"[1]

对于大臣的类似建议，英宗也予以接受。正统九年（1444）四月，巡按山东监察御史曹泰言会举布政使、按察使过程中，"所举者，或循咨（按：'咨'应为'资'）格，或涉亲故"[2]，不甚公正，故"乞敕吏部，精严其选，使藩臬得人，则庶官咸举其职矣"。英宗然之，谕吏部尚书王直等："自今布政使、按察使，务宜廉举才德俱优、练达老成之人为之。如徇私滥举及容情不言者，必罪不贷。"[3]

英宗要求吏部从严把关，力避请托，目的是保证会举结果的公平、公正。在倚重会举的同时，英宗还能够注意采取措施防范请托，比较明智。

第四，英宗还要求科道官举发会举方面官过程中的请托。

正统十一年（1446）二月癸亥，敕谕五府、六部、都察院、大理寺等衙门官："（举主）敢有徇私受贿，滥保贪婪不律之徒，听六科、十三道体实劾奏。"[4]

正统十二年（1447）二月己未，英宗拒绝礼科给事中余忭停止会举、恢复部推的建议后，强调："其间徇私滥举者，朝廷自有裁处。今后果有蝇营狗苟者，许御史、给事中指劾。"[5]

为了选拔出"民受实惠"的方面官，英宗在强调举主的连带责任、要求吏部从严把关之外，还对科道官提出举发的要求，可见防范之严。

---

[1]《明英宗实录》卷七三"正统五年十一月壬子"，第1417页。
[2]《明英宗实录》卷一一五"正统九年夏四月丙申"，第2325—2326页。
[3]《明英宗实录》卷一一五"正统九年夏四月丙申"，第2326页。
[4]《明英宗实录》卷一三八"正统十一年二月癸亥"，第2748页。
[5]《明英宗实录》卷一五〇"正统十二年二月己未"，第2955页。

（二）景帝

第一，景帝即位时也表示以会举选任方面官，同时强调举主的连带责任，以达到预防请托等弊的目的。

正统十四年（1449）九月癸未，景帝即位，诏告天下："贤才必资荐举。今后方面及风宪官、郡守、御史，悉依宣德年间令在京三品以上官举保任用。不限原任年月深浅，但举才德堪其任者。如或徇私谬举，连坐举主之罪。"〔1〕特意强调"不限原任年月深浅，但举才德堪其任者"，可见不拘一格，唯求贤才。

第二，但景帝显然不像英宗那样执着于以会举选任方面官，在大臣提出会举易致请托的意见后，即下诏停用。

景泰元年（1450）六月，十三道监察御史张子初等言以会举补地方官缺，易致请托、贿赂等弊，"方面郡守既以请托而得进身，其居官也，岂不以赂贿而害民乎；知县、校官既以私情而求理刑，其拜官也，岂不委靡而废职乎"〔2〕，建议复部推之制。事下礼部会官议，皆谓当行之。景帝遂下诏停止会举，以部推代之。

第三，景泰朝选任方面官的特点在于，大臣发现部推亦有"闻见之有限"等弊后，建议复会举之制，并且不断地进行相关的制度建设，以便将会举易致请托的影响降至最低。

景泰三年（1452）十二月，浙江等十三道监察御史陈纲等"条列"〔3〕八事，其六为任官——"悉由众大臣会举，固未免有起于奔竞；独由吏部推选，未免闻见之有限"〔4〕，请复会举，并强调科道官的举发功能："苟有废公徇私者，并许御史、给事中指实纠劾，连坐其罪。"〔5〕规定细致，应是避免请托的有效方式。景帝命礼部集议。

----

〔1〕《明英宗实录》卷一八三（《废帝郕戾王附录》第一）"正统十四年九月癸未"，第3558页。

〔2〕《明英宗实录》卷一九三（《废帝郕戾王附录》第十一）"景泰元年六月甲午"，第4057页。

〔3〕《明英宗实录》卷二二四（《废帝郕戾王附录》第四十二）"景泰三年十二月癸巳"，第4858页。

〔4〕《明英宗实录》卷二二四（《废帝郕戾王附录》第四十二）"景泰三年十二月癸巳"，第4860页。

〔5〕《明英宗实录》卷二二四（《废帝郕戾王附录》第四十二）"景泰三年十二月癸巳"，第4861页。

但吏部不俟议定，即奏升官员。十三道监察御史练纲等指出吏部此举"恐议定莫遂其奸"，批评其"推选多不公"[1]，亦建议照例会举，并进一步细化相关的连带责任："命吏部但遇三品以上大臣举用方面等官，每次置二簿，钤以部印，备书举主与被举升者乡贯、职名、升任年月于上，一封进司礼监便御览，一送翰林院备顾问。俟抵任一考后，政绩卓异者，赏其举主；如政绩无闻及犯赃事露，举主与同罪。"[2]景帝肯定了其看法，但"已升除者，其置不问"[3]，仅要求今后从公选官，不得徇私。练纲等的建议是可行性强的制度建设，景帝弃而不用，仅以教导方式加以训诫，应是未意识到请托治理的烦难与长效机制的重要性。

此后，吏部言不敢"徇私妄举"[4]，也主张恢复会举："请继今以后，方面、府正员缺，本部具奏，移文各衙门，该保官大臣将所保官姓名、材行、历官、缘由各另具闻，俟下本部，以凭铨选。庶所保之官行实著明，而群下之议亦可少息。"[5]与监察御史的建议类似。

景帝综合考虑各方的意见后，决定："今后惟布政使、按察使有缺，令会三品以上官连名共保。其余还令吏部访求推选，务从公道。"[6]一举恢复了会举。

英宗的一力倚重会举，以及景帝在会举、部推之间的反复考量，都反映了最高统治者在选拔人才的同时力避请托的努力。选任方式固然重要，但其实思想观念的转变、相关制度的建设与严格的执行也同样不容忽视，中国古代请托治理的实践鲜明地体现了这些方面。

---

〔1〕《明英宗实录》卷二二四（《废帝郕戾王附录》第四十二）"景泰三年十二月庚子"，第4867页。

〔2〕《明英宗实录》卷二二四（《废帝郕戾王附录》第四十二）"景泰三年十二月庚子"，第4868页。

〔3〕《明英宗实录》卷二二四（《废帝郕戾王附录》第四十二）"景泰三年十二月庚子"，第4869页。

〔4〕《明英宗实录》卷二二四（《废帝郕戾王附录》第四十二）"景泰三年十二月癸卯"，第4870页。

〔5〕《明英宗实录》卷二二四（《废帝郕戾王附录》第四十二）"景泰三年十二月癸卯"，第4870—4871页。

〔6〕《明英宗实录》卷二二四（《废帝郕戾王附录》第四十二）"景泰三年十二月癸卯"，第4871页。

三、开发陛辞告诫的预防请托措施

前面英宗、景帝预防方面官选任中的请托，属于接受臣子的建议预防请托。臣子建议是臣子察觉请托已然发生或预感可能发生，提请皇帝注意。此措施考验的是臣子的观察力与责任心，在明代较早为成祖所采用。

此外，英宗、景帝还开发出陛辞告诫的预防请托措施。陛辞指官员离开朝廷、赴任地方前，上殿辞别皇帝。在预防请托上，如果说谕旨禁止针对的是全体或部分官员，那么陛辞告诫针对的范围则相对较小，主要是赴任的个人或少部分人。

正统六年（1441）四月，英宗"以灾异数见"[1]，意识到"天下司刑官多非其人，往往置无辜于法"，命三法司慎选属员，前往详审。监察御史张骥等陛辞，英宗告诫道："或有所识亲故及致仕等官，干谒嘱托者，就执而罪之，重者奏闻。"[2]要求他们惩处请托，并"奏闻"其中严重者。

陛辞之时，君臣相对，君有委卿重任、代牧百姓之托，臣有恩宠加身、不辱使命之念，其教诲必殷殷，其心念必切切，此时播下拒绝请托的种子，最宜萌芽成长。当然，这一萌芽在其后的发展中可能会被扼杀，但就当时、当地而言，以君心、臣意相灌沐，其破土而出乃必然之势。

在以陛辞告诫预防请托方面，景帝的表现最为突出。景泰三年（1452）三月甲辰，命锦衣卫指挥同知毕旺采访事情，谕曰："不许挟雠受嘱、诬害良善及将实事受财卖放，法司亦不许听从胁制、嘱托，致有冤枉、违法重情，罪不宥。"[3]不仅告以不得受托、受贿，还以"罪不宥"相诫。

景泰三年（1452）八月戊辰，命都察院、兵刑礼部、大理寺官员考察浙江等地布政司官员，谕之："毋惑于恩雠之嘱托，毋私于亲顾之情好，毋徇于势要之使令，毋狃于利害之报复。"[4]明确点出请托产生的人情、权势等要素，告以勿受请托，可见景帝对请托的了解。

景泰六年（1455）六月乙亥朔，命监察御史张蓥往山东临清县整理词讼、

[1]《明英宗实录》卷七八"正统六年夏四月甲午"，第1550页。
[2]《明英宗实录》卷七八"正统六年夏四月甲午"，第1554页。
[3]《明英宗实录》卷二一四（《废帝郕戾王附录》第三十二）"景泰三年三月甲辰"，第4608页。
[4]《明英宗实录》卷二一九（《废帝郕戾王附录》第三十七）"景泰三年八月戊辰"，第4732页。

禁防盗贼，敕曰："其有刁泼豪强之徒及恃势官吏，沮挠风宪，嘱托公事，除京官及文官五品以上并军职具奏外，其余即时拿问，依律照例发落。"[1]要求"依律照例发落"，可见景帝在惩处请托上看重依法而治。

景帝较多采用陛辞告诫的措施预防请托，可能与其特殊的即位方式有关。景帝本无为君之命，皆因兄长英宗受难、群臣推举，方有君临天下之机，故此深知结交人心的重要性，在预防请托上，也利用臣子"陛辞"时感念圣恩的心理，叮嘱告诫，以期达到吏治清则帝位稳的目的。

四、对请托多予以宽宥

"三杨"辅政时期，英宗对请托多予以宽宥。正统五年（1440）六月甲午，针对北京国子监官员"与诸司交通，凡办事一人有阙，即被干求者得之，借曰为势所逼"等弊，英宗敕谕国子监祭酒、司业："朕推天地之量，姑皆曲宥不问。自今宜洗心涤虑，改过自新。"[2]

亲政后，英宗继续秉持这一政策。

正统八年（1443）十月壬午，因有内官、内使"不遵法度，与在外各衙门官员私相结交，透漏事情。或因公务，营干己私；或徇亲情，请求嘱托公事"，英宗敕谕："已往之事，悉置不问。自今宜相戒饬，谨遵法度。……其有徇情违法者，即洗心改过。"[3]

正统八年（1443）十月壬午，针对在京内、外官员"有彼此交通，夤缘作弊，或畏势要，或贪贿赂，遇有事务，私相嘱托"[4]之行，英宗敕谕："今姑宥不问，……宜修省以图自新，毋为势要所胁，毋为贿赂所诱。"[5]

正统九年（1444）四月壬辰，对于易纳马草、关中盐粮过程中的徇情受嘱之弊，英宗告诫："今姑宥尔等之罪，以后必须严谨禁约。"[6]

从内官、内使，到在京内、外官员，再到负责易纳马草、关中盐粮的官

---

[1]《明英宗实录》卷二五四（《废帝郕戾王附录》第七十二）"景泰六年六月乙亥朔"，第5477页。

[2]《明英宗实录》卷六八"正统五年六月甲午"，第1314页。

[3]《明英宗实录》卷一〇九"正统八年冬十月壬午朔"，第2199页。

[4]《明英宗实录》卷一〇九"正统八年冬十月壬午朔"，第2199—2200页。

[5]《明英宗实录》卷一〇九"正统八年冬十月壬午朔"，第2200页。

[6]《明英宗实录》卷一一五"正统九年夏四月壬辰"，第2323页。

员，英宗宽宥请托的范围颇广，亦可见其时请托之滥。虽然其中夹杂着"不遵朕言，祖宗之法具在，必罪不宥"〔1〕，"敢有不知改悔，仍蹈前非者，必治以重罪不宥"〔2〕的威慑之语，但实际上还是予以了宽宥。

复位后，英宗对请托仍多予以宽宥。天顺元年（1457），南京太常寺王谦"自南京进表至京，以干谒总兵官石亨等，得留视事"，任太常寺少卿。英宗"觉其奔竞，故复调之"〔3〕。虽然察觉请托，仍未予惩处，而仅复其南京太常寺原官，还是宽宥待之。这大概是因石亨拥立有功，不欲惩之。

个别时候，英宗也重惩请托。天顺七年（1463），刑部员外郎贝钿在百户李荣死后，与其妻杜氏通奸，并在杜氏的熟人及杜氏本人涉讼时，帮助请托刑部郎中冯维、孙琼。后给事中黄甄因李荣侄李刚借贷不偿而詈之，被李刚于通衢宣扬杜氏与贝钿、黄甄皆有奸。校尉觉之，贝钿、黄甄等被下锦衣卫狱。掌锦衣卫事都指挥佥事门达奏请三法司会鞫，"论钿赎徒、除名，维、琼赎杖，甄赎笞，俱还职"。英宗"特命枷钿于刑部前，发维、琼充铁岭卫军，甄如拟"〔4〕，加重惩处。

与宣宗一样，英宗也深受儒家"改过迁善"思路的影响，明德慎刑，为官员保存颜面，期待其不再违犯，故对请托多予以宽宥。这实际上是对官场的生存文化及人性弱点缺乏足够认识，同时也缺乏治国理政的法治思维。

景帝也宽宥请托，但具体情况与英宗有所不同。景泰四年（1453），太子太保兼吏部尚书何文渊被劾。太监兴安与何文渊交好，为之出力，文渊"得复留"。吏科都给事中林聪等攻文渊"嘱托内臣"，景帝再三诘问，林聪语焉不详："臣等以言为职，凡事风闻，不敢不尽其愚，非有所畏避而不敢言也。"景帝没有继续追查，"释文渊，致仕，旋复职"〔5〕。这一宽宥反映出有时对请托确实难以作出清晰认定，疑似只能从无。景帝的处理方式，可以说兼顾了请托者与举发者的意见态度。

以上是英宗、景帝在请托治理上前后踵袭的方面，此外，英宗还有一些

---

〔1〕《明英宗实录》卷一〇九"正统八年冬十月壬午朔"，第2199页。

〔2〕《明英宗实录》卷一〇九"正统八年冬十月壬午朔"，第2200页。

〔3〕《明英宗实录》卷二八二"天顺元年九月丙戌"，第6067页。

〔4〕《明英宗实录》卷三五九"天顺七年十一月丁卯"，第7145页。

〔5〕《明英宗实录》卷二三〇（《废帝郕戾王附录》第四十八）"景泰四年六月壬辰"，第5026页。

独到之处。《大明律》有对举发请托的奖励——"若官吏不避监临势要,将嘱托公事实迹赴上司首告者,升一等"[1],但没有举发请托的规定,英宗是明代皇帝中较早提出此一要求者。正统五年（1440）六月甲午,英宗在原宥北京国子监官员以往的受托行为后,要求今后举发请托,否则受惩:"但有私相嘱托,辄便听从,不奏闻者,必罪不恕。"[2]由受托者举发,可保留证据,以更好地惩处请托。

前言英宗要求监察御史张骥等"奏闻"严重的请托、要求科道官举发会举中的请托,也属于此种情况。请托稍微宽纵即蔚然成风,由科道官弹劾他人请托、受托行为,属其职分,应该比较可行。不过具体实施及效果未见有更多资料记载。

特殊的人生经历,使英宗、景帝在认识请托危害、丰富预防措施方面,较先祖有不小的发展。特别是英宗提出举发请托的要求,涉及请托治理的肯綮,对后世有较大影响。但英宗对请托以宽宥为主,反映出其法治意识不足的一面。总之,英宗、景帝虽汲汲于个人恩怨,私德有亏,但就请托治理而言,不失其作为皇帝的责任心。

第五节　明宪宗:明暗兼具的请托治理者

明宪宗朱见深为英宗之子。《明史》认为宪宗践阼后能够上景帝尊号、恤于谦之冤、笃于任人、蠲赋省刑,"仁、宣之治于斯复见";但其在位期间,任用汪直、西厂横恣,又有"为所蔽惑"[3]的一面。可见宪宗其人,明暗兼具。在请托治理方面,他同样体现出这一特点。

一、传奉授官助长请托、贿赂之风并被动治理

明代官员的来源有科举、荐举、捐纳、传奉等,其中以科举为最重要的"正途"。传奉授官是不经过吏部铨选与正常的批准程序,由皇帝通过太监"传奉圣旨"而直接授官,类似于唐代的"斜封官"、宋代的"内降"授官。

---

〔1〕 怀效锋点校:《大明律》卷二六《刑律九·杂犯》"嘱托公事",第203页。
〔2〕《明英宗实录》卷六八"正统五年六月甲午",第1314页。
〔3〕《明史》卷一四《宪宗本纪二》,第124页。

明代的传奉授官并非始于宪宗，却以宪宗朝为最盛。天顺八年（1464）二月，宪宗即位方月余，即命太监牛玉传奉圣旨："司礼监人匠姚旺升工部文思院副使。"〔1〕于是，"自后相继不绝，一传旨姓名至百十人，时谓之传奉官，文武、僧道滥恩泽者数千"〔2〕。

关于传奉授官的危害，学界已取得重要研究成果，第一，"将'官爵'变成了人主私器"，"破坏皇帝与官僚士大夫之间的平衡"；第二，"对于一个文官政府来说，混杂着一大批出身于军人、僧道、工匠、画士、医官的官员，政府的文化认同性必然产生问题"〔3〕；第三，"掌握宫中大权的嫔妃及太监就可以借皇帝之名，大行私利，卖官鬻爵"〔4〕。其中第三点即涉及请托。

宪宗出于享乐追求以及"扩张皇权的现实政治需要"〔5〕，大量授予"传奉官"，无意中助长了请托、贿赂之风，给政治、民生造成极大危害。

据《明宪宗实录》：

> （成化元年八月）辛卯，太监傅恭传奉圣旨，升文思院副使李景华、陈敦、任杰为中书舍人、御用监书办。景华等以夤缘内侍入内府，数引技术之士进用，宠幸日加，始以杂流躐升清华之职。〔6〕

李景华等通过请托、贿赂等手段，"夤缘内侍入内府"，得为文思院副使。此后，他们又受托，"数引技术之士进用"，并因此得到宪宗宠幸，授中书舍人、御用监书办。明时，文思院隶属工部，负责造作等事务；中书舍人为内阁中书科所设，掌书写诰敕、制诏、银册、铁券等；御用监是宫廷内专司造办用品的机构，书办掌管文书——因宪宗传奉授官，李景华等以杂职之身一跃而任"清要"之职，对官僚队伍的破坏可以想见。

明代陆容的《菽园杂记》言：

〔1〕《明宪宗实录》卷二"天顺八年二月庚子"，第53页
〔2〕《明史》卷三〇七《佞幸传》，第5277页。
〔3〕王天有审订，许文继、陈时龙著：《正说明朝十六帝》，中华书局2005年版，第148页。
〔4〕王天有审订，许文继、陈时龙著：《正说明朝十六帝》，中华书局2005年版，第149页。
〔5〕王迪："成化时期的'传奉官'"，载《历史教学》2010年第14期，第32页。
〔6〕《明宪宗实录》卷二〇"成化元年八月辛卯"，第404—405页。

  成化末年，太监梁芳辈导引京师富贾，收买古今玩器进奉，启上好货之心。由是幸门大开，金夫子弟各以珍异投献。求进而无名，乃于各寺观聚写释道、星命等书进呈，遂得受职。内原任中书、序班者得升职至太常、鸿胪、太仆少卿等阶，白身人得受鸿胪主簿、序班等职，生员、儒士、匠丁、乐工、勋戚厮养，凡高赀者皆与并进，名曰"传奉"。盖命由中出，不由吏部铨选，故名。名器之滥，无逾此时。[1]

  不止"京师富贾""金夫子弟"，而且"生员、儒士、匠丁、乐工、勋戚厮养"等，也欲通过请托、贿赂宦官，求得宪宗的赏识，从而得到传奉授官的机会。传奉授官对社会的波及面之广，可想而知。

  陆容稍后的郑晓在《今言》中亦言：

  成化中，太监张敏卒，侄太常寺丞苗倾赀上献，乞侍郎。上曰："苗本由承差，若侍郎，六部执政，不可，可授南京三品。"左右急持官制请，竟得南京通政使。是时四方白丁、钱房、商贩、技艺、革职之流，以及士夫子弟，率夤缘近侍内臣，进献珍玩，辄得赐太常少卿、通政、寺丞、郎署、中书、司务、序班。不复由吏部，谓之"传奉官"。[2]

  面对臣子不符合规定的得官请求，宪宗左思右想，为之斟酌考量，本为"天下公器"的官爵，就这样沦为"人主私器"。

  无论是何出身，只要"夤缘近侍内臣""进献珍玩"，就能得到天子的"垂青"，从而获得升官机会，"这些范例无疑给全社会提供了一种强烈的信息：官可以技得、可以钱得。英雄不论出身，只要能够为皇帝、后妃、宦官提供满意服务，并走通宦官的路子，都可以在科举、军功之外通过传奉升授的方式获得职位、得到升迁。因传奉升授而导致的社会价值观念的变化也由此而起，并迅速由京师辐射到全国各地"[3]。

  迫于臣子的压力，宪宗对传奉授官加以整治。成化二十一年（1485）正

---

[1] （明）陆容：《菽园杂记》卷九，中华书局1985年版，第116—117页。
[2] （明）郑晓：《今言》卷二，中华书局1984年版，第80页。
[3] 方志远："'传奉官'与明成化时代"，载《历史研究》2007年第1期，第56页。

月初一日发生"星变"，朝野上下为之恐慌，宪宗下诏求言。吏、礼、兵、工四部及六科、十三道应诏言事，将矛头对准传奉官，称其为"招天变之甚者"。宪宗承诺对 3700 名传奉官进行处置：（1）文职记名放回、武职冠带闲住，均待缺取用；（2）匠官艺精者留用，支半俸，其余放回；（3）法王、佛子、禅师、国师及其他番僧均减一半供给。但最终的结果令人沮丧：503 名武职传奉官，冠带闲住者仅 109 名；1328 名传奉匠官，只有 35 名因"老疾"清退；番僧均支半俸，留慈恩等三大寺供职；清除较多的是文职传奉官，514 人中有 453 人被"记名放回"，但舆论抨击最为猛烈的李孜省、邓常恩等人均在"点留"之列。不久，太常寺少卿掌钦天监事康永韶进言陕西等处发生灾荒，"星变"已在灾民身上得到应验，不必再为此担忧。康永韶因此被传升为礼部右侍郎，仍掌钦天监事。此后，被罢黜、降职、减俸的传奉官大都被起用、复职、复俸，又传升了一批新的传奉官。[1]因传奉授官而导致的请托等弊并未得到根本治理。

二、多种态度对待臣子的预防请托建议

宪宗以多种态度对待臣子的预防请托建议，既斥责、漠视，又接受，也体现出明暗兼具的特点。

（一）斥责

与传奉授官相一致，宪宗还意图左右中高级官员的任命。如果臣子的预防请托建议限制了其用人权，宪宗会予以斥责。

成化四年（1468）十二月庚子，宪宗言："今后两京四品以上官吏，部具缺，朕自简除；方面官，照正统间例保举。"[2]庚戌，监察御史刘璧等上奏反对，其理由多关涉请托：如特简易致请托，"询诸一二近侍大臣，然能保其果无受贿市恩而所举非所用乎"[3]；如保举易致请托，"苟或受嘱徇私，各举其所亲厚，以分植其党与，则请托之风益长，贿赂之门大开，其弊殆有不可

---

〔1〕　参见方志远："'传奉官'与明成化时代"，载《历史研究》2007 年第 1 期，第 43—44 页。

〔2〕　《明宪宗实录》卷六一"成化四年十二月庚子"，第 1243—1244 页。

〔3〕　《明宪宗实录》卷六一"成化四年十二月庚戌"，第 1250 页。

胜言者矣"[1]。在刘璧等看来，由吏部发挥主导作用、保举次之，既集众人之智慧，又可有效避免请托："先由吏部或会内阁，或多官计议，或径自推举堪任之人以闻，陛下然后从而裁决之。……又令间行保举，以收兼听之明。"[2]此建议有合理的一面，但宪宗却因其限制了自己的用人权而加以斥责："前事既有祖宗旧规，璧等顾敢徇私背公，妄言沮止，其间必有主之者，可自陈状。违者，俱论以法。"[3]宪宗没有意识到，祖宗旧规若非不断强调、改进，会被逐渐侵蚀、搁置；而请托之于规则、法治，犹如杂草之于正苗，需不断铲除，否则很快就会蔓延开来并挤压正苗，而无法毕其功于一役。宪宗一举否定，非常可惜。

（二）漠视

如果臣子的预防请托建议限制了其用人权，宪宗即便不斥责，也会漠视之。

成化十四年（1478）八月丙午，南京监察御史邹鲁言三事。此三事宪宗都没有接受，但对第一、三事进行了批复；第二事"以南京刑部侍郎金绅、都察院副都御史张瑄皆应天府人，乞改调他官，以杜亲交请托之私"[4]，涉及官员回避制度，有预防请托的意义，但宪宗不仅不接受，还不予批复，可能是不满对其用人权的干涉。

宪宗以实际行动表明了其在紧抓用人权与预防请托方面的取舍态度。

（三）接受

如果臣子的预防请托建议与官员任用无涉，即便直指自己的不当行为，宪宗亦能接受。成化四年（1468），宪宗遣太监郑同、崔安前往朝鲜国册封故国王李琛世子李晄为王。巡按辽东监察御史侯英认为此举不妥，易致请托："今同与安俱朝鲜人，祖宗坟墓、父兄宗族皆在其地，于其国王未免行跪拜之礼、进嘱托之辞，殊轻中国之体。"[5]礼部以闻，宪宗曰："英所言良是。今

---

〔1〕《明宪宗实录》卷六一"成化四年十二月庚戌"，第1251页。
〔2〕《明宪宗实录》卷六一"成化四年十二月庚戌"，第1251—1252页。
〔3〕《明宪宗实录》卷六一"成化四年十二月庚戌"，第1252页。
〔4〕《明宪宗实录》卷一八一"成化十四年八月丙午"，第3267—3268页。
〔5〕《明宪宗实录》卷六一"成化四年十二月壬子"，第1253—1254页。

后赍赏遣内臣，其册封等礼仍选廷臣有学行者充正、副使。"〔1〕平和接受，并未为自己开脱。

在臣子的建议下，宪宗还更好地开发了明前帝预防请托措施的功能。成化八年（1472），顺天府尹李裕言宛平、大兴的不法之徒，多有"诈称奉各衙门差遣，往往挟势嘱托"〔2〕等行径，故"乞敕都察院悬榜禁约，后有若是者，无问真伪，械送法司，明正其罪，庶使人知警惧"〔3〕。奏下都察院，议如所言，宪宗"从之"〔4〕。悬榜示禁预防请托始于宣宗，宣宗曾以之预防太监的请托、受托，宪宗接受臣子的建议，用以预防宛平、大兴的不法之徒的请托行为，更好地开发了悬榜示禁的功能。

宪宗还补充臣子预防请托建议的不足之处。成化二十一年（1485），陕西、山西饥荒，剃度僧道"视前加至数倍"。礼部"恐各处僧道、行童仍前行来京，夤缘嘱托"，故"乞行沿途关津，严加盘诘。而在京巡街御史，严督五城兵马察捕"。宪宗接受了礼部的建议，但担心此令一下，易致诬妄，故提醒："不许一概混逐。"〔5〕大臣的预防请托建议多从实际中来，具有一定可行性，但千虑一失，总会有考虑不周之处，宪宗适当加以补充，既可见其智慧，又体现出责任心。

宪宗以多种态度对待臣子的预防请托建议，对后来的孝宗、世宗、神宗均有一定影响。

三、多宽宥、从轻惩处请托，但也有依法惩处之时

（一）宽宥请托

一如其他明前帝，宪宗对请托也以宽宥为主。其宽宥请托的情形，主要有以下几种。

第一，宽宥宦官。

〔1〕《明宪宗实录》卷六一"成化四年十二月壬子"，第1254页。
〔2〕《明宪宗实录》卷一〇九"成化八年冬十月庚辰"，第2125页。
〔3〕《明宪宗实录》卷一〇九"成化八年冬十月庚辰"，第2125—2126页。
〔4〕《明宪宗实录》卷一〇九"成化八年冬十月庚辰"，第2126页。
〔5〕《明宪宗实录》卷二六八"成化二十一年秋七月辛亥"，第4526页。

除了传奉授官，宪宗朝的另一弊端是任用宦官。而宦官的滥权，进一步加剧了其时的请托。成化元年（1465），仓大使李添瑀考察不合格，照例应降为杂职。陈名等人为其贿赂宦官郭聪，郭聪"以手帖嘱翱（吏部尚书王翱）永嘉兴盐仓批验所大使"。时侍郎崔恭、尹旻均在场，王翱佯为不从，叱送帖人而去，却注李添瑀湖广倚北湖河泊所，"盖倚北湖之缺，亦添瑀前所拟者，其地比盐仓尤善"[1]，算是委曲地接受了郭聪的请托。王翱其人，平易、质直，"不通干谒"，权幸有所属，"虽或从之，然不假以辞色"[2]，即不给好脸色。事发，王翱上奏认罪。宪宗下旨："既认罪，姑贷之。今后有以帖子嘱托者，随即奏闻，不许隐匿。"[3]表面上是宽宥了王翱，实际上也宽宥了请托的宦官。此例反映出在宦官专权的大背景下，宦官成为明代请托的一大主体，并因皇帝的宠信而多所宽宥。此外，"随即奏闻"的要求对《大明律》奖励举发请托的条款，是一个很好的补充。不过实践中能否"随即奏闻"举发，主要取决于受托者的个性及需求。

第二，宽宥受宠官员。

成化十年（1474），六科给事中章镒等言，武靖侯赵辅之爵位非"以军功所致"却谋世袭，又受托奏保书办陈经为吏目，建议宪宗"慎重爵赏"，并将陈经革职，"以杜侥幸奔竞之风"。十三道监察御史李钊等亦言赵辅"奏保陈经，匿其前任革职之事，其间必有受赇废法之情"[4]。赵辅其人，俊辩有才，南征北伐，颇立战功，又喜欢结交权幸，深得宪宗宠爱。宪宗对其加以保护："陈经请托赵辅妄举，罪皆宜治。然事已处分，俱宥之。"[5]

第三，急于用人而宽宥。

成化四年（1468）九月庚午，监察御史胡深等认为彗星现是"上天垂戒"[6]，请求罢黜"听嘱权豪之子弟，多分首级以报功"[7]的兵部尚书兼大理寺卿程信等人。宪宗道："如今全才难得，取其所长，皆有可用。况急切用

〔1〕《明宪宗实录》卷一七"成化元年五月癸酉"，第368页。
〔2〕《明宪宗实录》卷四八"成化三年十一月戊辰"，第987页。
〔3〕《明宪宗实录》卷一七"成化元年五月癸酉"，第368页。
〔4〕《明宪宗实录》卷一三〇"成化十年闰六月丙戌"，第2461页。
〔5〕《明宪宗实录》卷一三〇"成化十年闰六月丙戌"，第2462页。
〔6〕《明宪宗实录》卷五八"成化四年九月庚午"，第1183页。
〔7〕《明宪宗实录》卷五八"成化四年九月庚午"，第1184页。

人之际，岂宜求备？所言不允。"〔1〕

第四，事体较轻而宽宥。

成化二十三年（1487），都察院劾巡抚山东都御史吴节先任河南布政使时，"尝听人嘱托，参充吏役。虽非曲法，亦失详审，请究其罪"。宪宗因"非曲法"，事体较轻，"命宥之"〔2〕。

（二）从轻惩处请托

除了宽宥请托，宪宗还从轻惩处请托。

成化四年（1468），山东都指挥石端镇守涿州时"受人嘱托，罪当杖"。法司会审以闻，石端"罢镇守，随操京营，皆以宽恤恩也"〔3〕。以罢职代替杖刑，并"随操京营"，乃"以宽恤恩"的从轻之惩。

成化十六年（1480），太常寺卿童轩等被劾妄引旧例。童轩等自陈"侍郎俞钦、周洪谟俱挟私憾，并郎中黄景尝请托不从，以致参奏"，不肯服罪。宪宗复命俞钦等自陈。俞钦、周洪谟奏"实无挟私事"，惟黄景"尝以事托之"〔4〕。宪宗"以轩等朦胧奏请，饰辞掩过，欲加究治，姑宥之，仍停俸三月"〔5〕；黄景"请托事实，特停俸半年"〔6〕。黄景请托属实，却只停俸半年而非按律治以笞杖，显为从轻惩处。

（三）依法惩处请托

除了宽宥、从轻惩处请托，宪宗也有依法惩处请托之时。

成化十七年（1481），翰林院编修丁溥居家时与华亭县主簿梁桂乘醉忿争，梁桂"因奏发其平日请托诸事，事连御史柳淳"，宪宗"命俱执问如律"〔7〕。"执问如律"应是依法惩处。

成化十九年（1483），兵科给事中吴凯等劾奏武功等卫百户王玺等，"于所部军士，利其粮赏则不报逃亡，受其请托则改拨差，占什伍空缺"，而金书

〔1〕《明宪宗实录》卷五八"成化四年九月庚午"，第1185页。
〔2〕《明宪宗实录》卷二八九"成化二十三年夏四月己亥"，第4896页。
〔3〕《明宪宗实录》卷五四"成化四年五月壬戌"，第1092页。
〔4〕《明宪宗实录》卷二〇四"成化十六年六月辛酉"，第3568页。
〔5〕《明宪宗实录》卷二〇四"成化十六年六月辛酉"，第3568—3569页。
〔6〕《明宪宗实录》卷二〇四"成化十六年六月辛酉"，第3569页。
〔7〕《明宪宗实录》卷二一五"成化十七年五月戊子"，第3735页。

指挥韩铭等"不行觉察",俱应论罪。诏曰:"军伍国家重务,王玺等乃敢故违事例,其逮治之。铭等各罚俸二月。"[1]"逮治之"应是依法惩处。此外,这里不仅惩处请托等弊,还追究了不觉察请托等弊的连带责任。

宪宗能够依法惩处请托,概与其对请托危害的认识有关。成化二十二年(1486)六月乙亥,敕谕文武群臣:

> 居重职者,或私胜公微,交通嘱托,引用非人,以致殃及于军民;在下位者,或知小谋大,夤缘行贿,躐求非分,以致愤切于人心。此而不禁,必将仿傚成风,廉耻不顾,名节不立,勋业无闻,禄位不保。国家之治,亦何所赖焉?兹特降敕,戒谕尔等。其各惕然修省,奉公守法,勉副委任。或内省有疚者,须痛自惩艾,改过自新。务期职修政举,有利于军民,用称朕求贤图治之意。敢有执迷不悛、仍蹈前非者,祖宗法度具在,朕必不尔宥也。其戒之,慎之。[2]

此谕虽非专门针对请托而发,却以打击请托为主。在描述"居重职者"与"在下位者"的请托等不法行为的基础上,指出不加禁止的恶果:"必将仿效成风,廉耻不顾,名节不立,勋业无闻,禄位不保。国家之治,亦何所赖焉?"请托风行,不仅降低个人及社会的道德水准,妨碍官员的报国之志与功名禄位,还进而影响到建立在德治理念基础上的统治秩序,宪宗可能基于此种认识而依法惩处之。

宪宗虽然认识到请托的危害,但总的说来,其对请托是不敏感的。成化十七年(1481)七月壬寅,国子监生李春"奏保云南故镇守副总兵沐瓒子诚,才猷超越,宜代其父充副总兵官,镇守云南"。宪宗责"以春等不事本业,出位妄言,下所司议",认为李春的进言不合其身份,但没有怀疑其中可能有请托发生。兵科给事中却"参春等情出请托"[3],认为其所为乃出于请托。宪宗对请托不如臣子敏感,这一点,远逊于清代诸帝。其对请托的治理明暗兼具,可能也与此有关。

---

〔1〕《明宪宗实录》卷二四一"成化十九年六月壬申",第4074页。
〔2〕《明宪宗实录》卷二七九"成化二十二年六月乙亥",第4693—4694页。
〔3〕《明宪宗实录》卷二一七"成化十七年秋七月壬寅",第3767页。

第六节　明孝宗：请托治理不尽如人意

明孝宗朱祐樘为宪宗之子。孝宗在位期间，躬行节俭，勤于政事，驱逐奸佞，励精图治，史称"弘治中兴"。但在请托治理上，孝宗的表现却不尽如人意。

一、双重标准对待传奉官

传奉官为宪宗朝弊政之一，不仅有害于吏治，还助长了请托、贿赂之风。孝宗嗣位后，接受科道建议，予以黜汰。

成化二十三年（1487）九月丁未，礼科给事中韩重等疏言宪宗朝的冗官，指出太常寺卿邓常恩、赵玉芝等由传奉得官，"伏望皇上独断乾刚，大彰天讨，下各官于狱，明正典刑，以为左道害正之戒"。监察御史陈毅等亦疏言通政司掌司事、礼部左侍郎李孜省"苞苴载道，请托盈门"[1]等行径，"俱乞执送法司，明正典刑，以为臣子不忠之戒"[2]。

《明史》言孝宗接受臣子的建议，"尽汰传奉官"[3]。但方志远通过研究发现，非"尽汰"而是"量汰"：成化末 564 名文职传奉官，分别被予以留任、降级、降边远任杂职等不同处理，只有受科道官抨击最为激烈的李孜省、邓常恩等 14 人，被谪戍甘州等卫；武职传奉官的背景复杂，被留用的更多；对番僧采取降职的办法，各回本土或本寺，或命在边境居住；1372 名匠官，皆因"技艺精通"降职留用。[4]虽然如此，此举还是限制了传奉官的膨胀，一定程度地打击了请托。

孝宗黜汰宪宗朝传奉官，表明其对传奉授官的危害有比较清醒的认识，在此后的统治中会力避之，但事实恰恰相反。弘治四年（1491）五月，御药房太监覃文"传旨，升御医徐生为太医院院判"[5]，"这不仅是弘治时期第

---

〔1〕《明孝宗实录》卷二"成化二十三年九月丁未"，第 27 页。
〔2〕《明孝宗实录》卷二"成化二十三年九月丁未"，第 28 页。
〔3〕《明史》卷三〇七《佞幸传》，第 5279 页。
〔4〕参见方志远："'传奉官'与明成化时代"，载《历史研究》2007 年第 1 期，第 44—45 页。
〔5〕《明孝宗实录》卷五一"弘治四年五月辛卯"，第 1014 页。

一位复职的传奉官，而且是采用传升方式恢复职务的传奉官"，此后八年间，"传奉官已达 540 余人"〔1〕。这导致了此前稍有回落的请托之风再度兴起。

先秦法家将杜绝请托的关键系于君主，认为君主从公行事、明法任贤，则请托可绝。如《韩非子·南面》："人臣者，非名誉请谒无以进取，……三者，惛主坏法之资也。人主使人臣，虽有智能，不得背法而专制；虽有贤行，不得逾功而先劳；虽有忠信，不得释法而不禁：此之谓明法。"〔2〕《商君书·错法》："故人君者，先便请谒而后功力，则爵行而兵弱矣。……是以明君之使其民也，使必尽力以规其功，功立而富贵随之，无私德也，故教流成。"〔3〕虽然仅是德行方面的要求，却一定程度抓住了问题的关键，即皇帝在请托治理中具有重要作用。但历史上皇帝出于私情而受托的例子比比皆是，甚而形成制度——如唐代的"斜封官"、宋代的"内降"授官、明代的"传奉官"。不仅执法官员对待请托态度暧昧，作为法律代表的皇帝也亲身受托而不自知，请托治理之难，于兹可见。

二、冷处理臣子的预防请托建议

弘治一朝，人才济济，内阁大学士、六部尚书徐溥、刘健、丘濬、谢迁、李东阳、秦纮等都是德才兼备之人。孝宗与臣子的关系比较融洽，对于臣子的预防请托建议也多能接受，但不可否认，孝宗也有冷处理臣子的预防建议之时。

弘治四年（1491），巡按直隶监察御史王监之言，南京乡试有"请托执事官吏，截人文字，以己名者"〔4〕等弊端，故"乞敕礼部，着详行南京都察院。凡差监试御史，务求刚正老成之人；其应天府提调并一应执事官，亦必慎择公廉端洁之士，痛革宿弊。贡院墙垣，并受卷等所，宜增高加棘，充广迁移，以杜弊源。仍移各布政司，一体禁革"〔5〕。这一建议涉及监试御史、应天府提调、贡院墙垣、受卷所等有可能促成请托弊端的人与物，具体细致，

---

〔1〕 参见方志远："'传奉官'与明成化时代"，载《历史研究》2007 年第 1 期，第 45 页。
〔2〕 《韩非子集解》卷五《南面》，《诸子集成》（5），第 85 页。
〔3〕 《商君书·错法》，《诸子集成》（5），第 20 页。
〔4〕 《明孝宗实录》卷五五"弘治四年九月甲申"，第 1072 页。
〔5〕 《明孝宗实录》卷五五"弘治四年九月甲申"，第 1072—1073 页。

落实下去，当会起到一定效果。但孝宗既没有嘉许之，也没有予以补充，仅"命礼部知之"〔1〕。孝宗消极对待臣子的预防建议，可能缘于其对考试中的请托弊端认识不深。但问题是，如果皇帝不给予足够的重视，相关部门一般也不会积极对待，礼部后来就没有相应的反馈。

弘治六年（1493），兵科给事中卢亨言："近来因人请托者，得由卑以达尊；无故乞升者，至以恩而掩义。伏望清查一二，以为将来之戒。"切中时弊，亟待解决。孝宗却仅"命所司知之"〔2〕而没有具体指示，这一建议后来也没有具体落实。

除了消极对待臣子的预防请托建议，孝宗还但凭己意行事。弘治十年（1497），监察御史王和等奏："京营总兵官出征，有受势要嘱托而收其子弟为头目者，有纳富家贿赂而收其家人为旗牌者，动辄一二百人。"此辈没有战斗力，徒损国威，乞敕听征大臣"所用头目毋过十名。若有私收膏粱子弟、糜禄冒功者，许臣等劾奏处治"。兵部覆奏，亦言："成化中京营出征总兵等官，有用头目三十人者，似为适中；有用百五十余人者，实为太滥。请定为中制，令各官遵守。"得旨："京军启行，待各边奏请至日定夺，各官带去头目准一百名。"在监察御史建议"所用头目毋过十名"、兵部覆奏"有用头目三十人者，似为适中"的情况下，孝宗仍"准一百名"〔3〕，可谓但凭己意行事。一般来说，希望子弟能被带往军前立功者，要多于反对者。孝宗很可能是考虑到前者的意愿，欲予恩泽，才作出这一决定。虽然满足了人情的需要，却影响了对请托的治理。

为避免宪宗宠妃万贵妃的迫害，孝宗从小被藏匿长大。在这样的环境中，他不得不隐忍一些情绪，不过度放纵自己，这是他与臣子和睦相处的前提。即便如此，他也有一些小情绪、小叛逆。孝宗喜欢作诗、弹琴、绘画，言官们担心他就此耽于享乐，不理政事，纷纷上疏劝谏。孝宗表面上接受，私下里对太监们说："弹琴何损于事，劳此辈言之。"孝宗擅长绘画，宫中也有不少画师。一次他赐画师吴伟几匹彩缎，担心大臣们知道后议论，对吴伟说："急持去，毋使酸子知道。"有学者认为："孝宗之所以受到儒家士大夫们的一

〔1〕《明孝宗实录》卷五五"弘治四年九月甲申"，第1073页。
〔2〕《明孝宗实录》卷七七"弘治六年六月乙丑"，第1482页。
〔3〕《明孝宗实录》卷一二七"弘治十年七月丙午"，第2254页。

致称颂，主要在于他始终在表面上给士大夫们留下充足的情面。"[1]孝宗冷处理臣子的预防请托建议可能与此类似——在不认可臣子的建议，又不愿与之发生冲突的情况下，只能或消极对待，或但凭己意行事。

三、不细查对于请托的举发

弘治元年（1488），吏部议："一应人员，不许营求内外权要之人奏乞升职，……违者，并听本部参奏。就将所举之人拿送法司问罪，不分原有官、无官，俱发回原籍为民当差。举主一体治罪。"[2]涉及举发请托及追究举主的连带责任，得到孝宗认可。但实践中，孝宗并不查明臣子所举发的请托是否属实即草率了结。

弘治元年（1488）六月乙未，左春坊左庶子兼翰林院侍读张昇因天变，言刘吉"请托公府，无处无之；赂入私门，无物不有"，故"伏望奋发乾刚，消此阴慝。则人心胥悦，天意可回"[3]。刘吉曾为英宗及太子朱见深讲读经史，在朱见深即位后，渐受重视，成化十一年（1475）入内阁。宪宗于统治后期日益荒政，阁臣无所规正，各部尚书也多平庸，有"纸糊三阁老，泥塑六尚书"[4]之说，刘吉即为"三阁老"之一。张昇所言"亦有得其情者"，但孝宗却不予细查，仅言："吉耆旧大臣，朝廷正宜优礼，所言难凭。"[5]不久礼科都给事中韩重、监察御史魏璋等交章弹劾张昇，孝宗降其为南京工部员外郎。史载张昇不阿谋权贵，敢作敢为，这样的结果令人惋惜。

弘治四年（1491）五月，御药房太监覃文"传旨，升御医徐生为太医院院判"[6]。徐生在本院会考中名列二等，却越次补官，吏部尚书王恕认为"显有营求请托之情，合送法司究问。果有干碍之人，宜从法司径自参奏

---

[1] 以上参见王天有审订，许文继、陈时龙著：《正说明朝十六帝》，中华书局2005年版，第156页。

[2] （明）王恕：《王端毅奏议》卷九《吏部·议郎中陆容陈言杜幸门奏状》，《景印文渊阁四库全书》第427册，第616页。

[3] 《明孝宗实录》卷一五"弘治元年六月乙未"，第363页。

[4] （明）黄光昇：《昭代典则》卷二一"宪宗纯皇帝乙巳二十一年九月"，第34页（明万历二十八年周曰校万卷楼刻本；"鼎秀"，第1178页）

[5] 《明孝宗实录》卷一五"弘治元年六月乙未"，第363页。

[6] 《明孝宗实录》卷五一"弘治四年五月辛卯"，第1014页。

提问"〔1〕。孝宗命吏部会礼部、太医院同御药房太监推选。王恕言吏部无此先例，请求仍令太医院从公推举。结果，"次日奉圣旨：你每既这等说，不必会选，徐生曾用药有效，升院判"〔2〕。越级任用可能是无实际才学而请托营求，也可能是有实际才学而受人推荐，王恕一概归之为违法请托，反映出请托与合理合法的自荐、受荐之间存在着模糊地带，不易完全区分。无论王恕的推测是否恰当，其遵守司法程序则无疑，对于法治而言，具有法治意识、遵守司法程序是基石，非常重要。孝宗即便不认为徐生违法请托，也应遵循相关程序进行复核，给参劾者一个交代。但实际情况是，孝宗不仅不予复核，还在王恕不愿违例会选的情况下，置气地通过传奉授官，直接授予徐生官职，不仅缺乏帝王应有的格局气度，还破坏了国家的行政制度。

四、不能依法惩处请托

孝宗是明代第一位专门针对请托，向整个中央机构发出禁止性敕谕的皇帝。弘治元年（1488）二月丙辰，孝宗登基不久，即谕在京诸司：

> 今后五府、六部、都察院、通政司、大理寺等衙门，务须遵守，毋得互相嘱托，有亏公道。如内外官敢有写帖子嘱托者，内官连人送与东厂杨鹏，外官送与锦衣卫朱骥，奏来处治。若容隐不奏者，事发，俱治以重罪。〔3〕

此谕非仅限于某一特定部门，而是波及整个中央机构，可见其时请托之弊严重且广泛。谕旨不仅明确禁止请托，还包含了举发的要求、受理的具体机构，以及包庇受惩的警告，环环相扣，面面俱到，可见孝宗对请托的重视以及彻底惩处的决心。不过其中也反映出一个问题，即谕旨脱离了《大明律》的相关规定，没有在既有的法律框架下进行惩处。无论是"内官连人送与东厂""外官送与锦衣卫"而非由科道纠劾、刑部等审理，还是"俱治以重罪"

---

〔1〕（明）王恕：《王端毅奏议》卷一三《吏部·议太医院缺官奏状》，《景印文渊阁四库全书》第427册，第669页。

〔2〕（明）王恕：《王端毅奏议》卷一三《吏部·议太医院缺官奏状》，《景印文渊阁四库全书》第427册，第670页。

〔3〕《明孝宗实录》卷一一"弘治元年二月丙辰"，第253页。

而非据实、依律定罪，都显示出特事特办的特色，而非将其看作长期性、结构性问题而依法惩处。孝宗此举，有类于太祖的"重典"治贪，很可能是初登大宝，欲刷新政治而矫枉过正，但也反映出人治而非法治的特点。

此外，汉律已规定请托者、受托者一体治罪，为唐律所继承，并沿至明律，孝宗却仅惩请托者而不惩受托者，显示出与律法的背离。袁辂在广平侯光年革爵后，"寅缘太监梁芳，……遂得复爵"；白玘"经科道官交劾，幸不即罢归"。二人谋复职事，遂请托英国公张懋、襄城侯李瑾。在其疏举下，分别得官五军营左掖坐营、右掖坐营都督同知。弘治元年（1488），兵科都给事中夏祚、浙江道监察御史魏璋等劾袁辂、白玘，言其"谋勇未闻，奸贪素著"，而张懋、李瑾"不以将官为重，惟以亲戚为私"，请予罢黜。孝宗"罢辂、玘，仍命吏部查辂应否袭爵"，而将"懋、瑾释不问"[1]。孝宗如此处理，大概是认为张懋、李瑾职位较高，不必为此"小事"而处置之，也就是认为请托对张懋等人而言是常态。说到底，孝宗还是缺乏法治意识，不能依法惩处请托。这种做法对于参劾不法行为的科道是沉重打击，会降低其护法的意识以及对皇帝的期望。

孝宗黜汰宪宗朝的传奉官，却也经常传奉授官，助长了请托之风；接受臣子的预防请托建议，但有时也予以冷处理；对于举发出的请托，不予细查；是明代第一位专门针对请托，向整个中央机构发出禁止性敕谕的皇帝，却不能依法惩处。史载孝宗英明仁厚，但他在请托治理方面不尽如人意，基本上没有表现出这一特点。

第七节　明神宗：明代皇帝请托治理的最高水准

明神宗朱翊钧在历史上的评价较低：得张居正辅佐，开创"万历中兴"的局面，却在其死后责以"怙宠行私"[2]，并抄其家产；派出矿监、税监，大肆搜刮民财，多次激起民变；因不欲立长子朱常洛为太子而代以郑贵妃所生朱常洵，与群臣僵持十几年。总之，病在酒、色、财、气[3]，"怠于临政，

---

〔1〕《明孝宗实录》卷一七"弘治元年八月壬辰朔"，第409页。

〔2〕《明神宗实录》卷一三一"万历十年十二月戊戌"，第2440页。

〔3〕《明史》卷二三四《雒于仁传》，第4073—4074页。

勇于敛财，不郊不庙不朝者三十年，与外廷隔绝"[1]。但在请托治理上，神宗的成就却比较突出，代表了明代皇帝请托治理的最高水准。

一、对请托的认识有很大提高

（一）从"大臣""小臣"两个方面探讨杜绝请托的关键

万历二十五年（1597）七月癸巳，神宗因乾清、坤宁宫与皇极等三殿接连发生火灾，自省"朕之不德"[2]，并直指官员中存在的请托等弊——"顾尔中外百职，……言清行浊，至诚感发之谓何？阳是阴非，尽力维持之安在？事多请托，官靡执持"，要求："尔文武群臣，其各痛涤前愆，勉图后效。大臣务正己率属，无以礼法假人；小臣务精白守官，无以骄荡凌德。"[3]即大臣"正己率属"以榜样属下，小臣"精白守官"以独善其身，较宣宗提出的公、仁、廉、勤，显然更为丰富。

（二）惩处因请托不遂而挟仇报复者

因请托不遂而挟仇报复者实际上是"二犯"——同时犯请托罪与迫害他人之罪（具体罪名因事而异）。在神宗看来，这是非常恶劣的行为，不止一次予以惩处。

万历十七年（1589），举人林春元"以嘱托挟仇"，中伤刑部主事刘以焕，致其被革职。南京刑科给事中徐桓劾奏之，神宗下旨将林春元"于法司提问"[4]。

万历十九年（1591），浙江上虞乡官、原任副使金柱"屡向本县蔡淑遂嘱托不从"。后金柱借蔡淑遂祈雨时礼拜不诚，倡生员以贪酷上告。蔡淑遂亦告金柱挟隙诬告。神宗下旨："金柱着革职为民，蔡淑遂姑降二级调用。"[5]蔡淑遂被降级乃因祈雨不诚，金柱被革职为民则因请托不遂而挟仇报复。

因请托不遂而挟仇报复的后果比较严重，因为可能导致更多人不敢拒绝

[1]　孟森：《明清史讲义》，中华书局1981年版，第246页。
[2]　《明神宗实录》卷三一二"万历二十五年七月壬辰"，第5821页。
[3]　《明神宗实录》卷三一二"万历二十五年七月壬辰"，第5822页。
[4]　《明神宗实录》卷二〇七"万历十七年正月己巳"，第3873页。
[5]　《明神宗实录》卷二三二"万历十九年二月壬辰"，第4306页。

请托，并被迫接受请托。《大明律》没有规定对因请托不遂而挟仇报复者的惩处，是立法上的一个漏洞，神宗通过惩处实践加以补充，使对请托及相关行为的惩处更为严密。

（三）提出褒奖不行请托者

万历三十三年（1605），礼部覆御史孔贞一疏，谓嘉兴举人马文远、钟世芳凌辱桐乡知县谢谏，以及湖州乡官、知县王德坤凌辱本府同知尚从试，"皆以干谒不遂，横逆相加"，并应黜革。神宗下旨："（举人）但有决裂行简、自底不类的，巡按官查有实据，开送礼部，不许起文会试。其卓然不凡的，许奏荐揭荐。"[1]惩处"决裂行简、自底不类"的举人，自然包括惩处"干谒不遂"者；褒奖"卓然不凡"的举人，自然包括褒奖不行请托者，这对打击请托很有利。

神宗十岁行冠礼，出阁就学，通过明代的帝王之学——经筵日讲获得教育。"日讲的内容应为《大学》《尚书》等儒家经典"[2]，时间上"每月三、六、九视朝之日，暂免讲读。……非遇大寒大暑，不辍讲读"[3]，比较严格。这样的学习使神宗获得一些书本上的治国安邦道理，但距离成为一名合格的皇帝，还有不小的差距。神宗登基后、亲政前的十年间，张居正作为内阁首辅，随侍左右，言传身教，从各方面培育、滋养了神宗。神宗在认识请托方面表现出较高的智慧，与此不无关系。

二、接受臣子的预防请托建议最多

虽然接受臣子的预防请托建议并非始自神宗，却在其身上发扬光大：据不完全统计，在《明实录》中，神宗接受的预防请托建议达21条之多，在明代皇帝中居于首位，标志着君臣合作预防请托体系的建立。这些建议具有如下特点。

第一，较少专门针对请托而发，而多同时条陈数事，将请托包含在内。

---

〔1〕《明神宗实录》卷四一一"万历三十三年七月乙酉"，第7691页。
〔2〕刘宇霄："《帝鉴图说》与明神宗的教育"，载《文教资料》2021年第1期，第54页。
〔3〕（明）张居正：《张太岳先生文集》卷三七《朝讲日期疏》，第13页（明万历四十年唐国达刻本；"鼎秀"，第840页）。

臣子将包括请托在内的数种弊端合并列举——"言当今大害有四"[1]"披沥五事"[2]"条议六事"[3]，表明在其心目中，请托事关重大，迫在眉睫，亟待解决。

第二，既有单纯的禁止请托请求，也有根据实际情况给出的具体措施。

预防请托最简单、直接的方法是明令禁止，但此法较多依赖个人素养，不易奏效。在这种情况下，具体而富有针对性的预防措施就显得非常必要。万历朝臣子的预防请托建议，从建议明令禁止到提出具体的预防措施，涉及考试、选任、考察、司法、盐法等多个领域，非常丰富。

第三，多为即时提出，也有针对以往建议的调整或补充。

大多数情况下，万历朝臣子都审时度势，即时提出新的预防请托建议，但也有反省以往措施、予以补充之时。

万历二年（1574），因提学官有"虚谈贾誉，卖法养交，甚者公开幸门，明招请托"之举，神宗特敕吏部："有不称者，令其奏请改黜。"时张居正秉政，敕谕实际上应出自其手。后张居正等通过体访，发现实行起来效果不好："各官未能改其故，吏部亦未见改黜一人。"究其原因，一方面，因"良以积习日久，振蛊为艰"；另一方面，则因"冷面难施，浮言可畏。宁抗明诏而不敢挂流议，宁坏法纪而不敢违请托"。这一针见血地指出了请托难去的深层原因：拒绝请托，抵不过人情氛围；请托发觉所受惩处较小，拒绝请托代价较大。为杜绝请托痼疾，张居正建议："查先朝以来敕谕提学臣旧稿，再加酌拟，附以近日题准事例，逐款开坐。……昭示天下，俾居此官者，知朝廷所以责之者。"[4]即通过明示法令，使知有犯必惩。神宗采纳了这一建议："卿等所奏，俱深切时弊，依拟再行申饬。……有仍前违怠旷职的，吏部、都察院务要指实考察奏黜，不许徇情容隐。"[5]这一措施的核心是加强考察、惩处力度，使请托发觉的惩处大于拒绝请托的代价，从而防止请托。

---

〔1〕《明神宗实录》卷二一六"万历十七年十月戊戌"，第4047页。
〔2〕《明神宗实录》卷二三七"万历十九年六月己未"，第4398页。
〔3〕《明神宗实录》卷四四二"万历三十六年正月甲辰"，第8400页。
〔4〕《明神宗实录》卷三八"万历三年五月庚子"，第884页。
〔5〕《明神宗实录》卷三八"万历三年五月庚子"，第885—886页。

还有一例。万历十一年（1583），都察院左副都御史丘橓以风纪不振为由，条陈数事，其二"曰请托。谓持斧之使未出都门，而密嘱之姓名、贿买之简札，已接踵矣"。有鉴于此，"乞皇上敕下部院，振作方新。万一踵袭旧套、不革前非，听部院疏名降黜，六科官指实纠弹"[1]。神宗"可其奏，令着实举行"[2]。次年，丘橓再条陈八事，"二曰请托之积弊"，并"乞敕部院议行"。得旨："览奏切中时弊，有神风纪，所司着实举行。"[3]从丘橓所奏，可见其时监察领域请托风气之盛。其建议措施，一是在思想认识上"正风纪"，二是对故犯者"实惩处"，从事前、事后两方面着眼，具有可行性。

上述特点并非万历朝臣子所独有，但因万历朝臣子的预防建议被采纳得最多，故表现得最为突出。

神宗数年不理朝政，但明代的统治始终没有走向崩溃，国家仍处于有序发展之中，"神宗在此后的二十多年中，处理朝政的主要方式是透过批阅奏疏、发布谕旨来进行。他始终牢牢地掌握着朝廷的大政方针，这从'万历三大征'的全过程可以看得很清楚"[4]。神宗对臣子预防请托建议的接受上，也体现出了这一点。

三、较多提出举发请托的要求

此前明代皇帝举发请托的要求不多。举发行为类似告密，违背了儒家伦理道德倡导的"信""义"原则，在一般人的观念中是不光彩的行为；一旦为坏人利用，用以攻讦他人，又很容易造成社会不安定。相较而言，神宗在举发请托方面要求较多。

（一）要求科道官举发请托

神宗时，有臣子请求下旨要求六科纠劾请托等弊。万历十一年（1583）十二月癸酉，都察院左副都御史丘橓针对监察领域的请托，"乞皇上敕下部院，振作方新。万一踵袭旧套、不革前非，听部院疏名降黜，六科官指实纠弹，

---

〔1〕《明神宗实录》卷一四四"万历十一年十二月癸酉"，第2692页。

〔2〕《明神宗实录》卷一四四"万历十一年十二月癸酉"，第2693页。

〔3〕《明神宗实录》卷一四五"万历十二年正月丙午"，第2713页。

〔4〕樊树志：《晚明史（1573—1644年）》（下卷），复旦大学出版社2003年版，第633页。

则颓风可挽，仕路获清"〔1〕。神宗"可其奏，令着实举行"〔2〕。这表明张居正去世后，神宗有扭转此前一些颓风的想法。此后，确有户科给事中、刑科给事中、刑科左给事中等纠劾请托的实例，说明科道官举发请托有实效。科道官举发违纪违法行为乃本职工作，可将请托与其他类型的违法犯罪活动同等对待，基本不会背负"悖离人情"的心理负担，不必担心因之受到他人的责难。

神宗还直接下旨要求科道官纠举请托等弊。万历二十三年（1595）正月丙子，敕吏部、都察院："今当朝觐考察之期，……比年考察后，……又有等不循法守，专挟制人之术，嘱托营私，甚废公直。尔部院再行申饬，如有庸劣之徒，昏夜乞哀，……尔部院体访得实，即时指名奏来重治。"〔3〕考核涉及官员升降奖惩的切身利益，请托是改变考核等级和结果的捷径，故考核期间请托尤盛。神宗特意下旨给掌握考核大权的吏部、都察院，要求其纠举请托等弊，是一种有效的预防措施。

万历三十年（1602）三月辛未，神宗要求锦衣卫访拿京师神棍："今后缉事衙门务严加访拿，有功照例升赏。嘱托容庇者，科道官指实参处。"〔4〕事先想到访拿过程中可能出现请托行为，要求科道官举发，这种警惕之心对预防请托很有利。

（二）允许"第三人"举发请托

神宗还允许受托者、科道官之外的"第三人"举发请托。万历十三年（1585）顺天乡试，史钶之子史纪纯与张一桂之馆宾冯诗、章维宁等冒籍中举。事发，神宗谕礼部、都察院，言冒籍皆因"提学官通不稽察，亦有嘱托倚势、滥行收录者"，要求："有蹈前弊，许诸生人等即时讦奏，重治不宥。"〔5〕

这具有重要意义。宣德三年（1428），少师、吏部尚书蹇义等曾建议"今后许诸人陈告"〔6〕结交官吏、嘱托公务等情，为宣宗否决。神宗"许诸生人等即时讦奏"，乃是赋权给受托者、科道官之外的"第三人"——这实际上是

---

〔1〕《明神宗实录》卷一四四"万历十一年十二月癸酉"，第2692页。
〔2〕《明神宗实录》卷一四四"万历十一年十二月癸酉"，第2693页。
〔3〕《明神宗实录》卷二八一"万历二十三年正月丙子"，第5187—5188页。
〔4〕《明神宗实录》卷之三七〇"万历三十年三月辛未"，第6933页。
〔5〕《明神宗实录》卷一六七"万历十三年十月戊辰"，第3025页。
〔6〕《明宣宗实录》卷四二"宣德三年闰四月癸未"，第1024页。

扩大了监督的队伍，增加了请托、受托的成本，更具有威慑力。此谕虽是针对科考领域，但其精神也可适用于其他领域。

《大明律》规定举发请托可获奖励："若官吏不避监临势要，将嘱托公事实迹赴上司首告者，升一等。"[1]未明言举发主体是受托者还是第三人，但依上下文看，应是受托者。受托者的举发属"实迹"，避免了请托不易认定的困境，同时也对请托者、求托者造成被举发的风险压力。神宗明确扩大到科道官和第三人，这基于一个现实：请托猖獗时，第三人也能掌握或部分掌握有关证据，从而使举发有据可依，这无疑是对《大明律》的有力补充。若能明确扩大到无利害关系的人群，做到举发主体全覆盖，则效果当更好。

（三）彻查有党争嫌疑的请托举发

万历十六年（1588），吏科给事中张鼎思劾江西副使房寰奸贪，房寰遂揭张鼎思前任提学御史时，"为其子嘱托不行携恨，引抚臣王元敬手书以证"[2]。户科都给事中姚德重等合纠房寰"挍诬言官，大伤国体，乞赐罢斥"[3]，丁懋逊、李献可、袁应文亦交章论之。神宗"怒其朋庇，姑不究"[4]。后吏部覆议："房寰、张鼎思揭奏一事，……（房寰）旧藏私书，攻讦报复，大非君子之行，拟降调。鼎思言官，纠弹固其职事，然手书列伊子姓名，嘱托似难辞免，拟罚俸。王元敬代人转书，亦非法纪，以回籍，拟免究。"神宗不允："迩来嘱托徇私、挟仇告讦，大坏士风。鼎思、寰俱降二级听调，元敬革原职闲住。书内有名的，仍查参议处。"[5]因为厌恶党争，神宗不愿处理有此嫌疑的举发请托行为，但出于对请托的重视，最后还是予以惩处。

本案是比较典型的请托夹杂党争的例子。张鼎思请托有手书为证，无可推脱，同僚竟谓房寰"挍诬言官"，显属朋比相护。吏部覆议并未言房寰有"奸贪"之事，说明张鼎思在很大程度上确为挟私虚劾。特别值得注意的是，吏部指斥房寰"旧藏私书，攻讦报复，大非君子之行"，显然违背事实。没有理由认为其保存请托手书是为攻讦报复，很可能只是为被攻讦时自保；其当

---

[1] 怀效锋点校：《大明律》卷二六《刑律九·杂犯》"嘱托公事"，第203页。
[2] 《明神宗实录》卷二〇二"万历十六年八月丁未"，第3789页。
[3] 《明神宗实录》卷二〇二"万历十六年八月丁未"，第3788页。
[4] 《明神宗实录》卷二〇二"万历十六年八月丁未"，第3789页。
[5] 《明神宗实录》卷二〇三"万历十六年九月戊寅"，第3807页。

时没有举发请托，也不能说是违法，法律鼓励举发，但并未强制要求一定举发，举发是权利而非义务。说房寰"大非君子之行"，表面是因为"攻讦报复"，实际上隐含着举发请托"大非君子之行"的根深蒂固观念。张鼎思实质违法，不据法惩处而只罚俸；房寰按吏部所议仅是道德问题，却因之降调，其偏袒言官昭然若揭。大概是怕得罪言官而纠劾自己，或如神宗所言出于党争利益。

神宗以"嘱托徇私、挟仇告讦"分指张鼎思、房寰，将二人俱降二级，此一惩处于房寰未免冤枉，但也反映出在党争已成痼疾的背景下，举发请托与党争常纠缠在一起，成为党争工具，很难清晰地区分是否违法。神宗的处罚是各打五十大板，也是党争裹挟下的无奈之举，是补救"大坏士风"的举措。此时党争还未如万历后期炽盛，但言官党同伐异、利用请托攻讦已成风气。

神宗从小接受的养育和管教比较严格，宫内有生母李太后、太监冯保，宫外有首辅张居正，内心积攒了不少压抑与不满，"虽在冲龄，心已默忌"[1]，"愤结之日久矣"[2]。这些压抑、不满在张居正死后得到宣泄，他不再受制于曾经的帝王教育，任气使性，但凭好恶做事，在举发请托上，也表现出与前代帝王看法有间、以实效为上、多相关要求等特点。

四、一定程度地依法惩处请托

与对请托较深刻的认识相适应，神宗极少宽宥请托，能一定程度地依法予以惩处。

万历十年（1582），户科给事中王继光参工部尚书曾省吾十罪，其"二，嘱托吏部，干预选法"。神宗"勒之致仕"[3]。

万历十一年（1583），刑科给事中田畴言御史于鲸、顾尔行"皆听嘱托受贿"[4]，请求一体罢黜。疏下吏部，吏部覆："顾尔行降远方杂职，于鲸闲住。"神宗"从之"[5]。

---

〔1〕（明）于慎行：《谷山笔麈》，中华书局1984年版，第42页。
〔2〕（明）李翊：《戒庵老人漫笔》，中华书局1982年版，第325页。
〔3〕《明神宗实录》卷一三一"万历十年十二月戊子"，第2434页。
〔4〕《明神宗实录》卷一三三"万历十一年二月甲申朔"，第2469页。
〔5〕《明神宗实录》卷一三三"万历十一年二月甲申朔"，第2470页。

万历二十四年（1596），两广总督陈大科参奏广州海防游击彭信古"馈遗请托"[1]，彭信古被革职，行巡按御史提问。

《明实录》未言神宗宽宥曾省吾、于鲸、顾尔行等人，神宗亦未认为吏部所拟较轻而加重惩处，且曾省吾、于鲸等所犯非仅请托一端，故其被处"致仕""降远方杂职""闲住"应是依法而惩。

从太祖开始，明代皇帝对请托以宽宥为主，其间宣宗、宪宗虽有依法惩处之时，但所占比重很小。神宗对请托能一定程度地依法惩处，比较难得。就请托治理而言，无论认识多么深刻，预防措施如何丰富，举发要求怎样切实，最终都要落实到惩处上；唯有依法惩处，才能真正打击请托，取得请托治理的实效。神宗能够做到这一点，再次表明其在国家治理方面确有见解。

五、请托治理的失误

神宗对请托的认识及预防、举发、惩处都有可取之处，需知即便勤政如太祖、成祖，亦未取得如此成就。但神宗疏离臣子、怠于朝政之行，不可能不在其请托治理上打下烙印。主要表现在以下几方面。

（一）不积极对待臣子的预防请托建议

作为明代接受臣子预防请托建议最多的皇帝，神宗也有不批复臣子预防建议之时。万历二十九年（1601），直隶巡按吴达可巡历长芦，条陈盐法六款，其三为"慎委掣盐，以杜请托"[2]。神宗不置可否，未予批复。

对于臣子举发、惩处请托等弊的誓言，神宗也曾不积极回应。万历二十三年（1595），吏部尚书孙丕扬等于考察前奉敕上言"誓秉至公"，保证："其有救援党与、假公济私，请托不行、肆言流谤，及馈遗纳交、昏夜乞哀等辈，容臣等访实参奏重治。"此"誓"相当于现今的宣誓，若成为普遍性制度，于官员上任、拔擢前要求口头或书面作出保证，对皇帝、诸臣都是一种提醒警示，对打击请托也会有一定效果。可惜面对臣子的效忠表示，神宗并未敞开心扉、有感而发，仅批复"报可"[3]了事。

---

〔1〕《明神宗实录》卷二九六"万历二十四年四月戊午"，第5517页。
〔2〕《明神宗实录》卷三五八"万历二十九年四月戊寅"，第6681页。
〔3〕《明神宗实录》卷二八一"万历二十三年正月丙子"，第5188页。

（二）要求举发请托的心态有矛盾之处

神宗是明代举发请托要求最多的皇帝，但有时又惩处举发请托者，显示出心态的矛盾。万历十二年（1584），吏科给事中杨文举参李伟妻"违例干请，且引高相田玉为言，启中官之专恣，开外戚之幸恩，有关圣治"[1]。神宗"怒夺文举俸二月"[2]。李伟是神宗外公，封武清侯，在清算张居正时曾出过力。时李伟已去世，但外戚力量尚在，神宗亦赖其支持保护，故需力保。这反映出帝王在面对自身利益时，对于请托的复杂态度。

在认识及预防、举发、惩处请托方面，神宗虽有不足之处，但总的来说，亮点更多，瑕不掩瑜。"论者谓明之亡，实亡于神宗"[3]，单就请托治理而言，神宗的成就在明代皇帝中最高。

第八节　对明代皇帝请托治理的评价

大多数明代皇帝都或多或少地表达了对于请托危害的认识、去除请托关键的看法等，表明其对请托的重视。在具体治理上，不同于宋代皇帝着眼于官员的日常生活，先后出台一系列关于受谒、出谒的禁止性规定，明代皇帝"随事而治"，根据所办理事项，提出相应的预防措施或举发要求。以太祖"命兵部申戒武臣"[4]为始，明代皇帝先后开发出谕旨禁止、陛辞告诫、悬榜示禁、臣子建议等预防措施；举发请托的要求也几次被提及，成为《大明律》的有利补充。这些措施丰富而灵活，在打击请托方面发挥了重要作用。

但是，对于请托的惩处却始终没有很好地落实下来——除了宣宗、宪宗、神宗能够惩处请托，大多数明代皇帝都对请托予以宽宥。当律法明令禁止某一行为，皇帝也采取多种措施加以预防，并号召臣民一力举发，但一旦此行为暴露出来，却多予以宽宥，则先前所设的预防、举发措施功亏一篑，不能发挥应有的作用。如此，则法律的威信何在，请托者又怎会受到震慑？这是

---

〔1〕《明神宗实录》卷一四九"万历十二年五月戊寅"，第2769页。
〔2〕《明神宗实录》卷一四九"万历十二年五月戊寅"，第2770页。
〔3〕《明史》卷二一《神宗本纪二》，第195页。
〔4〕《明太祖实录》卷一五六"洪武十六年八月丁亥"，第2426页。

明代请托治理不可回避的一个教训。

此外，明代皇帝的请托治理中还存在着两个不一致性。其一，皇帝是否有作为，与其对请托的认识是否深刻、治理是否富有成效之间，没有必然联系。太祖、成祖都很有政治手腕，也比较勤政，但他们极少发表关于请托的本质、类别、危害等言论，所制定的治理措施也不多。而怠于朝政、与臣不睦的神宗对请托的认识却比较深刻，所取得的治理成果在明代皇帝中也首屈一指。甚至国家治理明暗兼具的宪宗，在请托治理方面也有可圈可点之处。

其二，明代皇帝对请托的认识也不一定能有效指导其对请托的治理。孝宗即位伊始即接受臣子的建议，纠正宪宗时加剧请托的传奉授官，他还是明代第一位专门针对请托，向整个中央机构发出禁止性敕谕的皇帝，表明他对请托的危害有较深刻的认识。但他很快就步宪宗的后尘，开始传奉授官，还冷处理臣子的预防请托建议，并且不能依法惩处请托。熹宗对请托的认识与神宗有近似之处，有一定深度。但他冷漠对待臣子的预防请托建议，还惩处举发请托"含糊不明"者，故没有取得与神宗相比肩的请托治理成果。

上述两个不一致性说明：明代请托比较猖獗，无论皇帝是否有作为，都察觉到了这一点；请托的治理难度较大，仅有认识是不够的，还必须严格执行，方见成效。由此反观明代皇帝对请托的认识及预防、举发、惩处相结合的综合治理，可以说抓住了问题的关键，当然，落实到位也比较困难。

中国古代社会"人情文化"的特征较为明显，情与法的关系一直是法治面临的基本问题，相关治理也并非简单的情法协调等所能概括。明代皇帝对请托的治理，体现了立法本意与执行实践之间的反差，人情裹挟下法治思维的多元化，以及具体治理措施的左右摇摆与艰难探索，给后人以重要启迪。

第六章　明代官员对请托的认识与
对请托罪法的执行

　　明代请托罪立法规定颇为具体细致，区分了轻重不同的情况，可操作性强。该法条将人情干扰完全推到了法治的对立面加以打击，惩处力度颇重，体现了最高统治者的意志。最高统治者的终极利益是江山稳固，而区分私情与公义、维护社会公平正义、严明司法是江山稳固的基本保证。尽管明代的请托罪法条款还存在不足（如主要针对司法、行政领域，对经济、军事等领域覆盖面不广），但规定具体细致，若能得到认真执行，则请托之风必息，司法必归于清明，但实际上，不仅皇帝多宽宥请托，官员也很少认真执行。

第一节　认识请托

　　儒家文化注重人情、强调人与人之间的情感交流，故请托在古代是非常普遍之事，上至帝后，下至百姓，概莫能免。只不过在君主有为、政治清明时，数量相对较少，涉及事体相对较轻；一旦君主昏庸、政治黑暗，则奔竞风行、习俗败坏，甚至因此亡国。

　　没有皇帝高高在上、疏离人间烟火的崇高地位，明代官员在人情社会中浸淫得更深入，与请托的接触更直接，相关认识也更深刻。他们指出请托与人情的关联性与存在的普遍性，"凡今之人，谁无相知；求人请托，谁不能者"[1]，"谁无交知，谁无情面，臣亦岂与人异"[2]；认为欲杜绝请托，需

---

　　[1]　（明）赵南星：《赵忠毅公诗文集》卷一九《总宪疏·申明宪职疏》，第34页（明崇祯十一年澄景文等刻本；"鼎秀"，第1054页）。
　　[2]　（明）范景文：《范文忠公文集》卷一《奏疏·矢心入告严杜请托疏》，第18页（清畿辅丛书本；"鼎秀"，第24页）。

· 119 ·

首先破除情面，"破情面，绝请托"〔1〕，"破请托、虚冒之情面"〔2〕。从这一角度出发探讨杜绝请托的关键，较明代皇帝的单纯倚重人治，显然更加深刻。

明代官员还多角度探讨请托难治的原因。其一，请托者不知法、不畏法，"惟足下不知法，又不畏法，故不惟自嘱托，而又假人之名以嘱托"〔3〕。其二，受托者担心因拒绝而被诬，"奉公守法者，上未必即知而已被伤于众口；……故宁抗朝廷之明诏而不敢挂流俗之谤议，宁坏公家之法纪而不敢违私门之请托"〔4〕。其三，监察措施的缺失，"比来察吏之法不及于监司，在贤者固不因以弛防，在不肖者遂至敢于败检"〔5〕。其四，没有对请托者、受托者施以惩处，"但人情易玩，积弊难除。往年虽每有禁例之行，卒未有能发其奸而置之法者，以故人心视为故事"〔6〕。这些探讨植根于明代请托治理的实际，比较客观中肯。

鉴于请托的危害与难治，有些官员将其视为"大过"之一。沈鲤万历时任礼部尚书，提出"大过有十"，"五曰出入公门，为人请托，为不守之过"〔7〕。甚而有人将请托置于诸弊之首，认为亟待解决。王锡爵于张居正去世后由家被召进京入阁，在给刑部主事邹元标的信中说："仆入都第一义，欲痛抑扳缘亲党、请托升除者。"〔8〕潘洙万历时任吏部文选司郎中，"所著十议，首曰禁

---

〔1〕（明）胡维霖：《胡维霖集·祭文》卷二《祭少司马邹匪石》，第1页（明崇祯间刻本；"鼎秀"，第215页）。

〔2〕（明）瞿式耜：《瞿忠宣公集》卷一《掖垣疏草·亟修战守疏》，第32页（清道光十五年蒋因培、许廷诰刻本；"鼎秀"，第32页）。

〔3〕（明）张凤翼：《处实堂续集》卷二《书·答李仪宾书》，第9—10页（明万历间刻本；"鼎秀"，第385—386页）。

〔4〕（明）张居正：《张太岳先生文集》卷三九《请申旧章饬学政以振兴人才疏》，第8页（明万历四十年唐国达刻本；"鼎秀"，第889页）。

〔5〕（明）孙传庭：《白谷集》卷三《纠参贪横监司疏》，《景印文渊阁四库全书》第1296册，第278—279页。

〔6〕（明）郭应聘：《郭襄靖公遗集》卷一五《诸议·考选军政禁约》，第19页（明万历郭良翰刻本；"鼎秀"，第673页）。

〔7〕（明）沈鲤撰、（清）刘榛辑：《亦玉堂稿》卷三《学政条陈疏》，《景印文渊阁四库全书》第1288册，第234页。

〔8〕（明）王锡爵：《王文肃公文集》卷二一《邹南皋主事》，第6页（明万历间王时敏刻本；"鼎秀"，第822页）。

馈遗、严请托"〔1〕。金瑶嘉靖时为会稽、庐陵县丞,家居时赞休宁知县上任以来,"以绝贿赂、杜请托为第一义"〔2〕。上至中央官员,下至地方官员,均持此种观点,可见请托确为社会痼疾。

与之相适应,有些官员将不行请托与报国、忠君联系起来。陈懿典万历时官至中允,称"不徇人不徇己,必先国家之便利;而不避亲不避怨,无所不可用"〔3〕。范景文天启时任文选司郎中,言"惟是自反生平不惯俛仰,一意报国,先在不私。宁忘交知、破情面,而必不敢负君父以负此心耳"〔4〕。可见其推重之意。

当然,明代官员也认识到因人情而导致的请托是复杂的,非仅是顾及人情而受托徇私,以及为"势豪权要"以权相迫,还有其他面向。如迫于公义。万历时官至陕西巡抚的佘自强指出:"士夫请托,未必一一皆是徇私,其中亦有激于公义或迫于情之不容已者。"〔5〕如出于负气。金声崇祯初辞御史职,回乡闲居,言:"邑人向负气,时有请托以求伸。请托之家,不必尽富,大都一动于气,势若不获已。至有饘粥粗给,倒囊而图一请者,比比皆是。"〔6〕人情是复杂的,因之而导致的请托也必然是多元的,明代官员的认识比较全面。

他们还认为,如果无视这一复杂性,专以限制人情、杜绝请托为目的,则可能导致不好的后果。王守仁嘉靖初在绍兴讲学,认为:"即以听讼言,……因其请托而加憎,……皆私蔽也。"〔7〕因为遇事请托,已然成为某些人的习惯——"每一事起,辄请托纷纭,固不问是非曲直也,其有大人势力

---

〔1〕　(明) 黄汝亨:《寓林集》卷四《序·广东左布政潘公之任序》,第 31 页 (明天启四年吴敬、吴芝等刻本;"鼎秀",第 134 页)。

〔2〕　(明) 金瑶:《金栗斋先生文集》卷一○《杂著·代免丈量呈》,第 23 页 (明万历四十一年瀛山书院刻本;"鼎秀",第 306 页)。

〔3〕　(明) 陈懿典:《陈学士先生初集》卷一《潘参知铨政十议序》,第 14—15 页 (明万历四十八年曹宪来刻本;"鼎秀",第 14—15 页)。

〔4〕　(明) 范景文:《范文忠公文集》卷一《奏疏·矢心人告严杜请托疏》,第 18—19 页 (清畿辅丛书本;"鼎秀",第 24—25 页)。

〔5〕　(明) 佘自强:《治谱》卷四《词讼门·请托四》,《官箴书集成》(第二册),第 127 页。

〔6〕　(明) 金声:《燕诒阁集》卷三《书·为欧父母与侯兵尊》,第 5 页 (明末刻本;"鼎秀",第 79 页)。

〔7〕　(明) 耿定向:《耿天台先生文集》卷一三《传·新建侯文成王先生世家》,第 38 页 (明万历二十六年刘元卿刻本;"鼎秀",第 683 页)。

之援者，则扬扬意得；其无大人势力之援者，则惴惴惕息"〔1〕，"词讼到官，有等愚诈之民，不明道理、不顾自己是非，辄便用酒食财物央浼人来嘱托，以求取胜"〔2〕。在这种情况下，认为"有理者不必请托也"〔3〕，固然可以；认为请托者必无理，却可能有误。万历时官至江西布政司参议的黄汝亨认为，一意不受请托、不交接士大夫，可能堵塞了解民情之途："今之仕者，但知不受请托、不接士夫为高，不知人情不通、言路不广，王侯之尊，亦多窒碍，何况官吏?"〔4〕宋代官员对此已有所涉及，可见这是一个比较普遍的问题。

明代官员对请托的认识丰富而深刻，对于其执行请托罪法具有一定影响。

第二节　惩处请托

明时，有些刚直官员会惩处请托：许进正德时任兵部左侍郎，提督团营，三名将校托权贵致书请托之，被"各杖数十"〔5〕；景旸正德时任南京国子监司业，"往诸生率多请托，旸首禁之，不悛者绳以法"〔6〕；曹逵嘉靖时任监察御史，"京师大滑林生游诸贵戚间，多以金钱请托，先生按致之法。其党翟某复为居间求解，先生并按致之"〔7〕；赵南星天启时任吏部尚书，一给事中贪重贿代赀郎请求盐运司的官职，赵南星"以赀郎置朱邸，出给事外藩"〔8〕。这些惩处反映出一个共同的认识基础：请托是违法行为。

针对特定案件或普遍存在的请托现象，历朝大臣都有大量主张惩处的意

〔1〕（明）孙慎行：《玄晏斋集·文抄》卷二《自寓·居里记》，第186页（明崇祯刻本；"鼎秀"，第195页）。

〔2〕（明）不著撰者：《居官格言·劝惩告示》，《官箴书集成》（第二册），第81页。

〔3〕（明）刘时俊：《居官水镜》卷三《告示类·禁请托示》，《官箴书集成》（第一册），第677页。

〔4〕（明）黄汝亨：《寓林集》卷二四《书牍·寄刘抑之》，第16页（明天启四年吴敬、吴芝等刻本；"鼎秀"，第932页）。

〔5〕《明史》卷一八六《许进传》，第3279页。

〔6〕（明）欧大任：《欧虞部集·广陵储王景赵朱蒋曾桑朱宗列传》，第7页（清刻本；"鼎秀"，第534页）。

〔7〕（明）王世懋：《王奉常集》卷一四《文部·传·曹先生传》，第7页（明万历刻本；"鼎秀"，第575页）。

〔8〕（明）姚希孟：《棘门集》卷三《墓志铭·荣禄大夫太子太保吏部尚书赵忠毅公墓志铭》，第10页（明崇祯间张叔籁等刻清閟全集本；"鼎秀"，第66页）。

见建议，具体主要有以下几类。

一是将请托者、受托者送法司究办。林俊嘉靖时任刑部尚书，针对违禁番货黄缘给主一事，建议："伏望陛下大奋乾刚，立断是狱，将代为营救并请托之人下之法司，明正其罪，赃物照旧入官，使谗间不行，矫伪无托。"〔1〕这意味着明确认为请托是违法行为，应依法惩处。张原正德时任吏科给事中，提出为杜绝请托制定"经久画一之规"，有"沮公挠法、背理任情、请托黄缘、肆无忌惮者，皆听所司执奏"〔2〕，也就是将反请托制度化。这是很好的建议，却也反映出其似乎没有注意到《大明律》中已有相关条款。

二是对请托者、受托者严惩、重惩。倪岳弘治时任礼部尚书，针对有人上奏为那些因附和番僧进京而降革的官员复职，提出："伏愿皇上独断乾刚，急颁涣号，通行各该衙门。今后如有希求请托、故违制命者，务要严加惩治，以杜将来等。"〔3〕"严加惩治"是较笼统的提法，反衬出对此类案件常常不严惩。赵南星任吏部尚书时，上《再剖良心疏》，建议重点治理知州、知县的贪赃行为以及抚按的受托包庇："以后秽迹昭彰者，抚按先行究问确实，而后具奏追赃正位，以抵兵饷而减加派。如有嘱托受贿、曲为庇护者，即参奏重处，庶贪风渐息而乱萌可消矣。"〔4〕"重处"是在常法之外加重处罚，以使官吏有所警惧。

三是将请托者与求托者"一体治罪"。张宁景泰时任礼科给事中，建议严格公差人员的派出："遇有事例，先尽行人，方许差遣别项官员。其奉特旨者仍前，不拘此例。如有请托等项事发，一体治罪。庶使祖制不违而职有定守，官难作弊而人不苟求矣。"〔5〕《大明律》对请托罪的量刑幅度有详细规定，总体而言，若为他人请托，则量刑轻于对方应受刑罚，"一体治罪"之说并非严

〔1〕（明）林俊：《见素集·奏议》卷六《奏议十四篇·秋台稿·正违禁番货黄缘给主疏》，《景印文渊阁四库全书》第1257册，第427页。

〔2〕（明）张原：《玉坡奏议》卷一《时政疏》，《景印文渊阁四库全书》第429册，第360页。

〔3〕（明）倪岳：《青溪漫稿》卷一三《奏议·止番僧一》，《景印文渊阁四库全书》第1251册，第148页。

〔4〕（明）贺复徵编：《文章辨体汇选》卷一一八《疏三十二·赵南星〈再剖良心疏〉》，《景印文渊阁四库全书》第1403册，第390页。

〔5〕（明）陈九德辑：《皇明名臣经济录》卷一八《各衙门·张宁〈题公差事〉》，第46页（明嘉靖二十八年刻本；"鼎秀"，第678页）。

格依律。

四是将请托者作为求托者的奸党。张原建议世宗接受武宗因小人谗间而不御内宫的教训："伏望皇上洞鉴往事，聿先正始，杜绝小人，使往年以罪放斥之人，勿复收用。如或左右近习敢有巧言饰词、游说请托者，即以奸党治之。或有夤缘各宫传奉者，亦宜一切置之勿听。"[1]《大明律》有奸党罪，规定结党者最高处以斩罪，因此按奸党治罪属于轻罪重处，也非依法惩处。

五是对请托者免官，甚至终身禁仕。马文升弘治时任兵部尚书，提出："其举到将才，若有奔竞请托者，终身不录。"[2]王在晋万历时尝任浙江右参政，兼嘉湖守、巡二道，建议选用之法，量才较射、观其状貌、阅其履历、查其官评："间有请托求容者，即明注钻刺，以示永弃。"[3]因请托革免在汉代即有，但可能是折罪的结果，较明确地作为规定或制度，始见于唐代，[4]明代不少诏谕、告示有此规定。在统治者看来，革免是很重的处罚，应能有效遏制请托。但实际上，请托事有大小，按律、量刑幅度各不相同（重者远超革免），不分轻重俱为革免，并不符合律条。

以上惩处和主张在请托盛行的时代至为难得，不过可以看到以下几点。第一，相较于普遍存在的请托，已实施的惩处只是极少数。第二，无论是已实施的惩处还是相关主张，很多并不符合请托罪法的规定，更多的是一种惩处违法行为的"法律直觉"，在一定程度上律条本身并不被看重。不过像汉代"考杀之"[5]"笞杀之"[6]的极端惩处情形很少见，表明官员的法治意识还是有所提高。第三，所提主张最后是否真正实施、依其量刑，往往大打折扣。

〔1〕（明）张原：《玉坡奏议》卷二《选近习疏》，《景印文渊阁四库全书》第429册，第373页。

〔2〕（明）陈九德辑：《皇明名臣经济录》卷一五《兵部二·马文升〈为修饬武备以防不虞事〉》，第13页（明嘉靖二十八年刻本；"鼎秀"，第507页）。

〔3〕（明）王在晋：《越镌》卷一八《兵政·嘉区防守事宜十二款》，第7页（明万历三十九年刻本；"鼎秀"，第351页）。

〔4〕唐睿宗于景云二年（711）下《不许群臣干请诏》，规定："自今以后，谒见之日若更有干冒祈荣者，虽地处亲勋、才称俊秀，皆当格之清议，一从屏黜。"（《唐大诏令集》卷一一○，商务印书馆1959年版，第572页）

〔5〕《后汉书》卷六四《史弼传》，第1427页。

〔6〕《后汉书》卷六六《陈蕃传》，第1460页。

第三节　拒而不惩请托

明时，更多的正直官员对请托是拒绝但不惩处，与汉代官员的做法类似。具体分为直接拒绝请托、使人不敢请托、预防请托三种情况。

一、直接拒绝请托

有些正直官员会直接拒绝请托。许讃正德时为山西提学副使，"凡有请托，必明言责之曰：'父兄教子弟，须期远大事业。今为子弟请托，何以望其成人？'"[1]秦汴嘉靖时为左军都督府经历，"诸浙士人宦长安者，数因故人、邑子赍谒请托。公见辄榜其人，不与通"[2]。

官员们拒绝请托的态度一般比较温和。吴遵嘉靖时任南京大理寺左寺丞、河南道监察御史等，认为："待士夫尤宜以信处之。虽以事相托，势不可行，必巽言开辟，明告其所以不可行之由。毋面诺而背违，毋阴非而阳是。"[3]林希元嘉靖时历官南京大理寺正、钦州知州、广东按察司佥事等，主张："请托不从，且勿露此意。先厚待以礼，已而徐以理谕之，人亦无得恨己者；纵恨，亦无可奈何矣。"[4]中下层官员多持此种态度。中下层官员的施政需得到地方缙绅的支持，故应尽量与之交好，对其请托"勿曲徇，勿峻绝"[5]。但在宦官当道的明代，即便是朝中大臣也不得不如此行事。刘大夏弘治时为兵部尚书，言"貂珰请托，事或不可行，必和颜婉辞譬晓"[6]。

以上仅拒绝请托而不加以惩处，并且拒绝的态度还比较温和，显然没有

---

〔1〕（明）雷礼：《镡墟堂摘稿》卷一二《传一·少师许文简传》，第 22 页（明刻本；"鼎秀"，第 355 页）。

〔2〕（明）赵用贤：《松石斋集》卷一二《墓碑·秦太守墓碑》，第 17 页（明万历刻本；"鼎秀"，第 315 页）。

〔3〕（明）吴遵：《初仕录·崇本篇·立信》，《官箴书集成》（第二册），第 37 页。

〔4〕（明）林希元：《同安林次崖先生文集》卷一二《杂著·居官说要》，第 20 页（清乾隆十八年陈胪声治燕堂刻本；"鼎秀"，第 484 页）。

〔5〕（明）曹于汴：《仰节堂集》卷八《尺牍·复苏弼垣》，《景印文渊阁四库全书》第 1293 册，第 782 页。

〔6〕（明）刘大夏：《刘忠宣公遗集·附录·文》卷二孙继芳《东山先生刘大夏忠宣公全传》，第 20 页（清光绪元年刘乙燃刻本；"鼎秀"，第 211 页）。

将请托视作较严重的违法犯罪行为。

当然，官员们也有态度激烈地拒绝请托之时。张寿成化时历官工部主事、员外郎、郎中，"工部事涉内府，权贵人多干请。……寿对使者大骂，手裂其帖曰：'今番且将就，再来者，我早朝面奏天子。'"[1]刘自强隆庆时官至南京刑部尚书，一尚书以事嘱托，刘自强"怒曰：'臧吏敢尔邪？'起奋击，仆其隶人"[2]。这些官员都任职中央，职位不低，有"面奏天子"的机会，故不必像中下层官员那样被迫与地方缙绅周旋。他们虽然态度激烈地拒绝请托，却没有将对方绳之以法之意，似乎对低劣品格的厌弃，超出了对违法行为的痛恨。相比之下，如果地方官员拒绝请托的态度比较激烈，则后果堪危。李松嘉靖时为归安知县，以爱惠得民心而请托不行。有权贵以事居间，"公集气，待之不为礼"，诸权贵家"不能无恨公，争媒蘗其短"[3]。后幸得浙江巡按庞尚鹏相救，左迁邓州判官。

二、使人不敢请托

有些清介刚严的官员则通过使人惧惮而不敢请托。端木复初洪武时为磨勘司令，"严于限域，人见辄畏，不敢有所请托"[4]。周子义嘉靖至万历间历官庶吉士、国子监祭酒、吏部左侍郎等，"所识拔士大夫遍天下，而绝不肯以咫尺书私于人。人亦不敢干以私，请托无所许"[5]。这并非虚言，张居正言其幼时所见提学官"多海内名流，类能以道自重，不苟徇人，人亦无敢干以私者"[6]，可以为证。

---

〔1〕（明）韩邦奇：《苑洛集》卷六《大梁驿驿丞张君墓志铭》，《景印文渊阁四库全书》第1269册，第432页。

〔2〕（明）焦竑：《焦氏澹园集》卷二六《神道碑·资政大夫刑部尚书刘公神道碑》，第1页（明万历三十四年刻本；"鼎秀"，第517页）。

〔3〕（明）邓原岳：《西楼全集》卷一四《墓志铭·兵部左侍郎小峰李公墓志铭》，第11页（明崇祯元年邓庆寀刻本；"鼎秀"，第348页）。

〔4〕（明）宋濂：《宋学士文集》卷三五《翰苑别集》卷五《端木府君墓志铭》，第10页（明正德刊本；"鼎秀"，第545页）。

〔5〕（明）孙继皋：《宗伯集》卷七《行状·通议大夫吏部左侍郎兼翰林院侍读学士掌詹事府事赠礼部尚书谥文恪徽庵周公行状》，《景印文渊阁四库全书》第1291册，第397页。

〔6〕（明）张居正：《张太岳先生文集》卷三九《请申旧章饬学政以振兴人才疏》，第7页（明万历四十年唐国达刻本；"鼎秀"，第888页）。

三、预防请托

预防请托，也是拒绝请托的一种方式。明时，大量官员采取一定的措施，预防请托。主要如下。

其一，闭门谢客。白圭正统至成化间历官御史、浙江右布政使、工部尚书、兵部尚书等，"公退即闭阁卧，请谒皆不得通"[1]。有人直接宿于公署。杨时乔万历时以吏部左侍郎署部事，"绝请谒，谢交游，止宿公署，苞苴不及门"[2]。

其二，不通书信。沈恩弘治时为四川布政使，"时杨廷和柄国，苍头请托之书，公悉焚之"[3]。李尧民万历时任顺天学政，"北畿多中贵人，朝拜命而夕请托者至矣，稍不惬则谤兴。公不绝所谓请托也者，而亦不记所谓请托也者，书至不发函，辄投诸水火"[4]。

其三，书写明志。中央官员多采用此法。霍韬嘉靖时主持吏部事务，"榜其门：不许接受私书私礼，及通受官公朝、谢恩私第者"[5]。赵志皋万历时为礼部尚书兼东阁大学士、内阁首辅，大书"二铭"于政事堂，其一曰："以威福归主上，以事权还六卿，以请托辞亲友，以公论付台谏。"[6]

其四，发布告示。地方官员直接亲民，多采取此法预防请托。刘时俊万历时任桐县知县，其《禁请托示》[7]，以及不著撰者的《劝惩告示》（其五为"为禁民嘱托事"）[8]，都是为了预防请托的"广而告之"。

其五，来访登记。刘熽嘉靖时为定远知县，"日轮阴阳生一，司典门簿。

〔1〕《明史》卷一七二《白圭传》，第3059页。

〔2〕《明史》卷二二四《杨时乔传》，第3940页。

〔3〕（清）唐仲冕：《陶山文录》卷一《颂赞赋·青浦县城隍显灵伯画像赞》，第5页（清道光二年刻本；"鼎秀"，第9页）。

〔4〕（明）于若瀛：《弗告堂集》卷二四《墓志铭行状墓碑·嘉议大夫应天府府尹雍野李公行状》，第21页（明万历刻本；"鼎秀"，第267页）。

〔5〕（明）李开先：《李中麓闲居集》卷七《墓志·太子少保礼部尚书谥文敏渭厓霍公墓志铭》，第57页（明嘉靖至隆庆刻本；"鼎秀"，第659页）。

〔6〕（明）沈鲤撰、（清）刘榛辑：《亦玉堂稿》卷一〇《极殿大学士赠太傅谥文懿赵公神道碑铭》，《景印文渊阁四库全书》第1288册，第355页。

〔7〕（明）刘时俊：《居官水镜》卷三《告示类·禁请托示》，《官箴书集成》（第一册），第677页。

〔8〕（明）不著撰者：《居官格言·劝惩告示》，《官箴书集成》（第二册），第81页。

虽豪宦公谒，亦必注籍，私嘱请托不容"〔1〕。海瑞隆庆时为应天巡抚，令府州县官"各立门簿一扇，凡乡官、举监、生员等入门，并差人投递书柬者，把门人即行登记"；不执行或作弊者，"记簿人同官吏一并治罪"〔2〕。请托乃隐秘之事，自不愿为人所知，登名在簿，无异于宣之众口，该法即针对此而设计。

其六，多人同堂。刘规成化时为余姚知县，"病势家请托，每客至，延坐后厅，令群吏左右侍，皆莫敢出口以去，然亦无怨也"〔3〕。蒋廷璧嘉靖时任沅江通判，"（士夫）凡有先至者，令把门人请至寅宾亭少坐。待比较毕，一同请进。则彼此相碍，虽有嘱托，亦难开口"〔4〕。众目睽睽之下，即便与官长近在咫尺，请托之言亦难以启齿。

其七，严明规章。这包括两个层面：一是建立规章，使相关人员的行为有章可循，避免其借助请托等方式获知、确定行为动向；二是严守规章，明确有法必依，请托无益。郑廷鹄嘉靖时为江西督学副使，"江西故剧而督学尤难。周密章程，诸生歙然宗之，欲请托者辄止"〔5〕。沈朝焕万历时为兵部武选司郎中，"武选夙称弊薮，枢吏夤缘为奸，大珰要人多事请托。公一以邦政条例为准，竿牍绝迹"〔6〕。

其八，有事早决。目的是使对方来不及找关系、托人情。叶钊弘治、正德间历官南京刑部主事、员外郎，其经验是："事决之早，亦可以杜请托。"〔7〕许进正德时任吏部尚书，"于抑奔竞、杜请托尤严。每铨选考毕，即以名第量所

〔1〕（明）吕楠：《泾野先生文集》卷二〇《记四·定远知县刘侯去思碑记》，第39页（明嘉靖三十四年于德昌刻本；"鼎秀"，第368页）。

〔2〕（明）海瑞撰、（清）海廷芳编：《备忘集》卷五《书·谕道府州县听嘱托》，《景印文渊阁四库全书》第1286册，第153页。

〔3〕（明）李东阳：《怀麓堂集》卷八九《文后稿二十九·志铭·明故封奉直大夫翰林院侍讲学士刘公墓志铭》，《景印文渊阁四库全书》第1250册，第947页。

〔4〕（明）蒋廷璧：《璞山蒋公政训·处人·应士夫》，《官箴书集成》（第二册），第4页。

〔5〕（明）徐中行：《天目集》卷一七《传·篁溪郑先生传》，第2页（明刻本；"鼎秀"，第390页）。

〔6〕（明）董其昌：《容台文集》卷九《墓表·少参太玄沈公墓表》，第32页（明崇祯三年董庭刻本；"鼎秀"，第728页）。

〔7〕（明）杨廉：《杨文恪公文集》卷五七《碑志·员外郎叶君时勉墓志铭》，第21页（明刻本；"鼎秀"，第890页）。

授官职，判定卷面。虽有贵势请托，不得复为上下"〔1〕。此法如能与前面几项配合使用，效果更好。

其九，劝说同事。马鸣起天启时官至南京右都御史，"已病困，几溃在床簀间。闻司城关说盛行，犹口作教，呼吏书之，令勿以请托败公事"〔2〕。范景文天启时为文选司郎中，在给皇帝的奏疏中表示："臣今与需次诸臣约，一行请托，臣不能为之讳；臣又与同事诸臣约，一听请托，亦愿诸臣勿为臣等讳。"〔3〕同事之间，境遇相似、感同身受，劝说更具有说服力。

其十，告诫家人。有些官员告诫家人不要请托、受托。谭纶万历时官至兵部尚书，在《戒弟》中列举十七条告诫乃弟，其中"三戒与乡里及内臣转说人情""十四戒受人请托"，均涉及请托。他还言此十七条的重要性："听我者远大可到，不听是自取败也。"〔4〕

张居正则通过给湖广巡抚赵汝泉写信，预先"严家范、禁请托"，以避免家人请托。在信中，他言"家人仆辈，颇闻有凭势凌烁乡里、溷扰有司者，皆不能制"，希望"藉公之威，明示两司及敝处守令诸君，但有如前所云者，幸即为擒治。其所请嘱，无问于理可否，悉从停阁"〔5〕。多有巡按御史未出都门，而请托之书盈于几案的情况，张居正能够主动防范家人请托，非常难得。

以上是明代官员有意识地预防请托而采取的措施，较汉代官员的相关措施丰富了不少。有时官员主观上并无预防请托的意识，但在移风易俗的过程中，客观上却达到了这一效果。杨载鸣嘉靖时为广东提学副使，"锐意厘正，首揭义利两途，倡行冠、婚、丧、祭、射、饮六礼。未数月，焕然一新，受赇、

〔1〕（明）张邦奇：《张文定公靡悔轩集》卷四《墓碑铭·明故资善大夫太子少保吏部尚书致仕赠光禄大夫太子太保谥襄毅许公墓碑铭》，第14页（明刻本；"鼎秀"，第614页）。

〔2〕（明）黄道周：《黄石斋先生文集》卷一一《墓志·马忠简公墓志》，第40页（清康熙五十三年郑玫刻本；"鼎秀"，第512页）。

〔3〕（明）范景文：《范文忠公文集》卷一《奏疏·矢心入告严杜请托疏》，第18页（清畿辅丛书本；"鼎秀"，第24页）。

〔4〕（明）谭纶：《谭襄敏公遗集》卷二《戒弟》，第46页（清嘉庆二十四年邹庭芳活字本；"鼎秀"，第96页）。

〔5〕（明）张居正：《张太岳先生文集》卷二五《与楚抚赵汝泉言严家范禁请托》，第28页（明万历四十年唐国达刻本；"鼎秀"，第519页）。

请托之弊亦绝"〔1〕。这一点，与太祖的"无意治理而请托自治"颇为相似。

上述预防措施应该说都有一定的效果，但有些带有鲜明的个性特点，不具有普遍适用性。有些措施则实际上无法实施，如湛若水嘉靖时为南京国子监祭酒，主张对"请托干求者，各官即密书于各簿本名之下，监丞又明书于纪过之簿，以为罚"〔2〕。朱来远万历时尝官文选司郎中，"念人才进退高下在心，必请托不行，然后可"，遂"立钻刺簿，一置邸寓，一置选堂"〔3〕。这些措施缺乏长远的可行性。

更重要的是，上述措施都属于被动防御，很少有人按照法律规定将请托者扭送治罪。这其实体现了大多数正直官员对待请托的态度：拒绝即可，不必非要施以惩处。这样既不曲法，也给人情留下了生存空间。这与彻底杜绝人情干扰的立法原意显然有较大距离，却更符合文化心理，更具可行性。

第四节　举发请托

《大明律》没有举发请托的规定，但有对举发请托的奖励。明代有些皇帝提出举发请托的要求，并将举发者的范围由受托者、科道官扩大到"第三人"。

有些官员践行之。马录嘉靖时为山西巡按御史，有人告发组织宗教反明的李福达改名张寅，投靠武定侯郭勋，并输粟捐官，任山西太原卫指挥使。此后郭勋"移书请托"，马录"飞章劾勋党"〔4〕。程国祥天启时任职吏部，"发御史杨玉珂请属，玉珂被谪"〔5〕。崇祯时，内阁辅臣温体仁二子"数请嘱提学佥事黎元宽。会元宽以文体险怪论黜，遂发其二子私书。思睿劾体仁

---

〔1〕（明）洪朝：《洪芳洲先生归田稿》卷三《记碑志铭墓表·通政武东杨公墓表》，第15页（明刻本；"鼎秀"，第59页）。

〔2〕（明）湛若水：《湛甘泉先生文集》卷一九《章疏·途中进申明学规疏》，第13页（清康熙二十年黄楷刻本"鼎秀"，第490页）。

〔3〕（明）何庆元：《何长人集·蓬来室近稿·文类·朱奉常修吾先生行状》，第44页（明万历间刻本；"鼎秀"，第197页）。

〔4〕（明）贺复徵编：《文章辨体汇选》卷一一四《疏二十八·庞尚鹏〈正国法以销祸本疏〉》，《景印文渊阁四库全书》第1403册，第323页。

〔5〕《明史》卷二五三《程国祥传》，第4374页。

纵子作奸，以元宽揭为据"[1]，温体仁被夺俸五月，出为外官。

可叹的是，很多对请托的举发得不到落实，并且阻挠常来自皇帝本人。正德时科道言通政司右参议熊伟"属托取财"，应罢黜。吏部议："进止取自上裁。"武宗令"照旧办事"[2]。隆庆时高拱与徐阶不睦，令其门生、御史齐康劾徐阶，"言其二子多干请及家人横里中状"[3]。穆宗庇护徐阶，高拱引疾归、齐康被迁外任。帝王往往因自己的私人利益和个人好恶而放纵请托，给正直官员杜绝请托的努力造成了阻碍和破坏。

此外，还多有官员以举发请托为名，行排斥打击之实。弘治时御史邹鲁"以私憾，劾乔新为卿人受贿请托"[4]，孝宗命锦衣卫逮证佐鞠问。事既白，邹鲁夺俸两个月，何乔新亦因之致仕。韩文正德时为户部尚书，倡九卿等伏阙请诛刘瑾等。刘瑾衔恨之，找借口使韩文降级致仕。户科左给事中徐昂乞让韩文以原官致仕，内批："昂褒美大臣，显有嘱托。"[5]韩文遂落职，徐昂并被除名。杨廷和嘉靖初因大礼议失宠于世宗，"王邦奇诬讦廷和及其次子兵部主事惇、婿修撰金承勋、乡人侍读叶桂章与彭泽弟冲交关请属，俱逮下诏狱。鞠治无状，乃得解"[6]。上述举发有些多少有点影子，有些则全为诬陷。典型的如天启时文选员外郎周顺昌忤魏忠贤，忠贤爪牙李实逮被削职为民的原右佥都御史周起元，"遂诬顺昌请嘱，有所干没，与起元等并逮"[7]。

明代党争风盛，借请托攻讦是常见情形，盖因较之贿赂，请托固不易证实，但也不易证伪，因此常用"显有嘱托"之类的表述来攻击，至少可以达到动摇对方人格和地位的目的。

较之史籍对官员拒绝请托品质的大书特书，以及对预防请托措施的细致描摹，史籍中真正主动实施的举发非常之少。很多情况下，举发只是参劾对方的一种手段，并不单纯为维护法制，故举发者一般并不因此而得到升迁。

在讲究人情的社会中，举发请托容易使人认为悖情好名、刻薄奸诈，前

〔1〕《明史》卷二三三《姜思睿传》，第 4054 页。

〔2〕《明武宗实录》卷二"弘治十八年六月辛巳"，第 84 页。

〔3〕《明史》卷二一三《徐阶传》，第 3757 页。

〔4〕《明孝宗实录》卷一九四"弘治十五年十二月庚申"，第 3578 页。

〔5〕《明武宗实录》卷一九"正德元年十一月甲辰"，第 573 页。

〔6〕《明史》卷一九〇《杨廷和传》，第 3354 页。

〔7〕《明史》卷二四五《周顺昌传》，第 4246 页。

代已有此例。[1]洪武时学正孙询讦税使孙必贵为胡党，又讦元参政黎铭常自称老豪杰，谤讪朝廷，而"帝以告讦非儒者所为，置不问"[2]。举发为奸党、不敬尚且为帝王所不齿，举发请托就更等而下之，故虽有奖励的诱惑，依然没有几个人甘冒道德舆论的谴责去获奖避罚。相反，不举发请托反而被认为是替人掩过的高尚品质。如周玉岩正德时为莆田令、吉水令，"性尤公疆（按：'疆'通'强'），不发人私书，不受一切请托"[3]，王世贞因之赞赏。

上述情况表明，很多官员认为对请托拒绝即可，并不必须惩处。

第五节　对请托拒大放小

值得关注的是，不少正直官员对请托不是一概拒绝，而是主张拒大放小，即对大的事情、涉及律法明文规定的事情坚决拒绝，以免过多危害国家或当事人的利益；对细小的事情，则可酌情接受请托，依顺人情。如蒋廷璧认为："凡士大夫说事，……如法不违也，做人情不妨；如违法，虽权贵亦不可听也。自己手中小事，可依者依之；如经奉上司，虽分毫不可做人情矣。"[4]佘自强认为："若有至情相托，须委曲处之，但不可病民。"[5]

此外，出于对人品高洁但境遇蹭蹬者的同情与怜悯，有些官员将请托视作一种救拔手段，愿意对方通过请托自己而获利。江天一崇祯间年三十六岁始补郡生员，每次考试都名列榜首，知县傅岩看重他，怜其贫，"每欲煦以请托，（江天一）数年终不以私见也"[6]。

特别是对那些有恩于己之人，有时不得不通过请托来报答之。湖广巡抚顾璘看重张居正，并以子孙相托。后顾璘去世，家世衰微，有孙二人隶应天

---

〔1〕　如唐代令狐峘为礼部侍郎时，宰相杨炎为恩人子请托求职，峘赚其签名私书上奏，德宗以峘为奸人，贬衡州别驾。

〔2〕　《明史》卷九四《刑法志二》，第1546页。

〔3〕　（明）王世贞：《弇州山人续稿》卷一四九《文部·像赞》，第1页（明万历间王氏世经堂刻本；"鼎秀"，第3424页）。

〔4〕　（明）蒋廷璧：《璞山蒋公政训·处人·应士夫》，《官箴书集成》（第二册），第4页。

〔5〕　（明）佘自强：《治谱》卷九《待人门·士夫十段》，《官箴书集成》（第二册），第179页。

〔6〕　（明）江天一：《江止庵遗集》卷八《附录·龚翰〈传〉》，第11页（清康熙祭书草堂刻本；"鼎秀"，第357页）。

府学。为了避免"一旦溘先朝露，即弟终己有负德之恨，无以见东桥公于冥漠"之憾，张居正写信给时提督南直隶学校的吴遵，请求："借公垂盼优录，以少效犬马。"〔1〕

对请托拒大放小，不易招致怨恨诽谤，能换取对方的理解与支持，特别是能为士夫"存体"。因为士人具有价值自觉能力，不能制以法律或严词说教，而要循循善诱，保全其体面。

这样把拒绝的幅度缩得更小，但更能看出情与法的对立与协调，对请托的酌情依从是对私情的保全，也是儒家德治思路的衍化，实际上调和了请托罪法条款与人情之间的绝对对立，达到了两方都可接受的中间状态。从请托者的角度讲，可能也并不认为这是违法犯罪行为或较严重的违法犯罪行为，如王畿为理学家，却认为"学当致知见性而已，应事有小过不足累"，故"在官弗免干请"〔2〕。

第六节　对拒惩请托的评价

拒绝、惩处请托，本是官员应守的法律、应尽的职责，但真正做到者却常被看作是少见的名臣而特书于《明史》，如李骥、倪岳、周寅、海瑞、张悦、周广、张璨、古朴、王与龄、诸寿贤、赵南星、徐石麟等。史上严拒请托者当然远不止上述所列，但与整个官僚队伍相比，仍属凤毛麟角。特书于史籍，说明真正拒绝是一般人难以做到的，更遑论惩处。

这些评价基本属于正面。如果严拒请托、秉公行事，则易招怨。嘉靖时平度知州周思兼在《胶东二高士》中言清苑知县张钺："公性刚愎，与物多忤，有请托者非特勿听，且加罪焉，人以是多怨公。"〔3〕加罪请托者本为依法执行（当然不知是否依律量刑），却被认为是"与物多忤"并怨恨，可见众人并不认为这是依法办事，张钺自己恐怕也不见得就是从律文出发而可能只是一种"法律直觉"（西汉以来一直有加罪请托者的例子）。

〔1〕　（明）张居正：《张太岳先生文集》卷三五《报知己顾东桥李长白与诸公书·与南学院吴初泉》，第1页（明万历四十年唐国达刻本；"鼎秀"，第778页）。
〔2〕　《明史》卷二八三《王畿传》，第4861页。
〔3〕　黄宗羲编：《明文海》卷四〇七，中华书局1987年版，第4240页。

更有甚者，严拒请托者常被视为偏执迂阔。如海瑞清廉自介、勇于直谏、飙发凌厉，做得很彻底，但参劾者谓其"迂滞不达政体""鱼肉搢绅，沽名乱政"[1]，《明史》也谓其"意主于利民，而行事不能无偏云"[2]。其他如王翱、王竑等人在《明史》本传中都有类似评价。

在人情层层包裹的社会中，真正做到清廉无私是非常难的，因为人情本就是正常人的一部分，若严守法律就得不讲人情、不近人情，往往就得变成"非正常人"，不免偏执峭刻，或者说，往往只有偏执峭刻之人才能做到严守法律。这样轻则不利于自身的正常生活（如为拒请托而歇宿公门），重则影响施政，其实也违背了立法的本意，无法为大多数官员所效法。对于一般的正直官员来说，如何既做到清廉，不受请托过多干扰，又能遂顺人情，协调情与法、清与偏的矛盾，便成为很现实的问题。

这种认为严拒请托违背人情的心理，还体现在一些人因请托遭拒而怀恨诽谤、打击报复的做法上。拒绝请托，轻则引起对方不悦，如"严拒请托，同事者咸不悦"[3]，"杜绝请托，势家多不快"[4]，"权要请托，一切报罢，以是人多不悦，而亦不能毁也"[5]。拒绝请托，中则造成怨恨毁谤，如"请托既绝，谤议实繁"[6]，"或有请托不行，则怨谤立致矣"[7]，"迂执绳墨之论，严杜请托之窦，即高才之挂漏者少而流俗人之不合者多，非非誉誉，固所不免"[8]。拒绝请托最严重的后果，是导致构陷伤害，如陆伟成化时为山西泽州知州，"与夫请托一切不行，因相与衔之，嫁祸于公，嗾宗室诬奏数

---

[1] 《明史》卷二二六《海瑞传》，第3958页。

[2] 《明史》卷二二六《海瑞传》，第3959页。

[3] 《明史》卷一八二《王恕传》，第3216页。

[4] （明）陶望龄：《歇庵集》卷一五《谱传·世传第六》，第42页（明万历乔时敏等刻本；"鼎秀"，第732页）。

[5] （明）王鏊：《震泽集》卷二八《志铭·福建布政使左参政姜公墓志铭》，《景印文渊阁四库全书》第1256册，第426页。

[6] （明）娄坚：《学古绪言》卷一九《祭文十一首·祭殷职方公文》，《景印文渊阁四库全书》第1295册，第221页。

[7] （明）胡世宁：《胡端敏奏议》卷八《顾大体以平刑政疏》，《景印文渊阁四库全书》第428册，第687页。

[8] （明）黄汝亨：《寓林集》卷二八《书牍·与方孟旋》，第41页（明天启四年吴敬、吴芝等刻本；"鼎秀"，第1131页）。

事，下三法司勘谳"〔1〕；萧鸣凤嘉靖时以河南按察副使主持学政，有内阁大
臣为子弟甥婿请托遭拒，"嗾言事者劾先生，连及广东提学副使魏先生校"〔2〕；
袁继咸崇祯时为山西提学佥事，巡按御史张孙振"以请属不应，疏诬继咸赃
私事"〔3〕，致其被逮。自汉代以来，这种情况就不绝于史。

　　请托被拒或被惩办，往往会认为是对方不给面子、故意为难或小题大做，
因此容易遭到普遍、恶劣的怨恨报复；若是行贿被拒，或贪赃被法办，则怨
恨报复总体上没有如此广泛和严重。很多人都担心因拒绝请托而被报复，"夫
能者不听，又多尊官显人，怵其怀怨而中也"〔4〕。这种情况如此普遍，以致
缙绅稍有谬论不满，即被怀疑是因请托不遂而打击报复，"今缙绅一有雌黄，
则曰此请托不行，挟私怨而为之也"〔5〕。

第七节　对明代官员执行请托罪法的思考

　　对于请托盛行所造成的危害，正直官员有清醒认识："所谓士不修己而以
干进为事，不务率职而以请托为先，习俗日坏，人材日衰。欲相与隆至治，
胡可得哉?"〔6〕因此，"奔竞风息，请托路绝"一直是有远见的君主和正直官
员的理想。

　　但由上可以看出，明代虽有请托罪法，但真正被绳之以法的请托行为只
是很少数，其中大多数只惩处受托者，连带惩处请托者的又是少数，况且已
经实施的惩处常沦为陷害报复或投机钻营的手段；更多的正直官员对请托者
是拒而不惩，一些杜绝的制度得不到拥护和贯彻，举报的要求更少有人实行，

　　〔1〕　（明）杨廉：《杨文恪公文集》卷六二《碑志·泽州知州钱塘质庵陆公墓志铭》，第16页
（明刻本；"鼎秀"，第1027页）。
　　〔2〕　（明）薛应旗：《方山先生文录》卷二一《墓表墓碣铭墓志铭·静庵萧先生墓表》，第3页
（明嘉靖三十三年东吴书林刻本；"鼎秀"，第415页）。
　　〔3〕　《明史》卷二七七《袁继咸传》，第4737页。
　　〔4〕　（明）黄省曾：《五岳山人集》卷二六《序十一首·送田子提学湖广序一首》，第21页（明
嘉靖间刻本；"鼎秀"，第405页）。
　　〔5〕　（明）赵用贤：《松石斋集》卷二四《尺牍·复申相公》，第37页（明万历刻本；"鼎秀"，
第705页）。
　　〔6〕　（明）孙懋：《孙毅庵奏议》卷上《崇廉耻以正士风疏》，《景印文渊阁四库全书》第429
册，第300页。

甚至主张接受较轻微的请托；严拒请托者常被视为不近人情，易受到怨恨报复。这些都说明请托罪法并没有得到较好的执行，没有成为官员普遍的法律意识。即便是君主，对禁绝请托也并不都有明确的认识，特别是在涉及亲近之人时常有庇护，并不绝对地认为其损害法制、威胁自身君位安全。即便是有为的君主，对于请托盛行也常无可奈何。虽然君主和官员都一再申禁并颁布了大量抑制措施，但往往只用于一时一地，一直没有形成长期有效的制度，或者有制度也得不到贯彻。

法律没有被很好地执行，本是明代以至古代社会的常见现象，但请托罪法尤其明显，是明代最没有被严格执行的法律之一。究其原因，一是请托本身隐蔽性较强而不易被发现认定，当事者是出于公心还是私心也常无从求证；二是权力过分集中，缺乏有效监督，请托一人即可成事，使其极易普遍盛行；三是政府的总体执法能力较弱。不过更深层的原因是将请托完全推到人情的对立面加以打击，显然较大程度地脱离了中国古代的社会文化特点，不符合一般民众的心理，实施者和执法者普遍都不认为请托是违法犯罪行为或较严重的违法犯罪行为，使其常成为一纸空文，这恐怕是立法者始料未及的。如何协调情与法、民众观念与国家利益，制定更为切实可行的请托罪法，值得深思。

第七章　清代皇帝对请托的认识与治理

一如明代皇帝，清代皇帝对请托也进行综合治理，而且清代皇帝对请托的本质、类别、危害等的认识更准确、深刻，所制定的预防、举发、惩处措施也更全面和富有针对性。

第一节　清代的请托罪立法

清代系统的成文法是《大清律例》。顺治三年（1646）修成《大清律例集解附例》，基本承袭《大明律》。康熙九年（1670）另修订成《现行则例》。雍正时将《大清律集解附例》与《现行则例》"逐年考证，重加编辑"[1]，变更体例，成《大清律集解》，于雍正六年（1728）颁行。乾隆五年（1740）重新修成《钦定大清律例》，法律条款包括律文与条例，成为清代最为系统和最具代表性的成文法典，一直沿用到清末，律文未曾改动，只是增改条例。

《大清律例》继承《大明律》，在《刑律·杂犯》中有"嘱托公事"条，为专门针对请托的律条，也是惩处请托的主要依据。具体如下：

> 凡官吏诸色人等，或为人，或为己。曲法嘱托公事者，笞五十。但嘱即坐。不分从、不从。当该官吏听从而曲法者，与同罪；不从者，不坐。若曲法事已施行者，杖一百。其出入所枉之罪重于杖一百者，官吏以故出入人罪论。若为他人及亲属嘱托以致所枉之罪重于笞五十者，减官吏罪三等。自嘱托己事者，加所应坐本罪一等。
>
> 若监临势要曲法为人嘱托者，杖一百。所枉重于杖一百者，与官吏同故出入人罪。至死者，减一等。
>
> 若曲法受赃者，并计赃通算全科以枉法论。通上官吏人等嘱托者，及当

---

〔1〕　田涛、郑秦点校：《大清律例·点校说明》，第3页。

该官吏并监临势要言之。如不曲法而受赃者，只以不枉法赃论；不曲法又不受赃，则俱不坐。

若官吏不避监临势要，将嘱托公事实迹赴上司首告者，升一等。吏候受官之日，亦升一等。

除以上律文外，还补充了一条条例：

一、民人附合结党、妄预官府之事者，杖一百。如有降调黜革之员贿嘱百姓保留者，审实，将与受官民俱照枉法赃治罪。[1]

以上条文基本袭自《大明律》，个别地方的注释更为明确。《大清律例》又将明代《问刑条例》《明会典》中的一些相关规定融入相应的律例中，使体例更为合理，惩处力度与《大明律》基本相同。此外，《大清律例》其他条款中有些增加了惩处请托的内容。总体而言，《大清律例》中的请托罪法较《大明律》有所发展。

以上是无财请托的条文，《大清律例》之《刑律·受赃》还有"有事以财请求"条，内容如下：

凡诸人有事，以财行求，官吏欲得枉法者，计所与财，坐赃论。若有避难就易，所枉法之罪重于与财者，从重论。其赃入官。其官吏习蹬，用强生事，逼抑取受者，出钱人不坐。避难就易，谓避难当之重罪，就易受之轻罪也。若他律避难，则指难解钱粮、难捕盗贼皆是。

另有条例：

一、凡有以财行求，及说事过钱者，审实，皆计所与之赃，受财人同科。仍分有禄、无禄，有禄人概不减等，无禄人各减一等。其行求、说事过钱之人，如有首、从者，为首，照例科断；为从，有禄人听减一等，无禄人听减二等。如抑勒、诈索取财者，与财人及说事过钱人俱不

---

[1] 田涛、郑秦点校：《大清律例》卷三四《刑律·杂犯》"嘱托公事"，第535—536页。

坐。至于别项馈送，不系行求，仍照律拟罪。[1]

由上可见，有财请托按贪赃论，刑罚重于单纯的请托，按《刑律·受赃》"官吏受财"条规定，若枉法受财十五两即杖一百，八十两即绞监候。[2]

除《大清律例》规定外，乾隆二十九年（1764）修成《大清会典则例》，其卷一四《吏部·考功清吏司·营私》"馈送嘱托"条收录了康、雍、乾三朝皇帝关于禁止请托的 14 条诏谕，也具有法律作用。其中基本形成定例的提法是官员请托照不谨例革职，若受托不举报则照受嘱不报例革职，[3]这与《大清律例》的规定有所不同。

第二节　顺治帝：更胜一筹的请托治理者

顺治帝是清入关后的第一位皇帝。顺治帝六岁即位，因和硕睿亲王多尔衮以摄政王身份独揽朝纲，他"惟拱手以承祭祀"[4]，不过是一介傀儡。直至顺治七年（1650）十二月多尔衮去世，顺治帝方始亲政。这里主要探讨顺治帝亲政后对请托的治理。

顺治帝喜欢汉文化，崇拜明太祖，亲政后，"卓有成效地推行了'法明'政策，在许多方面修复了明朝万历以前的旧制"[5]。而顺治帝对于请托的治理，既沿袭了明代皇帝的做法，又自出机杼，有所创新，显示出更胜一筹的特点。

一、重点预防身份特殊者的受托行为

明代皇帝对请托的预防是"随事而治"，即察觉某一领域已然发生或预感可能发生请托，下谕禁止或接受臣子建议加以预防，事后很少再针对此类请托"追加"相关措施。顺治帝则不然，他对请托的预防是"因人而治"，即

---

〔1〕　田涛、郑秦点校：《大清律例》卷三一《刑律·受赃》"有事以财请求"，第 501 页。

〔2〕　田涛、郑秦点校：《大清律例》卷三一《刑律·受赃》"官吏受财"，第 495 页。

〔3〕　（乾隆）《大清会典则例》卷一四《吏部·考功清吏司·营私》"馈送嘱托"，第 28—33 页。

〔4〕　《清世祖实录》卷八八"顺治十二年春正月戊戌"，第 3 页。

〔5〕　王廷元："顺治帝与清初的'法明'政策"，载《社会科学辑刊》1984 年第 5 期，第 117 页。

对身份特殊者制定专门的措施加以预防，并根据实际情况不断补充、调整。顺治帝所关注的身份特殊者主要有巡按御史、提学官、科道官、宦官。

（一）巡按御史

巡按御史一职，明洪武间即已有之，永乐间成为定制。巡按御史"代天子巡狩"、纠察地方，虽位卑但权尊，成为官民，特别是枉法者请托的主要对象。如何防止其受托而曲枉正义，就成为明清统治者思虑的问题。

为"察吏安民"、加强对地方的治理，顺治帝亲政后不久即一举恢复多尔衮时代所停止的巡按制度，定期向全国派遣巡按御史。但巡按御史不断爆出各种丑闻，迫使顺治帝不得不屡派屡停。[1]但无论派、停，其中都渗透了顺治帝对巡按御史一职的重视，为预防其受托而做的努力。这一点，在其亲政后第一次派遣巡按御史时表现得尤为明显。

此次派遣，顺治帝方始亲政四月，正是意气风发、挥斥方遒之时。派遣前，他做了大量准备工作，其中就包括对巡按御史受托的预防；派遣后，又根据实际情况，屡加补充、调整。

1. 派遣前

顺治八年（1651）三月癸巳，顺治帝谕各巡按御史：

> 朝廷遣御史巡方等差，原为察吏安民。向来所差御史，受贿赂、徇嘱托，身已贪污，何能察吏？不能察吏，何以安民？兹新经甄别留差各官，岂尽粹白无瑕？亦姑用以俟自新。自今以后，各宜洗心涤虑，振作精神。[2]

在揭示以往巡按御史"受贿赂、徇嘱托"劣迹的基础上，顺治帝对此次所派御史提出希冀："洗心涤虑，振作精神。"而"姑用以俟自新"既透露出顺治帝的良苦用心，又包含着些许无奈——不信任御史的品行，却又不得不

---

[1] 据吴建华"清初巡按制度"（《故宫博物院院刊》1987年第2期，第3—4页），顺治帝在位期间，共三次派、停巡按：第一次是从顺治八年（1651）四月至十年（1653）五月，为期两年；第二次是从顺治十二年（1655）七月至十七年（1660）七月，为期五年；第三次是从顺治十七年（1660）十一月至十八年（1661）五月，为期近六个月，中经顺治帝驾崩。

[2] 《清世祖实录》卷五五"顺治八年三月癸巳"，第9页。

用。这是顺治帝预防巡按御史受托的第一种措施——谕旨禁止。接下来，他又指出：

> 如都察院条奏禁约：一经点差，即不得见客，不收书，不用投送书吏、员役，不交接、宴会、饯送。一出都门，毋稽时日，沿途及境内私书私馈，概不得滥行收受。又轮用府州县书吏、快手，事竣即行遣回。凡巡按旧书吏、承差名缺，一概不留。不许设中军听用等官，不许用主文代笔，不许府州县运司等官铺设迎送。不许假借公事，滥差员役下府州县。不许拿访，不许拔用富豪官吏。诸如此类，难以枚举。[1]

"都察院条奏禁约"属于臣子建议，这是顺治帝预防巡按御史受托的第二种措施。在谕旨禁止请托的同时，顺治帝还要求遵守"都察院条奏禁约"，展示了君臣在预防请托方面的合作。

顺治帝进一步要求：

> 各差御史，将此敕谕入境三日内誊黄刊刻。每一司道发十张，每一府州县各发十张，遍示在城、在乡绅士人民等。如不刊刻、不遍发，经都察院察纠，即以违旨论。[2]

将禁止巡按御史受贿、受托的规定，以榜文的形式告知天下——这实际上扩大了对巡按御史受贿、受托行为的监督，可更好地实现预防的目的。此为顺治帝预防巡按御史受托的第三种措施——榜文示禁。

顺治帝又谕：

> 御史为朕耳目之司，所以察民疾苦及有司之贤、不肖也。临差之时，必令陛见。朕将地方兴利除弊事宜面谕遣之，使伊等得亲承戒谕，始能勤修职业。卿等可传知都察院，令以后遵行。[3]

---

〔1〕《清世祖实录》卷五五"顺治八年三月癸巳"，第9页。
〔2〕《清世祖实录》卷五五"顺治八年三月癸巳"，第10页。
〔3〕《清世祖实录》卷五五"顺治八年三月癸巳"，第10页。

在此，顺治帝下旨增加陛辞这一环节，使巡按御史有机会"亲承戒谕"——不得受贿、受托之诫，并成为定制。此为顺治帝预防巡按御史受托的第四种措施——陛辞告诫。如果说前三种预防措施表现了顺治帝强硬的一面，那么第四种预防措施则展示了其怀柔的一面。

从第一次派遣前的谕旨可见，顺治帝为预防巡按御史受托，制定了谕旨禁止、臣子建议、榜文示禁、陛辞告诫等多种措施。以往很少有皇帝针对请托一次性出台如此多的预防措施，可见顺治帝对巡按御史受托行为的重视以及除弊务尽的决心。

2. 正式派遣

顺治八年（1651）四月己酉，顺治帝御太和殿，正式派遣巡按御史，谕曰：

> 朕命尔等巡按各省，原为民生计也。尔等果能公廉自矢，为朕爱养斯民，使得安享太平，自当升赏；若贪婪害民，必行治罪。[1]

告以"公廉自矢"，自然包括不受请托。在此，顺治帝预防巡按御史受托的第四种措施——陛辞告诫得以实现。其优势在于，臣子身处庙堂、近睹天颜，告以勿受请托之诫，其内心激荡的情感最真切，印象最深刻。

大规模派遣巡按御史时，顺治帝通过陛辞，告以勿受请托；派遣一人时，亦如此行事。顺治八年（1651）八月丙寅，山东道监察御史刘嗣美被遣巡按山西。[2]甲戌，顺治帝召见之：

> 朕以尔为耳目简任巡方。尔其仰体朕意，察吏安民，清公自矢，则有司皆以尔为楷模，而循吏必多矣。[3]

可见顺治帝对陛辞告诫这一预防请托措施的重视。

3. 派遣后

派遣后，顺治帝还根据实际情况，补充了第五种预防巡按御史受托的措

---

[1]《清世祖实录》卷五六"顺治八年夏四月己酉"，第6页。
[2]《清世祖实录》卷五九"顺治八年八月丙寅"，第17页。
[3]《清世祖实录》卷五九"顺治八年八月甲戌"，第19—20页。

施——回应臣子，即通过批复臣子的不受请托的表忠，来预防请托。

顺治十年（1653），金之俊调任左都御史，上《申明宪职疏》，言自己与诸巡按御史所约不受请托、贿赂之誓："臣今莅任之初，请与诸御史约：其遇差也，务要一循差规，不许钻营趋避，那移一毫；其差回也，务要两袖清风，不许沿习陋规，馈送一物。至于奉命出差之日，务要恪遵顺治八年三月内，上传敕谕各巡按监察御史事理，实实奉行。"[1]一旦有违，则依律纠举，不得包庇："倘臣与内外大小各衙门私通一馈问、私接一书札，或于差出御史有所嘱托，许诸御史即据实参臣，勿以堂属避嫌。如诸御史有不遵上传、不守宪纲禁约，及立言无为国为民之实、有党同伐异之私，臣悉当一一直纠，断不敢避怨市恩，稍有瞻徇。"内涵丰富，忠心可鉴。顺治帝热情批复："览卿所奏，具见忠贞之心。须及时力行，以副朕望。该衙门知道。"[2]前文言明神宗曾不积极回应臣子举发、惩处请托等弊的誓言，此外熹宗面对臣子不行请托的表白时，也反应冷淡——"以后升除推用，一循资望，务着实行。有故违请托的，指名参奏"[3]，均与顺治帝的热情鼓励形成鲜明对比。

前文言"无论派、停，其中都渗透了顺治帝对巡按御史一职的重视，为预防其受托而做的努力"，乃针对顺治帝亲政后第二次停止巡按制度而言。顺治十七年（1660）六月，都察院条奏巡按御史"每年一遣，诚觉徒劳。请停止巡方之差，俟二三年后选择重臣差往巡察"[4]。顺治帝因事关重大，几次令议政王贝勒大臣、九卿科道等会议。后议政王贝勒大臣等具奏巡按御史受托不可避免——"每年轮遣，该地作奸之辈豫知应差班次，方未出京时，即有嘱托、行贿等弊。出京之后，颠倒贤否，草率塞责，势有难免"。这一点打动了顺治帝，下谕停止巡按制度，以使"作奸者不能豫知，而嘱托、行贿之弊可以杜绝"[5]。

---

〔1〕（清）金之俊：《金文通公集》卷三《总宪疏草·申明宪职疏》，第3—4页（清康熙二十五年怀天堂刻本；"鼎秀"，第754—755页）。

〔2〕（清）金之俊：《金文通公集》卷三《总宪疏草·申明宪职疏》，第4页（清康熙二十五年怀天堂刻本；"鼎秀"，第755页）。

〔3〕《明熹宗实录》卷五六"天启五年二月壬寅"，第2582页。

〔4〕《清世祖实录》卷一三七"顺治十七年六月下甲辰"，第8页。

〔5〕《清世祖实录》卷一三八"顺治十七年秋七月庚辰"，第11页。

（二）提学官

提学官是掌管地方教育行政的长官，明代正统时始设。北、南两直隶各置一员，由御史充任；十三布政司各置一员，由按察使、副使或佥事充任。[1]清初沿明制，后改称提督学政，仍为掌管地方教育行政的长官。

科举考试是国家选拔人才的基石，事关国家治理成效，也关系到个人的人生命运走向。因录取比例较低，向来是请托的重灾区。顺治帝看重提学官"考试生童，拔其文行优长者以储国用"的功能，也注意对其受托行为加以预防。

顺治九年（1652）十月癸丑，顺治帝召江南督学御史杨义、巡仓御史张文炳，谕之曰：

> 督学御史之设，原为考试生童，拔其文行优长者以储国用。迩闻不论文行，但徇情面，殊亏学臣职掌。今遣尔督理学政，其生员应严加考试，文义不通者，概行黜退。童生入学，亦必视其文行优长，方行收录。若仍蹈旧习，事发，重处不宥。[2]

此是以谕旨禁止的形式预防提学官的受托行为。

顺治十年（1653）四月甲寅，顺治帝谕礼部：

> 提学官未出都门，在京各官开单嘱托。既到地方，提学官又访探乡绅，子弟亲戚，曲意逢迎，甚至贿赂公行，照等定价。督学之门，竟同商贾。……白丁豪富，冒滥衣巾；孤寒饱学，终身淹抑。以及混占优免、亏耗国课，种种积弊，深可痛恨。今后提学御史、提学道俱宜更新惕励，严察前项冒滥，尽行裁革。[3]

鉴于提学官受托的实际情况，要求其今后"俱宜更新惕励"，仍是以谕旨禁止的形式预防受托。

---

[1] 参见王庆成："清代学政官制之变化"，载《清史研究》2008年第1期，第74页。
[2] 《清世祖实录》卷六九"顺治九年冬十月癸丑"，第6页。
[3] 《清世祖实录》卷七四"顺治十年夏四月甲寅"，第9页。

（三）科道官

科道官作为专职监察队伍，打铁先须自身硬，在清廉守法方面有着较其他官员更高的要求，也是极易受托的官员，明时甚至在党争中占优势而大肆受托。顺治帝很重视对科道官受托行为的预防。

顺治十三年（1656）正月戊戌，候旨考选科道唐德亮、刘履旋等二十人引见。"引见"是"中下级官员由王公大臣引领面见皇帝的形式"〔1〕，出现得较早。清代引见特指京官五品以下、外官四品以下，授官时文官由吏部、武官由兵部带领朝见皇帝。顺治帝谕曰：

> 尔等科甲出身，文章娴习，不必再加考试。……科员内，纳贿徇情、受人嘱托条奏、结党同谋者亦复不少。此等弊窦，从何而生？应如何整饬，可使积弊尽除？尔等怀抱有素，其各抒所学条对。〔2〕

于科道官引见时，询问科员受托行为的产生原因、治理途径等，此为顺治帝预防科道官受托的第一种措施——引见询问。

顺治帝预防科道官受托的第二种措施是日常下问。顺治十四年（1657）十月乙酉，顺治帝慰问南苑骑射坠马的臣子，众臣赞："诚仁德之主也！圣恩如此，孰不捐躯图报？"顺治帝顺势命众臣坐，道：

> 朕年来屡饬科道各官，据实陈奏，以广言路。乃不抒诚建议，或报私仇，或受嘱托，或以琐细之事渎陈塞责。虽巧饰言词，而于国家政治有何裨补？〔3〕

因臣子表示愿"捐躯图报"，顺治帝遂趁势表达对科道官报私仇、受嘱托等行为的失望，言外之意，即希望眼前的科道官能够摒弃请托等痼疾，一心为国。顺治帝能够于日常生活中寻找时机感化科道官，预防受托，可见其对请托的重视与用心之苦。

---

〔1〕　黄十庆："清代的引见制度"，载《历史档案》1988 年第 1 期，第 79 页。
〔2〕　《清世祖实录》卷九七"顺治十三年春正月戊戌"，第 5—6 页。
〔3〕　《清世祖实录》卷一一二"顺治十四年冬十月乙酉"，第 7 页。

（四）宦官

近侍宦官作为与皇帝相处时间最长的人，又常代天子宣诏，常受皇帝宠幸、信任，渐有权柄，多有请托、受托之行。顺治帝重视对宦官此类行为的预防。

明太祖建国之初，吸取汉唐两朝宦官为害的历史教训，在宫门置铁牌，镌刻"内臣不得干预政事，预者斩"[1]的严厉警告。但他的后世子孙却违背这一警告，宠信宦官，授以权柄，宦官遂祸乱朝纲，成为明代一大祸患。也许"顺治帝有足够的自信，认为自己不会重蹈明朝皇帝的旧辙，完全有能力控制宦官的活动"[2]，于顺治十年（1653）设置十三个宦官机构，翌年组建完毕，称"十三衙门"。

顺治帝预防太监请托、受托的第一种措施是铁牌示禁。顺治十二年（1655），他效法明太祖，命工部铸十三衙门铁牌，立于交泰殿，警告宦官不得行请托、受托等事："朕今裁定内官衙门及员数、职掌，法制甚明。以后但有犯法干政，窃权纳贿，嘱托内外衙门，交结满汉官员，越分擅奏外事，上言官吏贤否者，即行凌迟处死，定不姑贷。特立铁牌，世世遵守。"[3]

但这样的警告并未奏效。顺治十五年（1658），内监吴良辅交通官员、作弊纳贿案发。吴良辅同时供出都督同知王之纲、巡视中城御史王秉乾亦有结交通贿、请托营私情节，并且"其余行贿钻营，有见获名帖、书柬者，有馈送金银、币帛等物者"。顺治帝认为"若俱按迹穷究，犯罪株连者甚多"，因此仅惩处吴良辅、王之纲等人，而将其他人"姑从宽，一概免究"，但要求今后痛改前非，否则"必从重治罪，决不宽贷"。为了避免今后此类案件再次发生，顺治帝要求吏部"速刊刻告示，内外通行严饬"[4]。此为顺治帝预防太监请托、受托的第二种措施——榜文示禁。

巡按御史考察地方事务，提学官掌各省学政，科道官监察朝廷百官，太监接近皇帝，任职的特殊性决定了他们身份的特殊，一旦请托、受托，其害

---

〔1〕《明史》卷三〇四《宦官传一》，第5199页。
〔2〕李全伟："顺治帝与十三衙门"，载《玉林师专学报》1997年第2期，第34页。
〔3〕《清世祖实录》卷九二"顺治十二年六月辛巳"，第8页。
〔4〕《清世祖实录》卷一一五"顺治十五年三月甲辰"，第9页。

较其他官员更甚。顺治帝专门制定措施加以重点预防，非常必要。

二、重点预防特殊领域的请托行为

顺治帝重点预防科考、荐举领域的请托行为，曾严斥打着师生旗号请托、舞弊的行为——"制科取士、课吏荐贤，皆属朝廷公典，原非臣子可借以罔上行私、市恩报德之地。至于师生称谓，必道业相成，授受有自，岂可攀援权势，无端亲昵？近乃陋习相沿，会试、乡试考官所取之士，及殿试读卷、廷试阅卷、学道考试优等、督抚按荐举属吏，皆称门生。往往干谒于事先，径窦百出；酬谢于事后，贿赂公行"〔1〕，要求："以后内外大小各官，俱宜恪守职掌，不许投拜门生。如有犯者，即以悖旨论罪。荐举各官，俱照衙门体统相称。……如揭榜后有仍前认作师生者，一并重处不贷。"〔2〕这种由科考而形成的师生关系，既有传统尊师重教思想的影响，也是考生做官后失去血缘、地域人际依托而迫切建立新的人际关系网络的现实需求，故常盛行不绝，成为夤缘请托的常见途径，甚至促成朋比结党，危害司法、行政清明以及统治稳固。顺治帝的严厉打击是必要的，其后皇帝也多有类似禁谕。

顺治十四年（1657）顺天乡试中，同考官李振邺、张我朴等接受请托，收受贿赂，大肆捞钱。案发，李振邺等被判斩立决。顺治十五年（1658）会试前，顺治帝要求礼部"刊刻榜文"，严禁请托："今会试大典，尤当深重。考试官、同考官及天下举人，若不洗涤肺肠、痛绝情弊，不重名器、不惜身命，仍敢交通嘱托、贿买关节等弊，或被发觉，或经科道指参，即将作弊人等，俱照李振邺、田耜等重行治罪，决不姑贷。尔部即刊刻榜文，遍行严饬，使知朕取士厘奸至意。"〔3〕为了避免即将到来的会试中再次出现贿赂、请托等弊，顺治帝援引上年顺天乡试中的教训告诫臣民，并通过榜文的形式使天下周知，此预防措施可谓富有针对性。

历代治理请托的经验、教训表明，科考、荐举是请托的高发区，顺治帝重点预防这两个领域的请托行为，比较明智。

---

〔1〕《清世祖实录》卷一〇六"顺治十四年春正月戊午"，第8—9页。
〔2〕《清世祖实录》卷一〇六"顺治十四年春正月戊午"，第9页。
〔3〕《清世祖实录》卷一一四"顺治十五年春正月甲寅"，第8页。

三、建立认识、预防、举发"三位一体"的请托治理模式

以往明代皇帝对请托的认识以及预防、举发措施，多针对不同领域的请托行为分别而发。顺治帝则集于一身，即在认识身份特殊者——巡按御史、提学官受托危害性的同时，制定相应的预防措施，提出相应的举发要求，从而建立起认识、预防、举发"三位一体"的请托治理模式。关于预防措施，前文已作了梳理，这里重点探讨其对巡按御史、提学官受托危害性的认识以及相应的举发要求。

（一）巡按御史

顺治帝亲政后第一次派遣巡按御史，同样是这方面的鲜明代表。在派遣前的谕旨中，他指出："身已贪污，何能察吏？不能察吏，何以安民？"阐发了巡按御史受贿、受托的危害性。接下来，他又指出：

> 若御史有故违前项禁约，许总督、巡抚即行纠举，都察院堂官尤宜督责，河南掌道等官时时察访。勿拘巡方月日，不待回道考核，有真心实政，先行奏闻，特旨褒嘉；有不遵禁约，贪肆怠玩，先行参劾，请彻治罪，另差赴代。[1]

这实际上涉及了对巡按御史受贿、受托行为的举发。巡按御史"代天子巡狩"，上可弹劾督抚、总兵，下可纠举州县、书吏，权力很大。顺治帝在倚重的同时，还将其置于总督、巡抚、都察院堂官、河南掌道等官的监督之下——要求参劾其中"不遵禁约"者，无疑强化了对巡按御史的制约与威慑。

（二）提学官

顺治帝对提学官受托行为的治理，同样体现了认识、预防、举发"三位一体"的特点。

对于提学官受托的危害性，顺治帝作了比较全面的揭示："白丁豪富，冒滥衣巾；孤寒饱学，终身淹抑。以及混占优免、亏耗国课，种种积弊，深可痛恨。"即提学官受贿、受托滥取，不仅使不学无术者得到功名、饱学之士转

---

〔1〕《清世祖实录》卷五五"顺治八年三月癸巳"，第9页。

而被埋没压抑，还有害于国家，因为国家对生员、举人在赋役方面有优免政策。

在此基础上，顺治帝对督抚、巡按提出举发提学官受托行为的要求："督学诸臣如有仍蹈前弊，并自甘不肖、以试士为市者，许督抚、巡按指实参奏。"[1]巡按有纠察百官之责，请托行为事涉不法，恰在纠察范围之内。明确对巡按提出举发请托的要求，可以说强调了职责，引起了重视，有利于对请托的治理。顺治帝还进一步强调："如督抚、巡按徇情不参，听礼部、都察院、礼科纠劾，一并重处。"[2]要求礼部、都察院、礼科举发督抚、巡按的受托包庇行为。环环相扣，务使请托无处遁形。

顺治帝对巡按御史、提学官等身份特殊者，建立认识、预防、举发"三位一体"的请托治理模式，更有利于提高治理实效。

四、对请托敏感

对请托敏感是指在无人举发的情况下，皇帝自己怀疑有请托发生。明代皇帝较少怀疑臣子请托，即便有人举发，也多不予理会，顺治帝却反其道而行之。

顺治十四年（1657），左都御史魏裔介等疏请统一世职。顺治帝认为"世职应袭与否，皆已定之事"，魏裔介等所言含糊两可，须明白覆奏。结果魏裔介等不能明白覆奏，反加遮饰。顺治帝遂怀疑："明知久行定例，辄请更改，其中岂无受托市恩情弊？"[3]当时承袭世职者一般为满人，而魏裔介等以汉官身份上奏，故顺治帝怀疑是受人指使。面讯时，魏裔介、傅维鳞称："此事汉官实未深知，系能图等先具满字稿，翻出令看，因而列名，并不知受人嘱托情由。"[4]后经查此事确无请托情弊，但参与的满汉诸臣还是因"妄陈条奏、变乱成例罪"[5]受到革职、降级等处分，这可以看作是顺治帝借机对潜在请托行为的"敲打"。在无人举发的情况下，顺治帝仅凭臣子的奏议，就怀疑有

---

〔1〕《清世祖实录》卷七四"顺治十年夏四月甲寅"，第9页。
〔2〕《清世祖实录》卷七四"顺治十年夏四月甲寅"，第9—10页。
〔3〕《清世祖实录》卷一一〇"顺治十四年秋七月丙午"，第7页。
〔4〕《清世祖实录》卷一一〇"顺治十四年秋七月丙午"，第8页。
〔5〕《清世祖实录》卷一一〇"顺治十四年秋七月丙辰"，第11页。

请托发生，可见其对请托的敏感与提防之心。

顺治十七年（1660），吏部覆福建巡按李时茂举劾方面官疏，称道员宋杞、宋可法、法若真"历俸俱未满一年，不准注册。开荐不合，例应听都察院考核"。一般巡按御史"差满例应荐举"，但宋杞等人并不具备被荐资格，李时茂此举显系违例。吏部给出开荐不合的意见，乃依例而行。但顺治帝并未宽慰于吏部对此事的妥善处理，而是追查李时茂违例荐举的背后原因，怀疑有请托发生——李时茂"身任巡方，荐举定例，岂有不知"，宋杞等"不应荐而获荐，其中岂无请托情弊"[1]，要求吏部严察议处。顺治帝由吏部的回复意见顺藤摸瓜，怀疑所办事务中可能有请托发生，可见其对请托的提防已臻相当程度。

作为一国之君，对政治领域的事态保有一定的敏感是必须的，这是对皇权的一种保护。顺治帝对请托的敏感，反映了其较强的责任心，这一点对后世清帝有较多影响。值得注意的是，清初满人汉化尚不充分，顺治帝对请托，尤其是对汉族官员请托的警惕心理，实际上也反映了他类似忽必烈"汉人徇私"的认识。直至雍正帝，依然存在汉族士人易于结党徇私的观念："尔等汉人于同年、师生之谊，党比成风，平日则交相固结，有事则互相袒护，夤缘请托，背公徇私。"[2]顺治帝对请托的警惕、预防之心，自有其所处时代及民族文化差异的缘由。

五、对请托由从重、从轻惩处走向依法惩处

明代皇帝对请托以宽宥为主，个别皇帝如宣宗、宪宗、神宗有依法惩处之时。顺治帝对请托由从重、从轻惩处，走向依法惩处。

（一）从重惩处

顺治帝从重惩处请托体现在巡按御史身上。

顺治帝亲政后对巡按制度的第一次恢复，因巡按御史"多受属员献媚，

---

[1]《清世祖实录》卷一四二"顺治十七年十一月甲子"，第10页。
[2] 雍正四年十二月十二日，"着严禁科甲同年师生夤缘请托朋比营私事上谕"，转引自张书才"查嗣庭文字狱案史料（下）"，载《历史档案》1992年第2期，第21页。

参劾无闻"[1]，没有发挥应有的作用，于顺治十年（1653）五月停止。此后，"留滞地方"[2]的巡按御史陆续曝出"违法市恩，欲为贪官胡必泓等脱罪"[3]，"追赃援赦徇庇"[4]，"徇庇学臣黄日祚及违例收用旧承差"[5]，"饰词冒功"[6]丑闻。其中的"市恩""徇庇"可能是受托徇私，也可能是主动愿为的瞻徇或回护。

这使顺治帝意识到对于巡按御史的受托行为，单纯的预防并不能达到根除的目的，此后他改变了治理措施。顺治十二年（1655）七月，顺治帝第二次恢复巡按制度时，不再致力于制定预防措施，而是以重惩相威吓：于太和殿召见巡按御史时，告诫勿存"君门万里，恣意行私、贪赃坏法"的侥幸心理，一旦有犯，"断不仍照前律止于按赃治罪。虽铢两之微，必诛无赦"；赐茶时，又强调对于"贪婪掊克"的巡按御史，"决不因初时小善，遂尔薄惩，定当从重议处"[7]。值得一提的是，顺治帝所针对的，不单是请托，还同时包括贿赂在内。请托固然因人情而引发，但不可能与金钱全然无涉，无论顺治帝在主观上是否认识到这一点，其在实践中能够将请托与贿赂一并治理，都是可取的。

顺治十二年（1655）十月，顺天巡按御史顾仁悖旨贪赃案发，而此案的发生恰与请托有关。王士琦欲充顾仁书办，但地位卑微，无由巴结，遂送银二百两给顾仁的"同年"、刑部官员贺绳烈，请求代为斡旋。贺绳烈满口应承，"亲自援引"。此外，贺绳烈还助顾仁向吏部书吏章冕索贿。顾仁赴任前，顺治帝曾"面承敕谕，再四谆切"[8]，不旋踵，即曝出上述丑闻。为了以儆效尤，顺治帝对顾仁、贺绳烈从重惩处，二人被分别处以斩刑、绞刑。

因为倚重巡按御史，顺治帝才不仅制定多种措施预防其受托，还重惩其受托行为。

〔1〕《清世祖实录》卷七五"顺治十年五月甲戌"，第5页。
〔2〕《清世祖实录》卷七七"顺治十年八月辛未"，第9页。
〔3〕《清世祖实录》卷七七"顺治十年八月辛未"，第9—10页。
〔4〕《清世祖实录》卷七八"顺治十年冬十月壬申"，第8页。
〔5〕《清世祖实录》卷七九"顺治十年十一月乙巳"，第5页。
〔6〕《清世祖实录》卷八三"顺治十一年五月壬辰"，第10页。
〔7〕《清世祖实录》卷九二"顺治十二年秋七月辛卯"，第11页。
〔8〕《清世祖实录》卷九五"顺治十二年十一月癸未"，第3页。

(二) 从轻惩处

顺治十五年 (1658),太监吴良辅交通官员、作弊纳贿案发,顺治帝因"若俱按迹穷究,犯罪株连者甚多",仅惩处吴良辅、王之纲等人,而将其他人"姑从宽,一概免究"[1]。

对于顺天乡试案中后发觉的请托行为,顺治帝也从轻惩处。顺治十五年 (1658) 十月癸未,顺天乡试丑闻余波未消,又查出原任推官李燧升"受诸云子嘱托,为徐荣向李振邺贿买关节"。按法,"应论死,并籍其家,其父母、兄弟、妻子流徙尚阳堡",但因该案主犯已正法,顺治帝不愿牵连多人,下旨从轻惩处:"燧升免死,俱流徙尚阳堡。"[2]

(三) 依法惩处

顺治十七年 (1660) 正月辛巳,大赦天下,但规定请托与"十恶"等犯罪不在赦限:"自顺治十七年正月二十五日昧爽以前,凡官吏、兵民人等罪犯,除谋反、叛逆、子孙杀祖父母父母、内乱、妻妾杀夫告夫、奴婢杀家长、杀一家非死罪三人、采生折割人、谋杀、故杀、蛊毒、魇魅、毒药杀人、强盗、妖言、十恶等真正死罪不赦外,行间罪过、贪官衙蠹受赃、监守自盗、拖欠钱粮、漕粮侵盗、漕粮员役,及私书嘱托、骚扰驿递、私船牌票亦在不赦外,其余死罪,俱减一等;军罪以下,已发觉未发觉、已结正未结正,咸赦除之。"[3]大赦之时,将请托与"十恶"等严重刑事犯罪、"贪官衙蠹受赃"等职务犯罪以及"拖欠钱粮"等经济犯罪同等对待,不予赦免,在历史上是前所未有的,因为无论是官员还是民间,常认为请托有其文化的合理性,并非违反犯罪行为或较严重的违法犯罪行为。顺治帝此谕视请托为较严重的违法犯罪行为,无疑是认识上的一大进步。

顺治帝还将依法惩处请托落到实处。顺治十七年 (1660) 八月庚寅,刑部奏言:"革职洮岷道刘澍乞魏裔介书,送与张自德事实,应照官吏曲法嘱托公事律,杖赎革职,永不叙用。"顺治帝"从之"[4]。此属于依法而断。

---

[1]《清世祖实录》卷一一五"顺治十五年三月甲辰",第9页。
[2]《清世祖实录》卷一二一"顺治十五年冬十月癸未",第6页。
[3]《清世祖实录》卷一三一"顺治十七年春正月辛巳",第9—10页。
[4]《清世祖实录》卷一三九"顺治十七年八月庚寅",第5页。

顺治帝统治前期，因其本人亦不免受人情裹挟，故惩处请托时，多有轻重失衡之处；统治后期，其大赦之时能够不赦请托，在司法实践中依法惩处请托，表明对请托的认识在不断深化。

以上顺治帝对请托的治理，既有沿袭明代皇帝治理成果之处，又有不同程度的推进。成就如此，缘于其对汉文化的热爱、对明太祖的崇敬，以及个人所具备的眼界、能力。

顺治帝幼时喜观书史，八岁时"满书俱已熟习"[1]。由于满族习俗的限制和多尔衮的阻挠，他幼时很少接触汉文化。亲政后，"阅诸臣奏章，茫然不解"[2]，由是发奋苦读。此外，少年时代的顺治帝即表现出谋略与肚量。一次行猎，内大臣席讷布库"争射"，箭落于顺治帝马前。这对顺治帝的安全构成威胁，扈从欲取落箭为论罪之证。顺治帝却言"席讷布库虽有罪，朕不与较也"[3]，加以制止，"既指明是非，提出警告，又宽容以待，防止事态扩大而引发新的不测事件，做得有理有节，十分得体。这不仅反映出福临有较强的应变能力，也反映出童年福临开始使用政治谋略和韬晦之计了"[4]。正因如此，顺治帝在认识以及预防、举发、惩处请托方面，才能在明代皇帝的基础上继续推进。"世祖亲政后，任法严肃，……夙弊尽革，以成一代雍熙之治也"[5]，其中自然包括请托治理的成果。

第三节　康熙帝：请托治理步入新境界

顺治帝遗诏指派索尼、苏克萨哈、遏必隆、鳌拜四大臣辅佐年仅八岁的康熙帝即位。但这一局面维持不久，四辅臣中位在最末的鳌拜即开始擅权，并一家独大。康熙帝于十四岁亲政后，仍不能实际掌控政局。直至两年后他设计制服鳌拜，方始名副其实地亲政。

---

〔1〕《清世祖实录》卷一五"顺治二年三月乙未"，第4页。
〔2〕转引自杨珍："顺治帝的幼儿时代"，载《传统文化与现代化》1997年第6期，第76页。
〔3〕《清世祖实录》卷六三"顺治九年三月癸巳"，第13页。
〔4〕杨珍："顺治帝的童年时代"，载《满学研究》1999年第四辑，第282—283页。
〔5〕（清）昭梿：《啸亭杂录》卷一，中华书局1997年版，第1页。

《清史稿》言康熙帝"早承大业，勤政爱民。……虽曰守成，实同开创焉"[1]，用这段话来评价他对请托的治理也比较合适。康熙帝对请托的认识及预防、举发、惩处有沿袭顺治帝乃至明代皇帝之处，但更多的是创新与提高的方面。他在位期间，清代的请托治理步入新境界。

一、对请托的认识很犀利

（一）从"良民""小民"的角度阐释请托的危害

康熙七年（1668）三月辛酉，谕吏部："在京诸臣……干预地方事，挟持请托，颠倒是非，甚为良民之害。"[2]认为在京官员请托，有害于"良民"。这种"害"不仅使无关系、门路的百姓的正当利益得不到保障，而且从深层还影响了其对朝廷的信任、期待。

康熙二十六年（1687）十月辛未，谕大学士等，言及汉军外官赴任，其亲朋、债主"叠往任所，请托需索，不可数计。……以致朘削小民，民何以堪"[3]。指出汉军出任外官，因亲朋、债主的到来，而将所付的钱财与所受的请托转嫁到治下"小民"身上。

明代皇帝阐释请托的危害时，从国家、他人、个人三个方面入手，其中"他人"指"衔冤"之"无辜者"，并不确指"民"。顺治帝阐释请托的危害时，曾涉及"孤寒饱学，终身淹抑"[4]，"孤寒饱学"即沉于下僚的文人，属于"民"的一部分。康熙帝明确从"良民""小民"的角度来阐释请托的危害，视野更广大。这与他勤政爱民的思想有一定关系。

（二）认为杜绝请托的关键在于主官改过

康熙三十九年（1700）三月己亥，工部尚书萨穆哈等入奏。康熙帝曰："即今河工，凡有启奏，惟恐尔部不准行，随即遣人营求，尔部鲜不受其请托者。若此弊不除，河工何由奏绩？"萨穆哈等奏："臣等自当遵旨，竭力严

---

〔1〕《清史稿》卷八《圣祖本纪三》，中华书局 1976 年版（本出版信息以下省略），第 305 页。

〔2〕《清圣祖实录》卷二五"康熙七年三月辛酉"，第 20 页。

〔3〕《清圣祖实录》卷一三一"康熙二十六年冬十月辛未"，第 19 页。

〔4〕《清世祖实录》卷七四"顺治十年夏四月甲寅"，第 9 页。

禁。"康熙帝毫不客气地指出："岂止严禁他人，即尔等亦宜改悔。"[1]工部内能够阻滞地方河工上疏的，必是位高权重者，工部尚书很可能位列其中。康熙帝要求萨穆哈等改过，有一定道理。康熙四十三年（1704），萨穆哈"以疏濬京师内外河道侵蚀帑银"[2]，逮治拟绞，卒于狱。萨穆哈以贪污帑银收场，可见康熙帝的先见之明。

关于杜绝请托的关键，明宣宗认为是自型——官员具备公、仁、廉、勤等品质，神宗指出是榜样与自型——"大臣"榜样属下、"小臣"独善其身。至康熙帝，则要求改过——主官认识错误，加以改正。从官员的自型、榜样到改过，明清皇帝对杜绝请托关键的思考不断深入。

（三）从"私"入手探讨请托产生的原因

关于请托产生的原因，明代臣子认为是人情、情面导致请托的产生，至于人情、情面到底意味着什么，则鲜少涉及。康熙帝犀利地指出"私"是请托产生的原因。

康熙四十八年（1709）九月，河南巡抚鹿佑陛辞。康熙帝谈及督抚纠参州县过程中的请托："明知某州县居官不善，必私计其人曾有权要相托与否。如有嘱托，便不敢纠参。"[3]指出在私心的作用下，督抚以是否有权要为州县请托，作为对州县是否纠参的先决条件。

康熙六十年（1721）四月，针对九卿、督抚等荐举官员，"当其荐举之初，佥曰才能，未几而以庸劣纠矣"的情况，康熙帝质疑道："抑何前后刺谬欤？心之不公、识之不明，而援引私交、徇情请托，其弊滋甚。"[4]指出是人心之私、识见之愚，导致荐举中请托的发生。

在大多数人将请托与人情相关联时，康熙帝却指出请托源于"私"，这既是帝王角度，也是法治角度。唐律将请托单独立法并制定严格的惩处措施时，就意味着已经将请托彻底推到了法治、公义的对立面加以打击，这是法律体系下的思维。但在实际生活中，从皇帝到官吏再到百姓，一直没有予以清醒

---

[1]《清圣祖实录》卷一九八"康熙三十九年三月己亥"，第5页。

[2]《清史稿》卷二六八《萨穆哈传》，第9987页。

[3]《清圣祖实录》卷二三九"康熙四十八年九月乙未"，第4页。

[4]《清圣祖实录》卷二九二"康熙六十年夏四月壬辰"，第2页。

的认识与足够的重视。康熙帝明确指出其出于私利而非公义，似乎是老生常谈，但其实抓住了请托的本质特点，为预防、惩处奠定了基础。

二、多种措施预防请托并注重以"例"预防

在顺治帝及明代皇帝的影响下，康熙帝制定了谕旨禁止、臣子建议、陛辞告诫、日常下问等多种预防请托措施。其中值得一提的，是他通过停止旧"例"、制定新"例"来预防请托。

在清代，例"属于国家制定法，……清例之产生主要来自三个途径：其一，臣工条奏定例，即各部门根据执行职务的需要拟定的办事细则，或臣下针对司法实践需要以及显露的法律漏洞等情况拟定的补充性规范，报皇帝批准后颁行；其二，臣下奉上谕定例，即臣下根据皇帝的有关命令、指示草拟出某类事件的处理规则，上报皇帝，经批准后颁行；其三，谕旨定例，即直接由皇帝拟定发布的单行法律规范"〔1〕。

关于例在预防请托方面的作用，康熙帝首先是通过停止旧例来进行。

四辅臣辅政时期曾有此尝试。康熙三年（1664）二月壬寅，增加会试正考、副考官二员，"谕令不谢恩、不赴宴，即时入场，亦未拘照旧例"，以免"谢恩筵宴时，彼此会聚，瞻徇请托"〔2〕。按照旧例，会试正、副考官受命后，当赴谢恩筵宴。但筵宴时聚集一处，彼此交接，即便不立时请托，亦为日后营求打下基础。而命正、副考官不拘旧例，"即时入场"，可降低请托的发生概率。康熙帝真正亲政后，继续推行这一点。

康熙十二年（1673）十二月，因"近闻直隶各省学差，沿袭陋规，隳废职业，营私作弊，考试不公"〔3〕，命吏部、礼部会同九卿、科道详议整饬之法。不久，吏部等回奏："直隶各省学臣所解之卷，不能无改誊润色。且因解卷，以致请托，亦未可知。相应停其解卷磨勘。"清初，各省学政有解卷复核之例。吏部等认为此即"陋规"之一，易致请托等弊，建议停止。对于可能导致请托的例，康熙帝有决心停止施行，"从之"〔4〕。

〔1〕 吕丽："例与清代的法源体系"，载《当代法学》2011年第6期，第10页。
〔2〕《清圣祖实录》卷一一"康熙三年二月壬寅"，第10页。
〔3〕《清圣祖实录》卷四四"康熙十二年十二月癸丑"，第11页。
〔4〕《清圣祖实录》卷四四"康熙十二年十二月丁巳"，第15页。

康熙二十四年（1685）九月辛未，谕吏部："督抚、藩臬官资相近，请托易行。每逢大计，各省督抚多以藩臬举报卓异，不无结纳徇情之弊。着通行禁止。"[1]自顺治十八年（1661）停派巡按御史以来，清廷即失去了直接监督地方的机会。在这种情况下，督抚对地方的监督就显得非常重要。但事实是，督抚在大计中"多以藩臬举报卓异"，其间很可能就掺杂有请托。为避免之，康熙帝下旨将康熙六年（1667）十一月所"复荐举之例，与卓异并行"[2]加以停止。

前文谈及汉代的请托与请托治理时曾言："某些制度的设计，则因没有注意回避人、人情的因素，客观上为请托的发生创造了条件。汉代用以选官的察举制就属于这种情况。"就清代的例而言，如果制定时没有注意回避人、人情的因素，在客观上也会为请托的发生创造条件。康熙帝多次通过停止"旧例"来预防请托，表明他对这一点有清醒认识。

为了预防请托，康熙帝除了停止旧例，还直接制定新例。其所制定的新例，既有臣子奉命拟定，也有自己亲自定立。

康熙十九年（1680）十月，针对旗人"私往外省地方，借端挟诈，嘱托行私，犯扰小民"等弊，康熙帝命吏、兵、刑三部及都察院"会同定例严禁"。寻议："系平人，枷号三月，鞭一百；系官，革职，鞭一百，不准折赎。失察之佐领，罚俸三月；骁骑校，罚俸六月。其差遣家仆之人，系闲人，鞭一百；系官，革职。差去之仆，枷号一月，鞭一百。"非常细致。康熙帝"从之"[3]。

康熙四十一年（1702）闰六月丁未，因廖腾煃保举同乡龚嵘为广东按察使，为防"徇私请托"之事，康熙帝下旨："定例：凡系同乡之人，不许保举。身系何省之人、其见任本省之官，亦不许保举。"[4]这是易于施行的制度。

在康熙朝"风闻言事"的禁与开问题上，有学者指出："康熙片面强调'治人'，重视官吏个人的修养，忽视'治法'，认为风闻作用有限。'治国家

---

〔1〕《清圣祖实录》卷一二二 "康熙二十四年九月辛未"，第4页。
〔2〕《皇朝通典》卷二二《选举五·考绩》，《景印文渊阁四库全书》第642册，第299页。
〔3〕《清圣祖实录》卷九二 "康熙十九年冬十月庚子"，第20页。
〔4〕《清圣祖实录》卷二〇八 "康熙四十一年闰六月丁未"，第15页。

者，在有治人，不患无治法耳'。"〔1〕但在请托治理方面，康熙帝却能够通过制定新例来加以预防——注重"治法"，比较可贵。

三、以奖励手段预防和举发请托

明熹宗曾提出拔擢不行请托的官员，主要还停留于纸面；康熙帝直接落实对拒绝请托者的奖励，相比之下，现实意义更大。

康熙二十年（1681）二月丙申，康熙帝对清廉自守、拒绝请托的于成龙赐银、赐诗："直隶巡抚于成龙，……凡在亲戚交游相请托者，概行峻拒；所属人员并戚友间有馈遗，一介不取。朕甚嘉之，知其历官廉洁，家计凉薄，兹特赐内帑白金一千两、朕亲乘良马一匹。……朕又亲制诗一章，嘉其廉能，当更赐之。"〔2〕其目的，是树立一个清廉榜样，能够为其他官员所效仿，当然也希望于成龙"既膺宠赉，想当益加砥砺"〔3〕。

康熙帝还沿袭律例规定，重申对举发请托者的奖励。康熙十五年（1676）八月乙丑，针对军前草束米豆等备办过程中暴露出的弊端——"有自行贩卖，嘱托地方官多取价值；地方官有徇其情面，浮冒开销者。……种种情弊，难以枚举"，康熙帝下旨严加禁饬，"事觉，照贪官例治罪"，同时强调："有能举首者，从优议叙。"〔4〕不过后续未见记载有举发者。

四、重点治理科道官的受托行为

康熙帝倚重科道官，认为其"职司耳目"〔5〕，应据实参奏不法，"建言参劾，乃其专责"〔6〕。但身处人情社会，科道官也不免为人情裹挟，受托而不据实参奏，从而对国家治理造成不良影响。康熙帝对此心知肚明，故花费心思，加以治理。

（一）以谕旨禁止预防科道官受托

康熙帝几次下谕禁止科道官的受托等行径。

---

〔1〕 于鹏翔："论康熙朝'风闻'的禁与开"，载《史学集刊》1991年第3期，第35页。
〔2〕《清圣祖实录》卷九四"康熙二十年二月丙申"，第15—16页。
〔3〕《清圣祖实录》卷九四"康熙二十年二月丙申"，第16页。
〔4〕《清圣祖实录》卷六二"康熙十五年八月乙丑"，第15页。
〔5〕《清圣祖实录》卷九二"康熙十九年冬十月乙巳"，第22页。
〔6〕《清圣祖实录》卷二六九"康熙五十五年九月甲申"，第16页。

康熙二十五年（1686）覆准："科道官员，……其有希图利己，及允受嘱托、妄行引奏，结交朋党、作奸诬陷者，事经发觉，革职治罪。"〔1〕如果科道官受托结党，防范官场违法的"防火墙"就失效了，对法治的冲击更甚于其他相关违法行为，故康熙帝在此不止劝诫引导，更明确提出"革职治罪"的惩处方式，意图予以震慑。

康熙三十一年（1692）十月丁酉，谕大学士等："近见满汉科道官员建白甚少，殊非朕责望言路之意。嗣后，应各矢公忠，研求时务。凡可以裨益国家之事，悉摅所见奏闻，……亦不得暗受嘱托，代人报复，苛责细事，希图倾陷。"〔2〕两年后，康熙帝又重申此意：""今言官建白甚少。间有上疏者，皆怀私心；或所言似公，实则假公济私耳。"〔3〕科道官既要不畏势要而监督建言，又要摒弃私意以免妨害法治，在实践上是有难度的，它高度依赖科道官的个人品行与朝廷引导，故康熙帝一再教导警告。

科道官可"风闻言事"，即不必有确凿的证据，捕风捉影即可参奏，为其特有的一种监督方式。因其易导致矛盾激化，并非时时实行。康熙帝即位不久，四辅臣以其名义加以禁止。但言官不言，其害远甚于言官妄言。随着吏治腐败的加剧，康熙二十六年（1687），康熙帝下旨重开"风闻言事"之例；三十九年（1700），又重申之。在此过程中，康熙帝不忘告诫科道官不得受托参劾。康熙三十九年（1700）十月丁卯，谕大学士等："嗣后，各省督抚、将军、提镇以下，教官、典史、千把总以上，官吏贤否，若有关系民生者，许科道官以风闻入奏。倘怀私怨，互相朋比、受嘱托者，国法自在。"〔4〕

（二）要求举发科道官的受托行为

康熙帝提出举发科道官受托行为的要求。

康熙五十五年（1716）九月甲申，谕大学士、九卿、詹事、科道等，指出科道官"乃或因系某大臣保举，或因系某大臣门生故旧，彼此瞻徇情面，并不题参。间有条奏弹章，亦止受人请托"〔5〕的行为，要求九卿予以举发：

〔1〕（乾隆）《大清会典则例》卷一四《吏部·考功清吏司·营私》"馈送嘱托"，第30页。
〔2〕《清圣祖实录》卷一五七"康熙三十一年冬十月丁酉"，第5页。
〔3〕《清圣祖实录》卷一六二"康熙三十三年三月庚申"，第17页。
〔4〕《清圣祖实录》卷二〇一"康熙三十九年冬十月丁卯"，第24页。
〔5〕《清圣祖实录》卷二六九"康熙五十五年九月甲申"，第16页。

"科道内有招摇生事、索诈取财、代人陈奏者，九卿即行参奏。"[1]科道官要从公参劾朝臣及地方大员，九卿也要监督、参劾科道官的不法行为，这就使监察者亦受监察，防止其滥权腐败。

（三）重视对科道官受托的惩处

康熙帝明确表达了对科道官受托必惩的决心。

康熙三十四年（1695）二月戊戌，谕大学士等："近观言官奏事，或受人嘱托，或怀私卖本，所奏之事，俱非无故。……凡任言官者，但宜将关系国家得失、生民休戚之事，从直陈奏。岂可受人嘱托，怀挟私仇，贿卖本章而条奏乎？如有此等之人，必尽察出正法，断断不恕。"[2]这实际上也是限制言官权柄，不使其过度膨胀，以免重蹈明代言官势大结党并凌驾于法律之上的覆辙。

（四）宽容言事不合的科道官

康熙帝倚重科道官举发请托，为避免科道官因担心受罚而不举，他还宽容言事不合者。

康熙十九年（1680），都察院、六科给事中公参广西道御史唐朝彝，吏部遵旨议覆："唐朝彝当九卿会推（福建副使道张仲举为江西按察使）时，并无一言；画题时，乃言张仲举居官平常，又不明指其过。身为言官，殊负职掌，应革职。"康熙帝理解唐朝彝的行为，并予以宽容："廷推事关重大，或举或否，原许各摅所见。倘众口附和而无一人争执，岂能无党同之弊？今若将唐朝彝议处，将来推举之人，或有徇私请托者，谁肯直言指摘耶？着从宽免。"[3]这样可避免科道官因担心受罚而不举请托。

即便科道官对请托的举发有明显错误，康熙帝仍保护之。康熙三十二年（1693），工科给事中彭鹏参顺天乡试主考徐倬等，九卿议覆："语涉狂妄不敬，应革职。"康熙帝指出彭鹏所言之误："（徐倬）本日即入贡院，似乎无暇。纵难言全无一二通关节者，若云皆系嘱托作弊，则所取百有余人，嘱托

[1]《清圣祖实录》卷二六九"康熙五十五年九月甲申"，第16—17页。
[2]《清圣祖实录》卷一六六"康熙三十四年二月戊戌"，第5页。
[3]《清圣祖实录》卷八九"康熙十九年三月丁巳"，第12页。

者必须数百人，顷刻间，何暇遍通关节作弊也？"但为了避免今后科道官担心被罚而不举，还是予以宽容："彭鹏系言官，从宽免其革职。"〔1〕这是保护科道官敢言、能言的必要措施。

康熙帝对科道官受托的预防，在顺治帝的基础上继续发展。此外，他还重视对科道官受托的举发、惩处，并注意宽容言事不合者，可以说，其对科道官受托的治理比较全面。

五、对请托的惩处从属于其他政治目的

（一）宽宥

康熙八年（1669），鳌拜家人供出总督白秉贞、巡抚张自德、尚书龚鼎孳、庶吉士王彦等，"俱曾嘱托、行贿"。当年五月鳌拜被拿伏法后，康熙帝先后处死了其7名死党，不同程度地赦免了其他党羽，最大限度地孤立了鳌拜。此时再拿这些人的贿赂、请托行为说事，会造成官场动荡、人心不稳；相反，网开一面却能显示出仁君的胸怀。康熙帝下旨："本当严究，从重治罪，但思此等嘱托、行贿者尚多，非止伊等。朕已有谕旨，将内外各官苟图幸进作弊者俱从宽免，今供出各官，亦俱从宽免罪。"〔2〕

（二）从轻

康熙二十八年（1689），山西道御史张星法诬劾山东巡抚钱珏，吏、刑二部及都察院根据查明的事实拟罪："郭琇供称，并未嘱托张星法疏参钱珏，但曾寄私书与钱珏，嘱荐知县等官。应革职，拟杖折赎。……据张星法供称，并未听郭琇私嘱疏参钱珏。但张星法差段惟永往山东访问钱珏款迹，据段惟永供称，曾闻张星法有本堂郭琇令参钱珏之语。张星法亦应革职，拟杖折赎。"〔3〕这明显是依据清律提出的惩处意见，但康熙从轻发落："郭琇本当依拟处分，念其鲠直敢言，屡经超擢，从宽免革职治罪，着降五级调用。张星法降二级留任。"〔4〕

〔1〕《清圣祖实录》卷一六〇"康熙三十二年冬十月庚寅"，第17页。
〔2〕《清圣祖实录》卷三〇"康熙八年六月戊辰"，第3页。
〔3〕《清圣祖实录》卷一四二"康熙二十八年冬十月癸酉"，第18页。
〔4〕《清圣祖实录》卷一四二"康熙二十八年冬十月癸酉"，第18—19页。

康熙帝从轻处置郭琇，除了其"鲠直敢言"，还有其他政治原因。其时，明珠贪鄙营私，对皇权构成威胁，康熙帝欲裁抑之。郭琇任左金都御史，上《特纠大臣疏》，弹劾明珠、余柱国结党营私、背公纳贿，在扳倒明珠上立下功劳。康熙帝可能因之对其请托钱珏一事，从轻处置，平衡其功过，这在官员升黜中常见。至于张星法，律法规定听嘱施行即与请托同罪，吏、刑二部及都察院的拟罪符合律条，康熙帝只降二级留任，可能是郭琇与张星法都否认请托，证据不足，另外也可能认为被动听嘱在性质上较主动请求为轻。

在请托治理方面，康熙帝所取得的成就比较突出，如对请托的认识比较深刻，通过停止旧例、制定新例来预防请托，以奖励的手段预防和举发请托，超过了顺治帝和明代皇帝的治理水平，标志着清代请托治理步入新境界。康熙帝不仅勤政爱民，还很有智慧，制服鳌拜、平定三藩、收复台湾、打击沙俄，做了很多轰轰烈烈的大事，故其在请托治理方面有此成就并不偶然。但在惩处请托方面，康熙帝却走上了顺治帝和明代皇帝的老路，或予以宽宥，或从轻惩处，虽服务于当时的政治形势及对待官员升黜的习惯做法，客观上却属于不能依法惩处，降低了其请托治理的总体成就。

第四节 雍正帝：直击人心的请托治理者

在明清诸帝中，雍正帝关于请托的指示最多、最细致，这些指示不仅关涉其"藩邸"经历，还与其处理过的重大案件——年羹尧案、查嗣庭案等有一定联系。在此过程中，雍正帝的智慧、心理、性格等都得到清晰的展示。

雍正帝对请托的治理，大致可分为三个阶段：初期为雍正三年（1725）以前，受"藩邸"经历的影响，雍正帝认识到请托与结党的关系，采取多种措施理性治理请托；中期为雍正三年（1725）至五年（1727），其请托治理出现一些偏差，如在年羹尧案中利用请托进行政治斗争，因查嗣庭案而对请托的惩处有扩大化趋势，于李绂、田文镜互参案表现出对请托认定的双重性；后期为雍正五年（1727）以后，雍正帝对请托的治理逐步向理性回归，出台新的治理措施，进一步认识请托与结党的关系。

一、"藩邸"经历：认识请托与结党关系的契机

如果说明太祖"无意"治理请托，但通过打击贪污贿赂而实现对请托的"无为而治"，那么雍正帝则专意治理请托，并对请托、党争展开联合治理。

雍正元年（1723）正月辛巳朔，颁发上谕十一道，训饬督、抚、提、镇等。这是雍正帝即位后针对政务首次发布的谕旨，在此，他几次提及请托。如谕总督："今或以逢迎意指为能，以沽名市誉为贤，甚至暗通贿赂、私受请托，不肖官吏滥列荐章，而朴素无华、敦尚实治者反抑而不伸，是岂风励属员之道乎？"〔1〕如谕布政使："若爱憎任情，是非倒置，以谄事上官、通行请托为贤，以不善逢迎、耻投暮夜为不肖，其何以称之屏之翰，百辟为宪者哉？"〔2〕新帝登基后首次发布的谕旨，一般暗含了其对当前政治形势的认识以及今后国家治理的重点，雍正帝能够首谈请托等社会弊端，可见其对请托的重视。

雍正元年（1723）二月乙卯，谕大学士等："国家养育人材，首重翰苑。既读中秘之书，必当立品端方，居心敬慎，方不愧官箴。闻有侥幸之徒，平昔结党营私，至科场年分，互相援引，转为请托。"〔3〕如果说"上谕十一道"针对的主要是请托，那么"谕大学士等"则同时涉及请托与结党的关系——平时则"结党营私"，遇事则"转为请托"——因结党而建立的关系，为请托提供了便利。明清诸帝较少将请托、党争联系起来，雍正帝能够注意到二者的关联，不得不说其认识比较深刻。

雍正帝对请托的深刻认识与其"藩邸"经历有直接的关系。康熙帝晚年倦勤，奉行"多一事不如少一事"的信条，官场请托、贿赂成风。而诸皇子为争夺皇位，结党营私，打击异己，全无手足之念。雍正帝也属意皇位，但他心思深沉，懂得韬光养晦的道理。在冷眼旁观的过程中，他对诸皇子与臣子的结党营私有较多了解。

雍正帝本人对此也非常自信。雍正四年（1726）十月查嗣庭案发生后，他谕诸王、文武大臣："朕在藩邸四十余年，凡臣下之结党怀奸、夤缘请托、

---

〔1〕《清世宗实录》卷三"雍正元年春正月辛巳朔"，第2页。
〔2〕《清世宗实录》卷三"雍正元年春正月辛巳朔"，第13—14页。
〔3〕《清世宗实录》卷四"雍正元年二月乙卯"，第4页。

欺罔蒙蔽、阳奉阴违、假公济私之习，皆深知灼见，可以屈指而数者。"〔1〕雍正七年（1729）十月庚戌，又谕翰詹、科道等："甚至卑污苟且，夤缘请托，瞻徇情面，党同伐异，流弊不可胜言。朕在藩邸四十余年，于人情世态无不洞悉。"〔2〕反复言说，颇有自我夸饰、塑造形象之嫌，但"藩邸"经历使其对请托等多有了解却是不争的事实。

"藩邸"经历为雍正帝认识请托之始，对雍正帝产生较深的影响，其登基后对请托的认识与治理，无不暗含着"藩邸"经历的底蕴。

二、初期理性治理请托

基于"藩邸"时期对请托的了解与认识，雍正帝登基伊始即着手治理。

（一）多角度阐释请托的危害

雍正二年（1724）三月，山东巡抚黄炳因父子、兄弟同登仕籍而缮折谢恩。大概是黄氏的"一门荣宠"勾起了雍正帝对"藩邸"时期皇子们结党倾轧的回忆，谕曰："若倚恃家庭显耀，任情纵恣，朋比党援，转相请托，顺之者曲意容隐，逆之者多方排挤，甚至欺君虐民，有所不顾，如此，则目前富贵，非为福基，翻为祸媒。"〔3〕在重申请托与结党的关系——"朋比党援，转相请托"后，雍正帝指出请托的危害——"欺君虐民，……目前富贵，非为福基，翻为祸媒"，将明清皇帝所涉及的国家、民众、个人角度合而为一。不仅于此，他还以一个"翻"字，揭示出此一翻覆变化的不可预测，给请托者、受托者以深切触动。雍正帝心思深沉，善于做思想工作，这一点，从其对请托危害的阐述上可清晰看出。

（二）从小处预防请托

从现有史料可见，雍正帝制定预防请托措施时，不仅一如顺治帝、康熙帝关注司法、行政等大的领域，还关注小的方面。

雍正二年（1724）四月辛未，针对官庄补放园头一事，雍正帝下旨："尔

---

〔1〕《清世宗实录》卷四九"雍正四年冬十月庚申"，第4页。
〔2〕《清世宗实录》卷八七"雍正七年冬十月庚戌"，第11页。
〔3〕《清世宗实录》卷一七"雍正二年三月丁丑"，第4页。

等嗣后务秉公平，必应行补放之人，方可拣选，派给地亩，务令均平。并将断不受人请托等语，明白晓示，则伊等自必醒悟，不致受人欺诈矣。"补放园头只是一件小事，即便发生请托，短时间内也不会动摇统治的根基，但对基层社会风气的影响却很坏。雍正帝能够予以关注，"知之甚悉"[1]，可见其眼光之长远。

其时，大臣家人多有会饮之习。雍正三年（1725）三月丙寅，下谕："凡大臣等之家人，如有嫁娶筵席、延请亲友等事，令各禀明家主，然后举行。倘有私结党与、约为兄弟，彼此会饮，藉以请托事件者，即行严拿治罪。将此通行八旗晓谕。"[2]请托因人情而发生，欲借人情请托者，辗转谋求，总会找到说得上话的人。雍正帝能够注意从小处加以预防，显示出其精明的一面。

（三）增加受托保举、失察请托的连带责任

雍正帝增加受托保举的连带责任。雍正三年（1725）三月庚子，兵部带领左右两翼军政卓异官员引见，雍正帝谕曰："其人平常，不应保者，伊等或受请托，入于其间，朕必将徇情荐举之人治罪。"[3]

清太宗时，曾有臣子奏请实行保举连坐，但未见回复，可能未予采纳。多尔衮支持此观点，顺治元年（1644）七月甲寅谕曰："举主公，则所荐必贤，社稷苍生并受其福；举主不公，则结连党与，引进亲朋，或受私贿，或受嘱托，混淆名实，标榜虚声，误国妨贤，莫此为甚。自今以后，须严责举主。所举得人，必优加进贤之赏；所举舛谬，必严行连坐之罚。"[4]这样的要求是合理的，但问题的关键是：若所举非人，如何区分当初荐举是因为请托徇私还是单因看人不准？被举者后来徇私枉法，是后来心性改变还是当初就有此特点而举主没有及时发现？如果对这些问题不细加探究并体现在制度保障上，那荐举连带责任的合理性、有效性、可实施性就要大打折扣。雍正帝虽然没有解决这一问题，但将连带责任的追究明确限定于"受请托，入于其间"，显示出其对请托的关注，具有一定价值。

---

[1]《清世宗实录》卷一八"雍正二年夏四月辛未"，第24页。
[2]《清世宗实录》卷三〇"雍正三年三月丙寅"，第36页。
[3]《清世宗实录》卷三〇"雍正三年三月庚子"，第2页。
[4]《清世祖实录》卷六"顺治元年秋七月甲寅"，第14页。

雍正帝还增加失察请托的连带责任。雍正二年（1724）八月戊子，谕都察院："嗣后，外省督抚有怀挟私心，背法逞威，……给事中、御史等若受其请托贿赂，瞻徇隐瞒，经朕于别处访闻，将都察院堂官一并议处。"[1]这从属员管理的角度来说是有道理的，在现代政治中也常用到。

以上是雍正帝早期关于请托的直接性治理措施，此外，还有一些间接性治理措施。雍正帝害怕臣下结党，害怕臣下因结党而进一步请托，但他最害怕的，是臣下因结党而谋逆篡位。特别是其即位前为争夺皇位而结党营私的诸皇子，在其即位后并未有所收敛，成为雍正帝的心腹之患。雍正二年（1724）三月，平定青海叛乱后，雍正政权的力量大增，随即展开对允禩集团的惩治：允禩被削宗籍和圈禁，改名阿其那；允禟也被削宗籍和圈禁，改名塞思黑；允䄉被圈禁；允䄉先被派去守灵，后亦被圈禁。这些虽是间接性的治理措施，但对请托当具有一定打击力度。

雍正二年（1724）七月十六日，雍正帝发表《御制朋党论》，继续打击允禩党人。《御制朋党论》针对欧阳修《朋党论》而发。欧阳修认为，小人"以同利为朋"，是"伪朋"；君子"以同道为朋"，是"真朋"。如果君主能够"退小人之伪朋，用君子之真朋"[2]，则天下大治。雍正帝斥之为"邪说"，认为"君子无朋，惟小人则有之"[3]，朋党"乱天下之公是公非，作好恶以阴挠人主予夺之柄"[4]，为害大矣。结党易致请托，雍正帝对结党的打击必然对请托有所压制。

此一阶段雍正帝对请托的治理，措施多样，关注细节，体现了其理性、睿智的一面。

三、中期在年羹尧案中利用请托

请托治理中期，雍正帝的措施出现一定偏差。作为一代帝王，雍正帝为

---

〔1〕《清世宗实录》卷二三"雍正二年八月戊子"，第12页。

〔2〕（宋）欧阳修撰、周必大编：《文忠集》卷一七《居士集十七·论六首·朋党论》，《景印文渊阁四库全书》第1102册，第140页。

〔3〕（嘉庆）《大清会典事例》卷三一一《礼部·学校·训士规条》，中国第一历史档案馆书同文古籍数据库（本出版信息以下省略），第7页。

〔4〕（嘉庆）《大清会典事例》卷三一一《礼部·学校·训士规条》，第6页。

了巩固统治，必然发起政治斗争，而其对请托的治理，也被利用为政治斗争的工具，主要表现在对年羹尧案的处理上。

年羹尧（1679—1726），属汉军镶黄旗，字亮工，号双峰。康熙三十九年（1700）进士。历官四川巡抚、四川总督、川陕总督、定西将军、抚远大将军等，平定西藏乱事，平定青海罗卜藏丹津之乱，战功赫赫。

雍正帝曾对年羹尧极加称许，君臣相和一时传为佳话。但年羹尧居功自傲，不知检点，特别是其于雍正二年（1724）十月第二次入京陛见时，跋扈无礼，渐为雍正帝所忌。雍正三年（1725）正月，雍正帝对年羹尧的不满公开化：指斥他以私人参劾他人；为被他参劾的人平反、升官；抓住他的不谨小题大做，降职、调任。五月丙辰，雍正帝谕大学士等，要求被年羹尧第二次陛见后带往陕西补用的人员，明白陈奏带往缘由、有无请托情节以及年羹尧在陕行迹：

> 至去冬年羹尧奏请带往补用人员内，惟侍卫查尔扈系奉旨发去之员。其余有请托年羹尧带往者，有年羹尧自欲带往者，此内亦有将督抚大臣官员子弟带往者，亦有欲作质当带往者。是以有感激年羹尧之人，亦有怨恨年羹尧之人。着伊等各将带往缘由、请托情节并年羹尧所行事迹声明，缮写折子，俱交与岳钟琪转奏。[1]

年羹尧"奏请带往补用人员"，名义上为军需而备，实际上除了翰林院编修、检讨能够"代批呈详"[2]，其余人员不过是助其虚张声势、比拟帝王。

对于某些带往人员来说，能够被年羹尧带往军前、立功边疆，无疑是获得了平步青云的终南捷径。在人情社会中，要达成这一目的，自然免不了走动、请托。

在失去对年羹尧信任的情况下，雍正帝要求带往人员陈奏带往缘由、有无请托情节，无可厚非；但同时要求言明年羹尧在陕行迹，颇令人生疑——似乎惩处请托、澄清史治并非其惟一意图，尚有借以了解年羹尧行事、为进一步惩处搜集证据之深意。雍正帝还特意强调："至于前岁朕拣选发与年羹尧

---

〔1〕《清世宗实录》卷三二"雍正三年五月丙辰"，第15页。

〔2〕《清史稿》卷二九五《年羹尧传》，第10363页。

之侍卫,俱系皇考时所用、在朕左右随侍之人。特欲伊等效力军前,黾勉勤劳,并非令为年羹尧厮役而供其驱使也。伊等至彼,贪其资财,为年羹尧前引后随,且为坠镫,竟似奴仆,听命而行。伊等既甘卑贱如此,即令跟随年羹尧前往杭州。"[1]给出不"如实"声明的后果——与年羹尧同调往杭州,很明显是要臣子为自己的前途着想,站好队。

中国第一历史档案馆开放了18位相关人士的回奏。各回奏均称未曾请托年羹尧,但对年羹尧在陕行迹的评述却颇多差异:有推托不知的,如拣选候补知府许登瀛言"至于年羹尧行事,久在皇上神明洞鉴之中。惟是臣来陕日浅,非深知灼见,亦不敢渎陈"[2];有言其作威作福的,如镶黄旗蓝翎侍卫六十五言"惟见年羹尧自恃己功,目视无人。将军、抚院相会,年羹尧独坐居中,将军、抚院俱令侍坐于下。又令护军摆马,侍卫跟随,名为护印,实为己威。施威作势,好大喜功,皆臣眼见"[3];有言其有所收敛的,如翰林院编修金以成言"臣至陕之后,年羹尧以所行冒昧,屡奉上谕严饬。年羹尧惶恐之余,志气萧索"[4]。其中言其作威作福的最多,有11人;言其有所收敛的最少,仅1人——大多数回奏满足了雍正的心理预期。

对雍正帝来说,惩治曾经推许的官员,必须考虑到对自己声誉的影响——因为这在某种意义上意味着自己喜怒无常、滥杀功臣,因此搜集罪证的工作必须做足,理由必须充分。正是肇因于此,雍正帝先前对年羹尧的不满才一点点地释放出来。而此次要求带往人员陈奏带往缘由、有无请托情节以及年羹尧在陕行迹,不过是斗争的扩大化、深入化——如此大规模的请托一旦坐实,自然可为惩处年羹尧提供充分的证据;如果否认,则众人有言明年羹尧"所行事迹"之责,年羹尧的其他不法行径也会被顺带揭发出来。总之,此举必将给年羹尧以有力一击。

雍正三年(1725)十二月,年羹尧以"大逆之罪五,欺罔之罪九,僭越

---

[1] 《清世宗实录》卷三二"雍正三年五月丙辰",第15—16页。

[2] "奏为遵旨回奏发往陕西并无请托及与年羹尧亦无交往各情形事",中国第一历史档案馆藏,奏折,档号04-01-30-0016-027。

[3] "奏为遵旨声明将臣带来陕西并无请托情节及年羹尧所行事迹事",中国第一历史档案馆藏,奏折,档号04-01-30-0018-017。

[4] "奏为遵旨奏明臣与年羹尧萍水相逢委无请托情节事",中国第一历史档案馆藏,奏折,档号04-01-30-0018-022。

之罪十六，狂悖之罪十三，专擅之罪六，忌刻之罪六，残忍之罪四，贪黩之罪十八，侵蚀之罪十五，凡九十二款"[1]获罪，其中没有受托带人往陕补用的罪名[2]，但有些罪行与带往人员对年羹尧行事的描述相似：如欺罔之罪九之四"西安解任时，私嘱咸宁令朱炯，贿奸民保留"[3]，与带往人员"今量移镇守，忽矫情而简朴，前倨后卑，殊失大臣体统。即兵民哭送数拾人，俱系素受私恩，亦非善教善政所致者"[4]的描述；再如狂悖之罪十三之五"以侍卫前引后随，执鞭坠镫"，与带往人员"令护军摆马，侍卫跟随"[5]、"出入着摆对马，坐堂着傍侍立"[6]、"派令侍卫顶马引导，轮班值宿"[7]的描述，等等。肇始于举发请托的"回奏"，使雍正帝获得了惩处年羹尧的部分有力证据。雍正四年（1726），叱咤一时的年羹尧以身败名裂、家破人亡告终。

虽然年羹尧案中没有坐实请托这一罪名，但以雍正帝的多疑性格，不大可能相信其中全无请托。雍正四年（1726）正月乙未，赐宴内大臣、满汉大学士、尚书、侍郎、八旗都统、副都统等时，雍正帝指出请托带给子弟、亲戚的危害："既为子弟、亲戚营求作弊，是教之不以正矣，何足为其师范？徒使子弟、亲戚有所恃以无恐，终归于坏品丧志，不能上进，其害可胜言哉！"并引年羹尧、隆科多为证："如年羹尧、隆科多，营私挟诈，深负朕恩，不旋踵而事事败露。"[8]雍正帝此处论请托着眼于品行和志向，对法律本身反而强调得不足，没有从法治角度思考是其缺憾，但也正表明其对年羹尧的处理，更多的是出于政治斗争的目的。

历史上以惩处请托之名，行打击异己之实做得最多的，当属明代臣子。

---

〔1〕《清史稿》卷二九五《年羹尧传》，第10364—10365页。

〔2〕有受知府栾芳贿赂，奏带往陕西的罪名，见（清）陈康祺：《郎潜纪闻二笔》卷七《本朝大案汇记》，中华书局1984年版，第447页。

〔3〕（清）陈康祺：《郎潜纪闻二笔》卷七《本朝大案汇记》，第445页。

〔4〕"奏为遵旨奏明臣与年羹尧素无来往亦无请托等情事"，中国第一历史档案馆藏，奏折，档号04-01-30-0019-018。

〔5〕"奏为遵旨声明将臣带来陕西并无请托情节及年羹尧所行事迹事"，中国第一历史档案馆藏，奏折，档号04-01-30-0018-017。

〔6〕"奏为遵旨声明来陕情由并无请托事"，中国第一历史档案馆藏，奏折，档号04-01-30-0018-019。

〔7〕"奏为遵旨声明来陕西情由并无请托情节事"，中国第一历史档案馆藏，奏折，档号04-01-30-0018-023。

〔8〕《清世宗实录》卷四〇"雍正四年春正月乙未"，第3页。

帝王中，在将请托打造为政治斗争利器方面，雍正帝做得最明显。这与其多年的政治斗争经验有关。

四、查嗣庭案与进一步认识请托

雍正四年（1726）九月发生的查嗣庭案，促使雍正帝进一步认识请托。

查嗣庭（1664—1727），浙江海宁（今浙江海宁）人，字润木，一字奋木，号横浦，又号查城，一作查溪。康熙四十七年（1708）进士。历官翰林院编修、内阁学士、礼部侍郎等。雍正四年（1726），查嗣庭受命为江西乡试正考官。九月试毕返京，被人告发所出试题乖张。雍正帝派人搜查其寓所，发现日记中"讥刺时事、幸灾乐祸之语甚多"，信札中"受人嘱托、代人营求之事，不可枚举"〔1〕。九月二十六日，雍正帝下旨，斥其"逆天负主，讥刺咒诅，大干法纪"〔2〕。

有学者认为雍正帝严惩查嗣庭，不仅在于其所出试题"隐匿讥讪"，还在于"向来趋附隆科多"和蔡珽，雍正帝此举乃是为接下来整肃隆科多和蔡珽做铺垫。但也有学者持反对意见，认为"查案对这两个案子的形成、发展和结局则没有什么影响"〔3〕。这里不对案件的性质作探讨，而着重分析雍正帝从中表现出的对请托的认识。

（一）京官请托地方

十月二日，雍正帝就在京大臣"以私情关说嘱托"一事，专门告诫督抚、藩臬。在强调"欲人心风俗同归于善，必先去其营求请托之私，而后可以成公平之化"后，雍正帝指出在京大臣请托的"反面榜样"作用："大臣不能去营求请托之私则标准不立，而百僚士庶相习成风，更无所底止矣。"接下来，言及查嗣庭以在京大臣身份"代人关说请托"督抚、藩臬，对地方事务的不良影响："必致进退人材不得其实，听断讼狱不得其平。种种倚仗势力、颠倒是非、夤缘奔竞之事，皆由此而起"。故下旨："嗣后，若大臣官员等有

---

〔1〕 雍正四年九月二十六日，"着将乡试命题悖谬之江西主考查嗣庭革职拿问事上谕"，转引自张书才"查嗣庭文字狱案史料（上）"，载《历史档案》1992年第1期，第4页。

〔2〕 雍正四年九月二十六日，"着将乡试命题悖谬之江西主考查嗣庭革职拿问事上谕"，转引自张书才"查嗣庭文字狱案史料（上）"，载《历史档案》1992年第1期，第5页。

〔3〕 顾真："查嗣庭案缘由与性质"，载《故宫博物院院刊》1984年第1期，第14页。

私致书与督抚、藩臬，关说事件及请托子弟、亲朋、门生、故吏者，着督抚、藩臬即将原书密封进呈。……倘督抚、藩臬隐匿不奏，将来或于本人处发觉如查嗣庭之类，或经朕别处访闻，定将隐匿不奏之人，必照违制例治罪，决不宽贷。"〔1〕在禁止的同时，还对督抚、藩臬提出举发的要求，极力打击在京大臣的请托行为。

（二）父子请托

次日，雍正帝再次下旨，言查嗣庭之子查克上所写家书，"都是夤缘请托、悖理干渎之语"，断定："总由查嗣庭居心不端，平日教其子者俱非正道，故其子亦是如此。"〔2〕父以在京大臣身份请托地方大吏，子亦大开方便之门，助人请托其父，雍正帝对黄氏子弟因"一门荣宠"而结党请托的担心，已然于查嗣庭父子身上坐实。

有鉴于此，雍正帝进一步升级此前对请托危害的阐释。十月十六日，谕大学士、九卿、詹事、翰林、科道等，言说"尔等汉官中多出科甲之人，即诵法圣贤，读书明理"后，指出其请托的"无益而有损"情形。其一，从受托者与请托者的角度来说，接受则伏危他日，被拒则自取其辱，"使地方督抚若惟命是从，则其权势赫奕，亦甚可危，宁不自知畏惧乎？若谓虽有请托，督抚大吏置若罔闻，则又何必多费此纸墨，徒自取辱，以蹈罪愆也"。其二，从请托者与子弟、姻戚、门生、故旧等"素所亲爱之人"的角度来说，不托则尚知勤勉，有托则有恃无恐，"盖彼无倚恃，尚知警惕自守，勉励供职；若先有请托，彼必以为势要可倚，肆其狂妄，无所不为"，及至案发，"始悟从前请托之非，已追悔莫及矣。是非所以爱之，而实以害之也"。"权势赫奕，亦甚可危"的危险比较缥缈，"徒自取辱，以蹈罪愆"的委屈亦可暂时隐忍，皆不足以撼动请托者之心，惟有"非所以爱之，而实以害之"的后果，细思之

---

〔1〕"为告诫督抚藩臬地方大吏应以查嗣庭案为戒严禁私情请托以除弊端事谕旨"，中国第一历史档案馆藏，谕旨，档号04-01-38-0033-008。张书才"查嗣庭文字狱案史料（上）"亦收，题为"着各督抚藩臬不得以私情关说嘱托事上谕"（雍正四年十月初二日），载《历史档案》1992年第1期，第5页。

〔2〕"为传知浙江巡抚李卫将查嗣庭之子查克上解京讯问并复审王友揭原案事谕旨"，中国第一历史档案馆藏，谕旨，档号04-01-38-0033-001。张书才"查嗣庭文字狱案史料（上）"亦收，题为"着浙抚李卫将查克上解京并复审'王友揭事'上谕"（雍正四年十月初三日），载《历史档案》1992年第1期，第6页。

下，令人毛骨悚然——好的出发点，却导致坏的结果，则先前的费力劳神、请托钻营，何用之有？

如果说十月二日的谕旨，因查嗣庭代人请托，而告诫在京大臣不得请托督抚、藩臬；那么此次谕旨，则因查克上给其父的书信中涉及请托，而告诫请托者此举对子弟、姻戚、门生、故旧等"素所亲爱之人"的危害。不止于此，雍正帝还将告诫的对象定位为"汉官"，"汉官"从此成为其防范请托的主要对象。

（三）同年、师生请托

此后，又查出查嗣庭案内之李元伟、刘绍曾、杨三炯私书请托情节：李元伟因沈元沧系查嗣庭同年，求其转恳查嗣庭致书请托陈世倌；杨三炯亦因系查嗣庭同年，而恳其请托牛钮。

此前雍正帝只是在阐释请托危害时，泛泛提及为门生请托的情况，至此如此集中地出现倚靠同年关系请托、受托，使雍正帝不得不对经科考而建立起的各种关系重视起来，于十二月十二日下谕："尔等汉人于同年、师生之谊，党比成风，平日则交相固结，有事则互相袒护，夤缘请托，背公徇私。似此颓风，不知起自何时，竟至积锢日深，相沿日甚，不以为可耻而视以为当然，以致顾恤私交，罔知国法。"揭示"汉人"结党与请托的情形，与元世祖忽必烈认为"汉人徇私"一脉相承。雍正帝还因"汉人以师生之情同于父子"，进一步谴责道："如果视门生为子弟，自当教以忠君为国、立身行己之道。今乃教以夤缘请托、罔利营私，父兄之所以教训其子弟者，固当如是乎？"[1]这实在是点出了儒家文化的一个缺陷：在家国同构的心理之下，在认识上缺乏严格明晰的公私界限，容易导致公私不分、损公肥私，有时甚至浑然不觉或视作理所当然，故请托屡禁不绝。

继京官请托地方、父子请托后，又出现了同年、师生请托，请托形式之复杂，治理之困难，可见一斑。也许这给雍正帝带来很大的困惑，使他在接下来处理马倬、胡虞继向查嗣庭递传单、禀帖时，对请托的惩处有扩大化趋势。

---

[1] 雍正四年十二月十二日，"着严禁科甲同年师生夤缘请托朋比营私事上谕"，转引自张书才"查嗣庭文字狱案史料（下）"，载《历史档案》1992年第2期，第21页。

雍正五年（1727）正月二十七日，内阁、九卿奏报江南合肥知县马倬、江西宜黄知县胡虞继于查嗣庭奉差经过时，"借师生私情，妄递传单、禀帖"，应照越诉律治罪，"仍发回江南、江西，将伊等所诉各款，俱交与各该督抚确审定拟"。从后文"伊等本省自俱有审理未结之案，马倬、胡虞继理应静听审结。若果有冤抑，亦应遵旨向都察院具呈申诉"推测，马倬、胡虞继应是就在地方所涉案件向查嗣庭申说，内阁、九卿定为"越诉"，比较合适。但雍正帝认为他们"借师生情分，希图嘱托钻营，非寻常通候书信可比"，照越诉律治罪"不足为党比营求者示戒"[1]，仍以请托罪惩处。

请托形式复杂，与时变化，其中可能还夹杂着汉族知识分子"匿怨而为之臣"[2]的情绪，显然已超出雍正帝"藩邸"时期的认知。针对不同情况，雍正帝发挥其善于做思想工作的特点，或循循善诱，或明言利害，或严厉谴责，较为丰富，可惜有扩大打击面的缺陷。

五、李绂、田文镜互参案与请托认定的双重性

李绂（1675—1750），江西临川（今属江西抚州）人，字巨来，号穆堂。康熙四十八年（1709）进士。历官广西巡抚、直隶总督、户部侍郎等。田文镜（1662—1733），属汉军正黄旗，字抑光。监生出身。历官山西布政使、河南巡抚、河南总督、河南山东总督兼北河总督等。深受雍正帝宠遇。

李绂、田文镜互参案发生于雍正四年（1726）。其年三月，李绂授直隶总督，入京陛见时极言田文镜贪虐，谓其所劾属吏黄振国、邵言纶、汪諴、关陈皆冤枉，且黄振国已死于狱中；而张球居官声名甚劣，田文镜却并不纠参。田文镜则于密疏中奏闻"绂与振国同年袒护"[3]。雍正帝一向信任、宠遇田文镜，怒斥李绂"受何人意指，而捏造此不稽之言"[4]，并派人重审。结果查明黄振国等庸劣不堪；而张球一案，田文镜确实失职。此后田文镜认过请

---

〔1〕雍正五年正月二十七日，"着将向查嗣庭妄递传单贪缘请托之马倬等拿往江南质审事上谕"，转引自张书才"查嗣庭文字狱案史料（下）"，载《历史档案》1992年第2期，第23页。

〔2〕雍正四年九月二十六日，"着将乡试命题悖谬之江西主考查嗣庭革职拿问事上谕"，转引自张书才"查嗣庭文字狱案史料（上）"，载《历史档案》1992年第1期，第5页。

〔3〕《清史稿》卷二九三《李绂传》，第10323页。

〔4〕（嘉庆）《大清会典事例》卷七五四《都察院·宪纲·谕旨》，第18页。

罪，部议予以处分。

值得注意的是雍正帝对此的态度，他为田文镜开脱："夫督抚统辖通省，地方甚广，属员甚众，其居心办事，安能尽保其无过？田文镜始而误信张球为可用，既而察知其不肖，即深自愧悔，据实参奏，亦可以解其从前误用之愆。"雍正帝甚而不惜引自己任用年羹尧、隆科多为例，"现身说法"："即如朕之误用年羹尧、隆科多，始见其可用则委任之，既觉其奸回则法治之，一皆本乎大中至正之心，准乎公是公非之理，岂得加朕以误用匪人之名乎？"[1]可见其对田文镜的偏袒与维护。

此后，雍正帝对重提此案者的态度——目为结党、请托，亦值得深思。其年十二月，浙江道监察御史谢济世劾田文镜贪赃坏法，又提及其曾诬劾黄振国等一事。雍正帝认为谢济世所言与李绂"来京陛见时所奏一一吻合"[2]，以此怀疑"平日二人原有往来，未必不因李绂有私惠于彼而欲借此酬报之也"[3]。他还进一步想象、"设计"出黄振国等"要结党与，请托权要"[4]的"实迹"——黄振国等钻营李绂密奏，又指使谢济世挺身陈奏；关㙙则嘱托佟镇寄信隆科多，于皇帝面前称扬其善。相反，对于田文镜，雍正帝却盛赞其"每事秉公洁己，谢绝私交，实为巡抚中之第一"[5]。

雍正帝宠信田文镜，则田文镜之于张球，为"误信"，无涉请托；李绂、谢济世弹劾田文镜，则为结党，为请托——一件官员互参案，就这样升级为请托、结党案。后谢济世被发往阿尔泰军前效力赎罪，李绂改授工部侍郎。

但此案的影响并未就此消失。雍正五年（1727），李绂受李先枝的牵连，再次被疑受托。其年，大城知县李先枝私派被劾。李绂任直隶总督时，曾荐李先枝题升天津州知州。雍正帝调来引见，见其人平庸，令仍回知县原任。现李先枝因私派被劾，雍正帝追及以往，认为李绂"不但有心袒护，且必有暗受李先枝请托之处"[6]，将李绂革职拿问。

〔1〕（嘉庆）《大清会典事例》卷七五四《都察院·宪纲·谕旨》，第19页。
〔2〕（嘉庆）《大清会典事例》卷七五四《都察院·宪纲·谕旨》，第19页。
〔3〕（嘉庆）《大清会典事例》卷七五四《都察院·宪纲·谕旨》，第20页。
〔4〕（嘉庆）《大清会典事例》卷七五四《都察院·宪纲·谕旨》，第21页。
〔5〕（嘉庆）《大清会典事例》卷七五四《都察院·宪纲·谕旨》，第18页。
〔6〕《清世宗实录》卷六〇"雍正五年八月己丑"，第7页。

雍正帝此前曾对田文镜所用非人给予理解，而李绂之于李先枝，不过是一次未被采纳的荐举，居然要承担革职的连带责任，当然雍正帝曾有言在先——"其人平常，不应保者，伊等或受请托，入于其间，朕必将徇情荐举之人治罪"[1]，但问题是，并没有证据表明李绂是受李先枝之托而荐举。出现此一反差，仍与雍正帝的偏袒有关：宠信田文镜，故理解其"误信"任用；而李绂曾有结党、请托嫌疑，故再次被疑受托。这样的双重标准，对请托治理是不利的。

六、后期出台新的请托治理措施

在请托治理后期，雍正帝出台了一些新的措施。

（一）提出奖励拒绝请托者

雍正六年（1728）二月庚戌，他赞赏吏、户、兵、刑、工五部大臣拒绝请托等弊的行为："今皆各殚厥职，赞襄政治，共相黾勉，矢勤矢慎，端方自持，剔除情弊，杜绝请托，甚属可嘉。"并意识到官员拒绝请托等弊，经济上必然困难，故予以奖励："夫大臣果能廉洁自守，其用度必稍不敷。朕因国家政事资借大臣之力，而使之分心家计，朕心不忍。五部大臣内，除差往外省署事之人外，俸银俸米，着加倍给与；其署理之大臣，亦照此赏给。"[2]甚至，"若遇罚俸案件，将朕分外所给之俸，不必入议"[3]。这即是后世的"高薪养廉"，可惜仅限于"五部大臣"，而没有普及到不同品秩的官员，并且没有形成制度。

（二）切实奖励举发请托者

雍正七年（1729），山西学政励宗万奏太监解进朝"私书请托"，雍正帝认为："凡私书请托者，皆夤缘侥幸之徒。若内外官员肯据实参奏，则钻营之弊可息。励宗万此奏甚属可嘉，着交部议叙。"[4]这等于实施了清律中举发请

---

〔1〕《清世宗实录》卷三〇"雍正三年三月庚子"，第2页。
〔2〕《清世宗实录》卷六六"雍正六年二月庚戌"，第27—28页。
〔3〕《清世宗实录》卷六六"雍正六年二月庚戌"，第28页。
〔4〕（清）允禄编、弘昼续编：《世宗宪皇帝上谕内阁》卷八〇"雍正七年四月初七日"，《景印文渊阁四库全书》第415册，第226页。

托可"升一等"的规定。

（三）规定不举发请托者受惩

雍正七年（1729）议准："州县官有私相交往、馈送情弊，而道府不行揭报，将道府照徇庇例降三级调用；府道等官有私相交往、馈送情弊，而督抚两司不行揭报题参者，将督抚两司照徇庇例降三级调用。"雍正十三年（1735）覆准："上司勒荐幕宾长随，许属官揭报，……或属官徇隐，不行揭报者，照受嘱不报例革职。"[1]明确规定不举发请托者，降三级调用或革职。

这些治理措施，有些是对前帝经验的吸收，有些是对自己以往经验的升级（治理中期要求举发请托），比较重要。

七、对请托、结党关系的认识进一步发展

关于请托与结党的关系，雍正帝在以往认识的基础上进一步发展。

（一）反对为避免请托而"闭门谢客"，承认师生"分谊"

雍正七年（1729）十月庚戌，谕翰詹、科道等，勉励臣子"凡事为国起见"[2]，不请托、不结党的同时，又反对"闭门谢客，以示孤介"的行为，认为"亦矫情之举"，特别是在京大臣、外省督抚如此行事，"何以周知人之贤否、事之利弊"。此外，雍正帝还强调新进臣子"亦不必以师生、同年往来相接为讳，但当和衷共济，劝勉箴规，以道义相砥砺。此则君子之朋，朕所望于尔等者也"[3]。

在此，雍正帝的观点与其发表《御制朋党论》及处理查嗣庭案时大相径庭：彼时，他反对欧阳修的君子"以同道为朋"[4]的说法，扬言"设修在今日而为此论，朕必饬之，以正其惑"[5]，此则赞赏"君子之朋"，并以"朕

---

〔1〕（乾隆）《大清会典则例》卷一四《吏部·考功清吏司·营私》"馈送嘱托"，第32页。

〔2〕《清世宗实录》卷八七"雍正七年冬十月庚戌"，第11页。

〔3〕《清世宗实录》卷八七"雍正七年冬十月庚戌"，第12页。

〔4〕（宋）欧阳修撰、周必大编：《文忠集》卷一七《居士集十七·论六首·朋党论》，《景印文渊阁四库全书》第1102册，第140页。

〔5〕（嘉庆）《大清会典事例》卷三一一《礼部·学校·训士规条》，第7页。

所望于尔等"相期许；处理查嗣庭案时，他谴责"尔等汉人于同年师生之谊，党比成风"[1]，此则殷殷劝慰"不必以师生、同年往来相接为讳"——态度转变如此之大，令人咋舌。

（二）再次强调师生"情同父子"，为之请托实则害之

几日后，雍正帝谕科甲出身官员，继续破除科举出身者结党请托的问题。

他因循查嗣庭案中"汉人以师生之情同于父子"[2]的思路，再次强调"素以师生之谊，情同父子"，并进一步拷问："则为父兄者，自当教子弟以正，岂可使之夤缘请托而不知耻乎？为子弟者，自当事父兄以礼，岂可与之夤缘请托而不知非乎？"[3]

在查嗣庭案中，雍正帝曾从"是非所以爱之，而实以害之也"的角度，揭示为子弟请托的恶果。此则再循此一思路，阐述为门生请托的害处："从来请托营求，甚属无益。……徒使其人恃有奥援之请托，遂至放侩怠惰，不自检束，以极于贪污狼藉，难免督抚之参劾，彼请托者能挽救之乎？"[4]反复言说，不过是为教导臣子勿行请托。

顺治帝为防夤缘请托，曾严禁科甲出身者结认师生、同年，雍正帝始亦禁止，最后却认可此种风气，概因师生、同年为拟血缘关系，是血缘关系的自然延伸，具有浓厚的社会文化心理基础，无法根绝。若从正面承认此种关系，则不脱离传统文化心理，不引起士子的抵触。在此基础上，再教化人心，阻止请托弊端，可由消极禁止变为积极引导，对其间易生的请托也由"手术切除"变为"保守治疗"，因为病灶与机体联结得太过紧密。

雍正帝重视请托，敏锐地发现了请托与结党的关联，展开联合治理；注重说教，能够根据所掌握的请托发展情况，随时阐发、训诫臣下，以期从思想上转变之。雍正帝不是采取预防请托措施最多的皇帝，但他对请托与结党关系的把握委曲深入，对请托危害的阐释直击人心，都是非常宝贵的经验。

---

〔1〕雍正四年十二月十二日，"着严禁科甲同年师生夤缘请托朋比营私事上谕"，转引自张书才"查嗣庭文字狱案史料（下）"，载《历史档案》1992年第2期，第21页。
〔2〕雍正四年十二月十二日，"着严禁科甲同年师生夤缘请托朋比营私事上谕"，转引自张书才"查嗣庭文字狱案史料（下）"，载《历史档案》1992年第2期，第21页。
〔3〕《清世宗实录》卷八七"雍正七年冬十月乙丑"，第31页。
〔4〕《清世宗实录》卷八七"雍正七年冬十月乙丑"，第31—32页。

雍正时期的吏治有目共睹，其中就包含了治理请托的成果。当然，因性格等因素的影响，雍正帝也不乏偏见，如以双重标准认定请托等。但在治理后期，他通过出台新的治理措施、加深对请托与结党关系的认识，逐步向理性回归。雍正帝在位时间只有短短的13年，如果时间加长，以他的智力、经验，当会出台更多、更富有实效的请托治理措施。

第五节　乾隆帝：古代请托治理的集大成者

乾隆帝于二十五岁正当盛年时即位，获得最高权力的过程十分顺利，加之顺治、康熙、雍正三朝91年苦心经营打下的良好基础，使其统治较为顺遂。请托治理方面，乾隆帝也在先祖奠定的基础上继续发展，从认识到预防、举发、惩处请托，都表现出超越先祖及其他朝代皇帝之处，堪称古代请托治理的集大成者。

一、对请托的认识比较深刻

（一）全面阐释请托的危害

历代帝王关于请托危害的阐释多侧重国家、他人、个人三个角度，乾隆帝则集中家族、国家、个人、社会多个角度加以全面揭示。

乾隆二十八年（1763），乾隆帝亲弟、果亲王弘曕请托事败，加以他事，被降爵罢职。亲王请托，在官吏请托中危害较大，乾隆帝道："非法干求，迹更彰著，其所关于家法、朝纲、人心、风纪为甚大。"[1]指出请托于家族规定、朝政秩序、人之心地、社会风气均有危害。

（二）明确揭示请托向贿赂转化的情形

乾隆十三年（1748），江南河道总督周学健因于孝贤皇后丧中剃发，被罢官、抄家，江西巡抚开泰在其原籍查出"请托自陈荐举，许谢两千之札"。乾隆帝命大臣唤问，周学健供系丁忧之兖沂曹道吴同仁所致。乾隆帝认为："盖夤缘请托之事，世俗容所不免。然至明目张胆，纳以苞苴，许以成数，则犯

---

〔1〕《清高宗实录》卷六八六"乾隆二十八年五月上已巳"，第20页。

法干纪，国宪之所不宥。"[1]即请托不可避免，但如果发展至收受"苞
苴"——贿赂的程度，则国法难容。

请托表面上不涉及钱物，似与贿赂无关，但实际上，请托不可能与钱物
绝缘。一方面，以中国人的人情观念，一旦请托成功，不可避免地要以钱物
答谢；另一方面，如果所托事大，则请托之时即可能附以钱物——当此际，
请托转化为贿赂。《唐律疏议》《宋刑统》的"有事以财行求"条以及《大明
律》《大清律例》的"有事以财请求"条，在强调"财"的工具性的同时，
也暗含了请托向贿赂的转化，乾隆帝予以明确揭示，可谓犀利。

（三）理解"失于觉察"而不尽归于受托保举

此前，被举者一旦犯罪，举主多被怀疑受托保举，而很少归因于"失于
觉察"。至乾隆时代，这种情况发生了改观。乾隆二十九年（1764），御史罗
暹春参奏总督苏昌与运司王概近在同城，"而该运司狼籍（按："籍"通
"藉"）如此，不劾反举"。乾隆帝认为，督抚因属员可用而保举之，并不能
保证其始终如一，"或中路改操，出于意料之外，亦属情理所有"；就此而言，
举主"失于觉察之咎，原与有心行私、瞻徇者不同"。同时，乾隆帝又指出罗
暹春看法的合理性——王概以盐埠亏空被参，而苏昌此前曾推许其能办盐务，
甚至列入本年大计卓异，"则其事本难免人猜疑"[2]，故命人据实访查。乾
隆帝既理解举主"失于觉察"而不尽归于受托保举，又注意查明事实以防漏
网之鱼，可谓处理得当。

由以上可见，乾隆帝对请托的认识比较深刻。

二、对请托敏感但不苛刻

较之顺、康、雍三帝，乾隆帝对请托更加敏感，更易怀疑有请托发生，
但并不过事苛求，谴责后即予放手。

即便眼前没有直接证据表明请托已然发生，乾隆帝也会因某些迹象的存
在而有所怀疑。乾隆十二年（1747）五月，令大臣举贤自代。礼部侍郎杨嗣
璟乃广西人，举广西学政官献瑶。乾隆帝认为"侍郎与中允官阶相隔甚远"，

---

[1]《清高宗实录》卷三二三"乾隆十三年八月下辛亥"，第38页。
[2]《清高宗实录》卷七一五"乾隆二十九年七月下辛未"，第9页。

而官献瑶非"材猷特达"之人，故怀疑"即谓此时实无瞻徇，焉知日后不缘此居功而便于请托耶"[1]，命将杨嗣璟"交部察议"[2]。姑且不论官献瑶本人是否"材猷特达"，其以正七品翰林院编修任广西学政[3]而被荐正二品侍郎，品秩差距确实很大；且其以广西地方官而被广西人杨嗣璟推荐，具备易致请托的要素，乾隆帝的怀疑不无道理。

即便怀疑有请托发生，如果意识到可能另有他因，乾隆帝也会适时放手，不予深究。乾隆十三年（1748）八月，原任浙江提督陈伦炯因失察兵丁为盗，部议降三级调用，照例应赴部候补。陈伦炯以母老难离，呈请终养后赴部。闽浙总督喀尔吉善为奏："闽省海洋，甚关紧要，陈伦炯熟习水师，请留闽就近补用。"乾隆帝怀疑喀尔吉善受托为奏："陈伦炯系降调之员，自应赴部候补，乃请留闽补用，在陈伦炯或以候补无期，有所请托。"但接下来，他又意识到喀尔吉善确实可能"为人材起见"[4]，故命将陈伦炯送部引见，酌量发往委用，再未有他言。人事荐举是出于私情请托还是公义举贤，外人常常难以分辨，实际上两者可能皆有，因此乾隆帝只是点出可能性而未再追究，当然也可能是以此敲打二人不要有请托、受托之行。

如果案件彻查难度较大，即便怀疑很深，乾隆帝也会搁置不问。乾隆四十一年（1776），左都御史素尔讷偏袒欠债不还的孙宏亮，乾隆帝"恐其中或有请托别情，不可不彻底查办"[5]，命留京办事王大臣彻查此案。素尔讷称"恐指挥偏向原告，是以当堂嘱咐"，乾隆帝反驳道："素尔讷以指挥将被告办严，疑为偏袒原告，然则素尔讷欲将被告从宽，独非偏袒被告乎？"但他也意识到此案彻查难度较大——"孙宏亮即有钻营请托情事，此时自断不肯承认"，表示："朕亦不欲复究其事，姑置不问。"[6]请托具有很强的私密性、隐蔽性，没有切实的证据就无法定罪，只能疑罪从无，这是请托治理的难点，也可见乾隆帝具有较强的证据意识。

---

〔1〕《清高宗实录》卷二九一"乾隆十二年五月下丙午"，第5页。
〔2〕《清高宗实录》卷二九一"乾隆十二年五月下丙午"，第6页。
〔3〕《清史稿》卷四八〇《官献瑶传》，第13140页。
〔4〕《清高宗实录》卷三二二"乾隆十三年八月上癸未朔"，第2页。
〔5〕《清高宗实录》卷一〇一三"乾隆四十一年七月下丁亥"，第4—5页。
〔6〕《清高宗实录》卷一〇一三"乾隆四十一年七月下癸巳"，第13页。

如果乾隆帝对请托的怀疑深重，会要求深挖严审。乾隆五十五年（1790），江苏高邮州胥吏伪造印串、冒征钱粮，巡检陈倚道查获伪串，禀明高邮知州吴璬，未予究办；又通禀江苏巡抚闵鹗元、江宁布政使康基田，俱未批示查办。案发，乾隆帝大为震怒，派钦差彻查，并命两江总督书麟先行审查："若敢徇庇闵鹗元、康基田，查究不实；且以该知州吴璬系吴嗣爵之子，稍存袒护，一经钦差查讯具奏，必将书麟一并治罪。想该督亦不敢代人受过也。"〔1〕吴嗣爵曾任江南河道总督，其时已逝，另康基田曾为其下属，故乾隆帝警告书麟勿袒护其子高邮知州吴璬。乾隆帝一直强烈怀疑、防范本案中上下官员请托徇私、袒护自保，屡次降旨查办此事，"恐竟有徇纵劣员、通同欺蔽之事"〔2〕，由此认为闵鹗元徇私拖延、遮饰前非。对于康基田于覆奏折内"仅自认糊涂迟误，并未有人请托"，乾隆帝也深表怀疑："试思藩司为巡抚属员，巡抚意存徇纵，只须风示意指，即可逢迎附和，又何待面为嘱咐及寄书请托耶？"〔3〕这是一种可能，但也只能是猜测。通观此案处置过程，乾隆帝早就定调：瞻徇枉法、通同欺瞒，并以此为思路下旨查办，有结论先行的意味。故后书麟认为闵鹗元诸人有些失察情有可原，乾隆帝就非常不满，将其交部严议，盖因违背了自己已有的判断。他还感慨："由此推之，外省官官相护恶习，牢不可破。督抚等皆如此，连为一气，罔上行私，又何事不可为耶？"〔4〕不久，又发生句容县书吏侵用钱粮一案，乾隆帝认为巡抚闵鹗元、布政使康基田、总督书麟皆有失察甚至受托欺瞒之情。最后闵鹗元拟绞，次年从宽革职回籍；康基田判遣戍伊犁，准赎，起为南河同知；书麟革职，旋起为山西巡抚。闵鹗元、康基田皆为当时能员，受此案牵连，闵鹗元结束政治生命，康基田侥幸起复。

正因乾隆帝对请托徇私保持高度敏感，并欲借此整治吏治，才对此案严查重处，实际情况不见得如此。由此案可见帝王在面对请托可能发生时的两难：若仅凭切实证据，很多请托根本查证不了，无法震慑官场；若凭推测下旨惩办，

---

〔1〕（清）王先谦辑：（道光）《东华续录·乾隆一百十一》"乾隆五十五年夏四月甲寅"，第21页（清光绪十年长沙王氏刻本；"鼎秀"，第3538页）。

〔2〕《清高宗实录》卷一三五二"乾隆五十五年夏四月上癸亥"，第21页。

〔3〕《清高宗实录》卷一三五三"乾隆五十五年夏四月下丙子"，第35页。

〔4〕《清高宗实录》卷一三五三"乾隆五十五年夏四月下庚午"，第21页。

可能触及实情，也可能有所冤枉。依法规还是凭推测，是请托治理中的难题。

此外，与揭示请托向贿赂转化的情形相适应，乾隆帝在怀疑请托的同时，还进一步怀疑有贿赂发生。乾隆六十年（1795），库吏周经侵亏八万两库银案发。乾隆帝认为闽浙总督伍拉纳有重大嫌疑：其为福建藩司时，以周经充任库吏；迨为闽浙总督，又令周经承修衙署；并听任藩司以放赈余银代周经垫补亏空，"若非平日听受嘱托，扶同舞弊分肥，何肯代为担此重大干系"[1]。由怀疑"听受嘱托"进一步怀疑"舞弊分肥"，可见怀疑的升级。后审实，伍拉纳以婪索盐规、收受属员馈送，赃累钜万，被判处斩刑。

乾隆帝虽然对请托比较敏感，却不走极端，有时确实能发现一些问题，在关心国是的同时，还震慑了臣子。

三、利用"议覆""议驳"提高臣子预防请托建议的可行性

清代皇帝拥有最高决策权，但为了统治阶级的整体利益与国家的长远利益，"朝廷部院通过'议准''议驳'，实施对于决策建议的'合例性'审核，既为皇帝合法决策提供选择方案，也有效提升地方督抚、部院大臣等各级官员的法律意识"[2]。

乾隆帝利用"议覆"来预防请托，在此过程中，来自臣子的个人建议经过部院众人的智慧升华，更加丰富，也更加切实可行。

乾隆十年（1745）十一月，浙江布政使潘思榘奏"请严禁吏员僭穿补服，干谒地方官"。乾隆帝交礼部议。不久，礼部议覆："应如所请。吏员僭穿补服，干谒地方官，照违制例，革去职衔。至州县佐杂等官，……如有与在籍吏员往来请托、有玷官箴者，事发，照因事嘱托例革职。"礼部认可潘思榘严禁吏员"僭穿补服，干谒地方官"的建议，同时明确了针对有犯吏员的处罚措施，并进一步补充对州县佐杂等类似行为的惩处，比较全面。乾隆帝"从之"[3]。"因事嘱托例革职"之规在康熙、雍正间曾多次于敕谕中提及，后被收入《大清会典则例》。

乾隆二十五年（1760）二月，湖广总督苏昌奏："告病告假人员，其声势

---

[1] 《清高宗实录》卷一四八七"乾隆六十年九月下己巳"，第17页。
[2] 朱勇："论清代皇帝决策的法律机制"，载《政法论坛》2021年第1期，第10页。
[3] 《清高宗实录》卷二五三"乾隆十年十一月下己丑"，第11页。

原与休官不同，夤缘请托地方官，每多瞻顾周全，有乖政体。向来未经议及，请敕部禁止。"乾隆帝命吏部议奏。寻议："嗣后，告病告假回籍之京外大臣、翰詹科道等官，其有谒拜督抚、结纳有司者，照不应重私罪律降三级调用。督抚有司不行拒绝，令其进署晋接者，亦照此例议处。"乾隆帝"从之"[1]。苏昌所奏着眼于"夤缘请托地方官"，按法应予革职；而部议着眼于"谒拜""结纳"，范围更广、性质更含混，也无对应律条惩处，只照"不应重私罪律降三级调用"，实质为轻处。不过本条措施重在预防，其惩处措施也有合理处，进一步丰富、完善了与请托相关的规定。

"对于因违反法律而被部院'议驳'的题奏，皇帝有可能从全局、长远考虑或者从相关价值导向考虑仍予允准，但多数情况下，皇帝在最终决策时会给予否决，或者要求题奏人修改题本内容，待符合法律规定、通过部院议奏之时再行批准。"[2]对于被部院"议驳"的请托建议，乾隆帝会仔细斟酌，择善而从。乾隆五十七年（1792），给事中拴住条奏"有外省乡试，请照顺天之例，钦命题目；并派出之正、副考官，五日内起程"一款，为礼部议驳。乾隆帝斟酌之下，认为"钦定题目"，殊为烦琐，自不可行；但"各省考官派出后，在京耽延多日，难保无交通嘱托情弊"，不为无见，故下谕："嗣后，派出各省正、副考官，俱着于五日内起程。"[3]部分地接受了拴住的建议。

明时，臣子的预防请托建议也有交部院"议覆"的先例，但较少被补充。乾隆帝不仅利用"议覆"提高臣子预防请托建议的可行性，还对被"议驳"的建议择善而从，进一步丰富了预防措施。

四、通过调整旧例、"著之为令"来预防请托

康熙帝通过停止旧例、制定新例来预防请托，乾隆帝在此道路上继续前行。

（一）调整旧例

如果旧例不能有效预防请托，康熙帝会不惜停止之，乾隆帝继承了这一点。

---

[1]《清高宗实录》卷六〇六"乾隆二十五年二月上丙子朔"，第5页。
[2] 朱勇："论清代皇帝决策的法律机制"，载《政法论坛》2021年第1期，第16页。
[3]《清高宗实录》卷一四〇二"乾隆五十七年闰四月上丁丑"，第18页。

乾隆三十七年（1772）九月，御史胡翘元条奏："外省各衙门幕友，在所辖地方及五百里以内者，不得延请。并在幕已逾五年者，均令更换。"[1]乾隆帝因"觉所言似尚有理"[2]，定年终汇奏幕友例。但各省数年来并未查出违例之人，且司法实践表明："相隔不为不远，仍不免于作奸犯科，……如果不使交通声气，虽年深亦不至于请托舞文；设或不能远迹避嫌，即年浅亦难保无徇私曲法。"[3]此例于预防请托等弊已然无益，乾隆四十一年（1776）正月戊寅被谕令停止。

但旧例并非全无用处，随着时间的推移，可能出现特殊情况，需要补充；或者为人所遗忘，需要重申。对于这样的旧例，乾隆帝会适时补充或重申，以便其更好地发挥效力。

旧例，沿河沿海、冲繁疲难之地的要缺，由该督抚题请调补，其余俱归吏部铨选。但直省督抚题请者日多，其中"营求请托之弊，均不能免"[4]。雍正十三年（1735）十月乙亥，乾隆帝下谕："嗣后，各直省督抚务遵定例，……不得滥行题请。"[5]但考虑到可能出现的特殊情况，补充道："倘要缺之外，实有人地相宜、必须题请调补者，务将必须调补之处声明本内，以凭核夺。"[6]这样的补充，使旧例更加切实可行。

乾隆四十九年（1784），福建道御史李翾奏申定殿试规条，其一为"士子不得豫行撰拟策联，分送请托"。大学士会同礼部议覆："臣等查此系旧例，但恐行之日久，复开侥幸之端。应请申明乾隆四年所奉圣谕，严切饬禁。"[7]旧例既存，只因日久而为人遗忘，再次申明即可，不必另定新规。乾隆帝"依议"[8]。

乾隆帝对旧例的调整——或停止，或补充，或重申，给旧例注入新的活力，大大提高了其利用率。

---

〔1〕《清高宗实录》卷九一七"乾隆三十七年九月下丁巳"，第15页。
〔2〕《清高宗实录》卷一〇〇〇"乾隆四十一年春正月上戊寅"，第15页。
〔3〕《清高宗实录》卷一〇〇〇"乾隆四十一年春正月上戊寅"，第15—16页。
〔4〕《清高宗实录》卷四"雍正十三年冬十月上乙亥"，第36页。
〔5〕《清高宗实录》卷四"雍正十三年冬十月上乙亥"，第36—37页。
〔6〕《清高宗实录》卷四"雍正十三年冬十月上乙亥"，第37页。
〔7〕《清高宗实录》卷一一九七"乾隆四十九年正月下丙辰"，第20页。
〔8〕《清高宗实录》卷一一九七"乾隆四十九年正月下丙辰"，第21页。

（二）著之为令

一如康熙帝将有价值的预防请托措施定为例，乾隆帝也毫不犹豫地将其"著为令"，以提高效力，"清代，令也纳入到例与会典之中"[1]，"令指法令、法规"[2]。

乾隆五十年（1785），有督抚奏请留任丁忧人员。乾隆帝认为"大抵该督抚之为此奏，非徇情市恩，即系该员干求请托"[3]，下旨："着通饬各省督抚，嗣后，非遇军务，不得以丁忧人员奏请留任。著为令。"[4]

乾隆五十五年（1790），因各省学政考拔时，拘于成例、人情，"已不免有瞻顾徇情之处"；京朝考后，"若仍令王大臣挑选，安知不又互相请托"，乾隆帝下谕："所有王大臣挑选之例，着即行停止。此次拔贡朝考取入一、二等者，着于正大光明殿覆试，再行钦派大臣秉公阅卷。……著为令。"[5]

天启时，曾有臣子请求将自己的预防请托建议"著为令"，可惜熹宗没有采纳。天启五年（1625），户科给事中薛国观言学校请托之狷獗——"为督学者，或宦处宽请托之路，或原籍开夤缘之门"，建议："今宜著为令，该抚按严加体察。但有贪秽不法者，列其事迹，四季报部，该部一并劣处。"[6]熹宗仅"命该部严加申饬行"[7]，未予格外关注。乾隆帝将有价值的预防请托措施"著为令"，使之成为普遍性制度，更有利于对请托的预防。

五、看重对请托的举发

与康熙帝相同，乾隆帝也奖励举发请托者。乾隆二年（1737），直隶总督李卫疏发诚亲王府护卫库克与安州民争淤池，"赴州嘱托"。乾隆帝命将库克治罪，"嘉卫执法秉公，赐四团龙补服"[8]。这样的落实具有实效，可惜例子不多。

---

〔1〕吕丽："例与清代的法源体系"，载《当代法学》2011年第6期，第10页。
〔2〕夏红永："清代的律、例、令初考"，载《池州师专学报》2006年第6期，第96页。
〔3〕《清高宗实录》卷一二三六"乾隆五十年八月上己卯"，第6—7页。
〔4〕《清高宗实录》卷一二三六"乾隆五十年八月上己卯"，第7页。
〔5〕《清高宗实录》卷一三六一"乾隆五十五年八月下壬申"，第23页。
〔6〕《明熹宗实录》卷五八"天启五年四月壬辰"，第2693页。
〔7〕《明熹宗实录》卷五八"天启五年四月壬辰"，第2695页。
〔8〕《清史稿》卷二九四《李卫传》，第10335页。

在乾隆帝看来，能举发请托、贿赂者，方为"持正出色之员"。乾隆三十八年（1773），荆州知府九格接受监利知县周世绪的请托、贿赂，将曹金安假印骗钱一案含糊带过，并不提究。案发，乾隆帝指出："该府九格，当周世绪馈遗请托时，果能据实具详揭参，方为持正出色之员。乃受贿徇情，将曹金安假印一事，任听幕友营私弊混，并不提究。"[1]虽然没有明确提出举发请托、贿赂的要求，但显然对举发一事还是比较看重的。

六、相当程度地依法惩处请托

乾隆帝曾明确表示严格执法、惩处请托的意愿。乾隆五十三年（1788），针对士子夤缘关节、考官听受请托等弊，顺天府尹吴省钦条奏："殿试、朝考、散馆、大考，俱请给发内府图章，交监试王大臣，将试卷逐加钤记，以防抽换试卷之弊。"[2]乾隆帝谕令遵从，并强调："夫繁设科条以杜弊窦，不如严饬法纪以绝弊源。……今防弊诸法，亦已无微不至。……而防弊之法有尽，舞弊之术无穷。……此不在增设条例，而在严示创惩也。"[3]乾隆帝认为，就惩处请托而言，与其增设法条、严密法网，不如严明法纪、严格执法。在实践中，乾隆帝也能相当程度地依法惩处请托。

史贻直为雍正、乾隆间重臣，曾致书甘肃巡抚鄂昌，为官山东运河道的儿子史奕昂请托甘肃布政使一职。乾隆二十年（1755），已任广西巡抚的鄂昌因事籍没，从其家中搜出史贻直札稿，供认史贻直曾嘱其"河道之缺已补，甘藩之任尚悬，望鼎力玉成等语"[4]。史贻直否认请托，被勒令致仕回籍，史奕昂亦被从甘肃召回京。史贻直向来受乾隆帝倚重，但突发此事，使乾隆帝既怒其请托，又怒其不承认请托，故令其致仕。这对于一位受宠重臣来说是较重的惩处，显示出乾隆帝依法惩处请托的决心。当然，乾隆帝在惩处之余也作了补救——不久后着史奕昂补授福建按察使，理由是：史贻直私书请托，"系伊自取之罪，原与伊子无涉，是以仍加录用"[5]。这一理由显然比

〔1〕《清高宗实录》卷九三六"乾隆三十八年六月上己亥"，第21页。
〔2〕《清高宗实录》卷一三〇一"乾隆五十三年三月下乙酉"，第24页。
〔3〕《清高宗实录》卷一三〇一"乾隆五十三年三月下乙酉"，第25—26页。
〔4〕《清高宗实录》卷四八九"乾隆二十年五月下庚寅"，第4页
〔5〕《清高宗实录》卷四八九"乾隆二十年五月下癸巳"，第17页。

较牵强，而实际情况应是史奕昂在山东、甘肃任上都政绩突出，加上乾隆帝确实不欲重处史贻直，故帮其完成了为儿子升官的心愿。

乾隆三十八年（1773），监利知县周世绪请托、贿赂荆州知府九格案发，湖广总督陈辉祖因周世绪、九格的汉、满身份不同，分别拟罪：周世绪拟发新疆效力赎罪，九格"仅依故减重作轻论，拟徒，系旗员，解部发落"。乾隆帝认为，如此审断，是"同一情罪，九格特以旗员，得邀末减"，表示："朕于满汉诸臣功罪，从不稍从歧视，间有因满洲人员获罪，加重办理者。断不肯以同案同罪之事，宽于满员而严于汉员。"[1]命将九格与周世绪一体发遣。这是"满汉一体"政策在请托领域的贯彻。

上述请托，乾隆帝完全有理由予以宽宥或从轻惩处，但他仍然坚持依法惩处，比较难得。

乾隆帝对请托的认识，全面而深刻，敏感又不苛刻；能够利用"议覆""议驳"提高臣子预防建议的可行性，通过调整旧例、"著之为令"预防请托；看重对请托的举发；相当程度地依法惩处请托，可以说，在多个方面都达到了其所处时代的最高峰。这固然得益于前帝治理经验的积累，却也与他个人的智慧、能力密不可分。

第六节　嘉庆帝：请托治理既进步又倒退

乾隆六十年（1795），乾隆帝内禅于时年三十五岁的皇十五子永琰，以明年为嗣皇帝嘉庆元年。此后，乾隆帝以太上皇名义训政。四年后，乾隆帝驾崩，嘉庆帝亲政。

嘉庆帝亲政后抓办的第一件大事，便是罢免了乾隆帝生前简用的内阁大学士、军机大臣兼户部尚书和珅。此后，嘉庆帝开始了整饬内政、矫惩前弊、力挽颓势的"嘉庆新政"，但收效甚微，"清王朝的衰败已是势所必然，嘉庆虽力图挽救，充其量只不过是起着某种延缓的作用，要想改变这一总的趋势却是不可能的"[2]。在请托治理方面，嘉庆帝也是进步、倒退相间。

---

〔1〕《清高宗实录》卷九三六"乾隆三十八年六月上己亥"，第21页。
〔2〕关文发："评嘉庆帝"，载《武汉大学学报》1984年第4期，第50页。

一、关注请托的类别、发生机制并对请托极为敏感

（一）关注请托的类别与发生机制

嘉庆帝与明清大部分皇帝一样，对请托的危害关注较多，其中值得一提的，是他阐释请托"于官常吏治大有关系"时说的一番话：

> 向来内外大小各官，往往藉年谊世好，书札往来，私行嘱托，此等陋习，相沿已久。况并非年家故旧，听信假冒之词，辗转请托，恬不为怪，于官常吏治大有关系。[1]

这里除了阐释请托的危害，还涉及了请托的类别。前文已言，按请托者、受托者关系的不同，可将请托分为熟人请托、势要请托两类，至晚自《唐律疏议》开始，律典对此已有所揭示。清代皇帝从其他角度涉及了请托的类别。如雍正帝言"大臣等之家人，互相党比，结为兄弟，钻营请托之处甚多"[2]，"惟以党护师生、同年为事，夤缘朋比，贻害于人心风俗"[3]；乾隆帝言"外官幕友，夤缘请托，随事舞弊，比比而是"[4]，分别从请托者的身份——大臣家人、科甲中人、外官幕友入手，对熟人请托作了更为细致的区分。但这样的区分并非有意为之，而是对实际情况的描述。至嘉庆帝，请托被有意识地区分为"年家故旧"间、"并非年家故旧"间，并分别对应特定的发生机制："年家故旧"间，借助"年谊世好"——熟人关系请托；"并非年家故旧"间，则"辗转请托"。

辗转请托链条的首尾，没有"年谊世好"等熟人关系，但链条的中间环节——任意相邻的两者之间，是有"年谊世好"等熟人关系的。正是在它们的润滑作用下，本为陌路的首尾才勾连起来，形成完整的请托链条。因此从本质上说，"辗转请托"凭借的也是"年谊世好"等熟人关系，只不过是间

---

[1]《清仁宗实录》卷八一"嘉庆六年三月下癸巳"，第4—5页。
[2]《清世宗实录》卷三〇"雍正三年三月丙寅"，第36页。
[3]《清世宗实录》卷八七"雍正七年冬十月乙丑"，第29页。
[4]《清高宗实录》卷五三一"乾隆二十二年正月下戊申"，第2页。

接的。嘉庆帝曾言"从来干求请托，必系素所熟识之人"〔1〕，对此作了
注脚。

嘉庆七年（1802），给事中鲁兰枝等参奏吏部"越次挽补"〔2〕额外司务
吴侍曾，并因吴侍曾为吏部尚书刘权取进入学，"谊属师生，来往甚密"〔3〕，
怀疑其中有请托发生。嘉庆帝命鲁兰枝、吴侍曾、刘权等质对，结果鲁兰枝
等不能指明消息来源。嘉庆帝申饬道："至六部堂司各官，原无师生回避之
例。如果堂官有意徇私，即其门生之不在本部所属者，亦可辗转请托。若竟
系营私受贿，又岂必谊属师生，始有情弊耶?"〔4〕再次提及凭借"谊属师生"
而"辗转请托"的情况。

嘉庆帝关注请托的类别及发生机制，表明其对"年谊世好"等熟人关系
比较注重。这一态度对他认识及预防请托均有一定影响。

（二）对请托极为敏感

嘉庆帝经常怀疑臣下有请托行为，是清帝中对请托最为敏感者。其中最
受怀疑的是科道官，科道官常因各种原因被疑受托。

嘉庆四年（1799），给事中明绳因"并非巡城，且系宗室"，却入告有民
呈请开矿，被疑"明系商人嘱托，冀幸事成，分肥而已"〔5〕；嘉庆十一年
（1806），给事中曹锡龄因奏请将会典馆之誊录送往实录馆，被疑"或系觊觎
考试之人从中怂恿，而该给事中受人请托，率为此奏"〔6〕；嘉庆十四年
（1809），御史魏元煜因奏请将京察一等、例用道府人员一体保送，被疑"受其
（上届被扣除者）嘱托，欲为宽予升途"〔7〕；嘉庆十七年（1812），御史恒麟
因奏请酌添京升知州班次，被疑"显系受人嘱托"〔8〕；嘉庆二十年（1815），
御史焦景新因"籍隶天津"，奏请整顿长芦盐务，被疑"显系受人嘱托"〔9〕；

〔1〕《清仁宗实录》卷六七"嘉庆五年五月上癸巳"，第16页。
〔2〕《清仁宗实录》卷一〇六"嘉庆七年十二月辛丑"，第2页。
〔3〕《清仁宗实录》卷一〇六"嘉庆七年十二月辛丑"，第2—3页。
〔4〕《清仁宗实录》卷一〇六"嘉庆七年十二月辛丑"，第3页。
〔5〕《清仁宗实录》卷四三"嘉庆四年四月下丁未"，第4页。
〔6〕《清仁宗实录》卷一五九"嘉庆十一年夏四月辛巳"，第5页。
〔7〕《清仁宗实录》卷二二二"嘉庆十四年十二月上甲午"，第9页。
〔8〕《清仁宗实录》卷二五九"嘉庆十七年秋七月甲申"，第17页。
〔9〕《清仁宗实录》卷三〇五"嘉庆二十年夏四月丁巳"，第3页。

嘉庆二十二年（1817），御史王耀辰因奏请乡、会试止试头场，免进二、三场，被疑"此必又系受人请托，冒昧陈请"[1]；嘉庆二十四年（1819），御史石承藻、汪进士因在湘潭县民、江西客民互殴案中，"于该县勘验后，旋赴县署会面"，被疑"难保无从中请托情弊"[2]。

对于被疑受托者，嘉庆帝多"着不准行"[3]，"着毋庸议"[4]，"传旨申饬，原折着掷还"[5]，不予处理；偶尔会"俱着解任，传至省城质问"[6]，进一步查明；极个别情况下不予查明，直接惩处。似乎在嘉庆帝那里，怀疑本身即已达到敲山震虎、警诫臣子的目的，不必确实惩处。也许这是仁君所特有的一种情愫，先教后惩，不忍骤加之以刑。

嘉庆帝对请托的特殊敏感，可能缘于其即位前遭遇请托的经历。乾隆五十二年（1787）、六十年（1795），嘉庆帝两次受乾隆帝委派，与成亲王参与大挑举人。大挑"原为疏通寒畯，俾免淹滞，挑选时并不试以文艺，只就其人年貌，分别去取"[7]，因评判标准具有一定的主观性，为某些人请托创造了条件。雍正帝"藩邸"期间也曾遭遇请托，但雍正帝"严明"[8]，人们不敢当面请托；而嘉庆帝为人温和，故有人敢于当面请托，"即有人将与挑举子，托言私宅宾友，竟敢在朕前呈递名条者"。这使嘉庆帝强烈地意识到请托的猖獗："试思内廷皇子，尚有人敢于请托，况王大臣乎？"[9]因此其对请托格外敏感。

嘉庆帝经常怀疑科道官受托，可能还与科道官职责的特殊性有关。科道官本有言事之责，是上言的重要群体，嘉庆帝亲政之日即下诏求言，并保证不罪言者："朕既令人尽言，又复以言罪人，岂非诱之言而陷之罪乎？"[10]但对"辗转请托"的较深执念，又使嘉庆帝担心科道官因受托而上言，故心存

〔1〕《清仁宗实录》卷三三七"嘉庆二十二年十二月己卯"，第14页。
〔2〕《清仁宗实录》卷三五九"嘉庆二十四年六月癸卯"，第5页。
〔3〕《清仁宗实录》卷一五九"嘉庆十一年夏四月辛巳"，第5页。
〔4〕《清仁宗实录》卷三三七"嘉庆二十二年十二月己卯"，第14页。
〔5〕《清仁宗实录》卷二二二"嘉庆十四年十二月上甲午"，第9页。
〔6〕《清仁宗实录》卷三五九"嘉庆二十四年六月癸卯"，第5页。
〔7〕《清仁宗实录》卷八一"嘉庆六年三月下癸巳"，第1页。
〔8〕《清史稿》卷九《世宗本纪》，第341页。
〔9〕《清仁宗实录》卷八一"嘉庆六年三月下癸巳"，第2页。
〔10〕《清仁宗实录》卷四六"嘉庆四年六月上己亥"，第23页。

诚意，时加警惕。

二、较多地投入个人精力预防请托

在预防请托方面，嘉庆帝主要是继承先祖的谕旨禁止、臣子建议、著之为令等措施，没有个人创新。但嘉庆帝对请托的预防，仍带有鲜明特点，即较多地投入个人精力。

（一）主动询问是否有请托发生

嘉庆帝不仅仅是被动地依靠臣子去举发请托，或凭借个人的感觉去预感请托，还主动地询问是否有请托发生，以便及时调整应对措施。

嘉庆八年（1803），嘉庆帝外放玉庆为长芦盐政后，召见其父琳宁，"询以伊子玉庆简放盐政后，有无请托、荐嘱等事"[1]。琳宁奏称尚无请托情事，惟有亲友荐到长随一百余人。嘉庆帝"殊为可诧"[2]，认为"琳宁经朕面询，始据实具奏。以此类推，其余廉俸丰赡衙门，似此者尚复不少"，要求："嗣后，外任大小官员均应不听嘱托，屏绝华靡，减汰傔从，洁己奉公，以省浮费而饬廉隅。"[3]

嘉庆帝的主动询问并非无的放矢。玉庆的前任赛尚阿，即因"怂恿颜检会奏请加盐价，事涉言利病民"[4]而被撤回。嘉庆帝虽然信任玉庆，但距离的遥远、环境的改变，都可能使之前所营造的预防请托防线遭遇挑战。在这种情况下，适时考察、及时调整应对措施，应是有效的。

除了主动询问外放人员的家属，嘉庆帝还亲身观察身边的官员。当然，这样的观察并非专门为了发现请托，而是从整体上考察其履职行为是否适宜，但对预防请托也具有一定效果。比如对接任其叔职位的步军统领明安，嘉庆帝就从旁观察，"然朕于明安，亦非无先见之明也，……朕彼时即觉其沾沾言利。嗣因欲请独对，炫耀高兴"[5]，于是"叠经降旨严饬，冀其悛改"[6]，

---

〔1〕《清仁宗实录》卷一二一"嘉庆八年九月下庚申"，第 31 页。
〔2〕《清仁宗实录》卷一二一"嘉庆八年九月下庚申"，第 31—32 页。
〔3〕《清仁宗实录》卷一二一"嘉庆八年九月下庚申"，第 32 页。
〔4〕《清仁宗实录》卷一二一"嘉庆八年九月下庚申"，第 31 页。
〔5〕《清仁宗实录》卷九三"嘉庆七年春正月乙未"，第 21—22 页。
〔6〕《清仁宗实录》卷九三"嘉庆七年春正月乙未"，第 22 页。

并因之"数月不予召见"〔1〕。这也有助于及时发现请托。

（二）告知臣子自己的预防请托措施

嘉庆六年（1801）三月大挑举人前，嘉庆帝忆及乾隆五十二年（1787）、六十年（1795）两次参与大挑、遭遇请托的经历，告知臣子自己与成亲王的预防措施——"从前朕蒙简派挑选后，即同成亲王在上书房住宿。并恐伺候太监多系直隶籍贯，与该省举子或有认识往来，因豫为防检，不令跟随，只带谙达等二三人"，要求："今派出王大臣等，即着在紫禁城内住宿。自择谨慎家丁跟随，至多不得过三人，勿离左右，毋许逐日更换，致滋物议。"〔2〕

嘉庆帝告知臣子自己的预防请托措施，并在此基础上制定新的措施，在丰富臣子预防请托经验的同时，还表明了自己对于请托的了解和洞悉，对臣子构成一定的威慑。

（三）补充臣子的预防请托建议

嘉庆帝不仅接受臣子的预防请托建议，还根据实际情况予以补充。嘉庆二十三年（1818），御史李远烈奏请："直省州县官遇有公事下乡，……不得借居富家别业，彼此结纳，致启夤缘请托等弊。"嘉庆认为有理，并进一步要求各督抚："如所属州县中，有与富家子弟结拜师生及认为义子，请托公事，……一经查出，即严参惩办，勿稍姑息，以肃纲纪。"〔3〕李远烈仅建议禁止下乡官员"借居"富家，嘉庆帝进一步补充禁止"结拜师生及认为义子"，并要求督抚严查、严惩，扩大禁止范围的同时，还增加了监督的环节。

（四）提高臣子对请托的认识

有时臣子认为某事为弊，应予禁止，但没有指明其请托性质，表明他们在认识上尚有不足。对此，嘉庆帝明确指出，以提高其认识。嘉庆二十五年（1820）四月，御史陈鸿奏称近日庶吉士散馆、贡士覆试朝考毕，多有向素识大员"分送诗片，冀图暗中关照"之习，应予参办。"暗中关照"即为请托，

---

〔1〕"奏为遵旨会审户部司员袁锡等聚众在寓斗鹑被步军统领衙门番役金配拿获索诈等情事"，中国第一历史档案馆藏，录副奏折，档号03-2387-021。

〔2〕《清仁宗实录》卷八一"嘉庆六年三月下癸巳"，第3页。

〔3〕《清仁宗实录》卷三五〇"嘉庆二十三年十一月下庚申"，第22页。

陈鸿不从法律的角度直言请托，显然是没有意识到此一行为的性质及严重性。嘉庆帝明确指出："此即系营求嘱托，自应严行禁止。覆试、朝考、散馆在迩，倘有私送诗片之人，立即指名参办，以杜钻营。"[1]这样的廓清无疑有利于提高臣子的相关认识。

　　嘉庆帝比较勤政，在位期间，"夙夜忧勤"[2]，"不敢暇逸，……惟日孜孜"[3]。他曾因皇孙降生以及端阳节朝臣不递奏章而大发雷霆，"表明他并不是一个昏庸腐朽、无所作为的中衰之主"[4]。由此决定，在请托治理上，他能够亲力亲为，投入较多精力。

　　但个人精力终究有限，难以顾及所有范围，借以预防请托，效果不容乐观，明安后来就暴露出"听嘱受贿"[5]行为。此外，嘉庆帝着力预防请托，却没有关注请托发生的背后原因并努力消除之，只能"头痛医头，脚痛医脚"，采取一些表面化的措施。

　　嘉庆十九年（1814），御史宋邦英奏请饬禁各省督抚以属员帮办幕务，因为会导致"联络既久，假公事以酬私劳。遇有保举之时，钻营请托，势所必有"等弊端。嘉庆帝予以接受，要求内阁通谕直省各督抚："凡署中一应幕务，毋得假手属员，致藉办事为名，启幸进之路。"[6]督抚多用属员帮办幕务，乃因薪资有限，无力负担聘幕的额外支出，"因为随着社会经济的发展，以及物价的不断上涨，无论是官员的私人消费支出，还是聘用属员的费用，以及事务不断增多的办公费用也在不断增加，这就需要适当地增加官员的俸禄，补充办公费用的不足，更何况他们还有许多交际应酬的支出呢!"[7]嘉庆帝没有通过解决使用属员帮办幕务的经济原因——追加办公经费、提高督抚收入等来预防请托，仅发布一纸公文加以禁止，无法从根本上解决问题。这也反映了其总体的治国能力较弱。

---

〔1〕《清仁宗实录》卷三六九"嘉庆二十五年夏四月己丑"，第2页。

〔2〕《清仁宗实录》卷八四"嘉庆六年六月癸丑"，第4页。

〔3〕《清仁宗实录》卷二〇六"嘉庆十四年春正月辛酉朔"，第2页。

〔4〕关文发："评嘉庆帝"，载《武汉大学学报》1984年第4期，第46页。

〔5〕"奏为遵旨会审户部司员袁锡等聚众在寓斗鹌被步军统领衙门番役金配拿获索诈等情事"，中国第一历史档案馆藏，录副奏折，档号03-2387-021。

〔6〕《清仁宗实录》卷二九六"嘉庆十九年九月上戊子朔"，第3页。

〔7〕陈连营："试论嘉庆帝守成思想的形成原因"，载《河南大学学报》1999年第2期，第4页。

三、为举发请托正名并规范科道官对请托的举发

在讲究人情的社会中，举发请托容易使人认为悖情好名、刻薄奸诈，因此，虽有举发请托的奖励，却没有几个人甘冒道德舆论的指责去获奖避罚。明清皇帝主要在提出举发要求、惩处举发不及时等方面做工作，嘉庆帝除了关注这些方面，还为举发请托正名，并规范科道官对请托的举发。

（一）为举发请托正名

嘉庆四年（1799）十二月，右春坊右中允吴省兰举发苏州府总捕同知李焜为侄等请托，嘉庆帝以其"甚属至公，着交部议叙"[1]。嘉庆五年（1800）五月，御史周杙奏称颜检之举报魏若虚、吴省兰之举报李焜请托，"不过意图见好，并非实心为公"。嘉庆帝予以纠正："即不应卖之见好，岂竟应受其嘱托，隐匿不奏，转为公正乎?"[2]即举发请托并非"卖之见好"，"受其嘱托，隐匿不奏"方为不公之举。这样的澄清有助于消除人们认识上的误区。

（二）规范科道官对请托的举发

嘉庆帝要求科道官据实举发请托。对于不能据实举发的科道官，嘉庆帝在惩处时又能考虑其身份的特殊性，注意适度，以避免其今后畏罚不参。

嘉庆七年（1802）十二月，针对给事中鲁兰枝等怀疑吏部尚书刘权受托一事，嘉庆帝指出，科道官滥参，会给官员的名誉造成不可挽回的影响："若如此任意捃摭，甚或有交通贿嘱等语，即续经辩白，已成瑕玷。"[3]因鲁兰枝等怀疑吏部尚书刘权受托有误，但吏部"越次搀补"[4]额外司务吴侍曾属实，故仅对鲁兰枝等"传旨申饬"[5]。

嘉庆九年（1804）三月，御史郑敏行参奏京察中都察院所保送一等人员宋澍、费锡章有请托等行为。嘉庆帝因郑敏行所参系本衙门人员而其本人又

---

〔1〕《清仁宗实录》卷五六"嘉庆四年十二月己亥"，第30页。

〔2〕《清仁宗实录》卷六七"嘉庆五年五月上癸巳"，第16页。

〔3〕《清仁宗实录》卷一〇六"嘉庆七年十二月辛丑"，第4页。

〔4〕《清仁宗实录》卷一〇六"嘉庆七年十二月辛丑"，第2页。

〔5〕《清仁宗实录》卷一〇六"嘉庆七年十二月辛丑"，第4页。

未列一等，认为"是其居心，即已涉私"〔1〕，要求据实回奏，并表示："朕于用人行政，一秉至公，即科道有所参劾，必令据事指实，断不肯采听空言，轻为措置。"〔2〕此后，查出郑敏行因未列一等、妒忌同僚，而饰词渎奏、诬蔑他人。嘉庆帝大为恼怒，欲将其革职治罪，"但念其究属言官，若将郑敏行斥革，恐科道等官因此又相率缄默"；但又确实不可复膺台谏之任，"着改为员外郎，遇有礼、兵二部缺出，铨选补用"〔3〕。

嘉庆帝既经常怀疑科道官受托上言，又要求其据实举发请托，对科道官的要求可谓严格。但在惩处不能据实举发的科道官时，嘉庆帝又能注意适度，故对科道官的约束也不算特别过分。

四、请托惩处上出现倒退

明代皇帝对请托多予以宽宥或从轻惩处，清代自顺治帝开始向依法惩处靠拢，至乾隆帝已至相当程度。但嘉庆帝对请托的惩处，在乾隆帝的基础上出现一系列倒退：其一，不以律法作为惩处依据，而是根据官声或可能引发的潜在危害；其二，不走正常的司法程序。

（一）以官声作为惩处依据

嘉庆六年（1801），军犯书德假充犯官，向沿途官员恳求书信、银两，以备将来请托。案发，吏部拟将给与书信、银两之官员革职。嘉庆帝念孙玉庭仅给与书信，并未传见、帮助银两，情节较轻，并且"该员平日居官，声名尚好"，如果革职，"殊觉可惜"，故从轻惩处——"着革去顶带，加恩改为革职留任。八年无过，方准开复"〔4〕。

嘉庆帝亲政不久，即有官员建议严惩贪酷，但嘉庆帝"有法不依，下不得手，缺乏一种雷厉风行的气势"。无论是惩办和珅，还是处理其他贪赃案件，他"大多持这种宽纵的态度"〔5〕。不严格执法的结果，是使之前对请托

---

〔1〕《清仁宗实录》卷一二七"嘉庆九年三月己亥"，第3—4页。
〔2〕《清仁宗实录》卷一二七"嘉庆九年三月己亥"，第5页。
〔3〕《清仁宗实录》卷一二七"嘉庆九年三月乙巳"，第16页。
〔4〕《清仁宗实录》卷八一"嘉庆六年三月下癸巳"，第4页。
〔5〕关文发："评嘉庆帝"，载《武汉大学学报》1984年第4期，第48页。

的认识以及相应的预防措施等功亏一篑。明清皇帝对请托的治理初见曙光，就在嘉庆帝那里出现倒退，非常可惜。

（二）以可能引发的潜在危害作为惩处依据

请托可能引发贿赂，具有潜在危害，这是治理请托的重要原因之一。但在惩处时以可能引发的潜在危害作为依据，则明显不合法。

嘉庆十四年（1809），浙江乡试监临刘凤诰听从严廷燮请托，为徐步鳌联号舞弊。刑部议发二人近边充军。嘉庆帝认为此惩不足示儆，"虽讯无受贿得赃情事，但严廷燮为徐步鳌关说时，曾有事后报恩之语，如果儌幸中式，自必尽情酬谢，则刘凤诰等获罪尤重"，徐步鳌、严廷燮"均着改发边远充军"[1]。

法律除了惩处已经发生的违法犯罪行为，还可以预防可能发生的违法犯罪行为，但不能惩处尚未发生的违法犯罪行为。嘉庆帝因担心"如果儌幸中式，自必尽情酬谢"，从而加重惩处，这样的惩处虽然昭示了其对请托的重视，却也给人以不依律法的印象与"动辄得咎"的危机感，降低了法律的威信。

（三）不走正常的司法程序

嘉庆十六年（1811），协尉乌尔登"受（提督）禄康之家人嘱托朋庇"，听任禄康的轿夫徐四、张三等开局聚赌，不行查禁。案发，嘉庆帝认为："（乌尔登）实属卑鄙不职。不必再交部议，着革职，责处三十板，发往伊犁效力赎罪。"[2]

嘉庆二十年（1815），大理寺卿庆明奏："科道京察保荐，请于给事中内，酌添一人；御史内，酌减一人。并将所添之给事中一人，不拘满汉，惟举贤良。"[3]为吏部议驳。嘉庆帝认为庆明"妄议更张""冒昧陈奏"，恐出于受托："庆明系大理寺卿，都察院考察科道，与伊何涉？显系满给事中内有伊亲友，受其请托，故为此奏。"未予查明，即将庆明"着降为五品顶带，即行休

---

[1]《清仁宗实录》卷二一八"嘉庆十四年九月丁卯"，第9页。
[2]《清仁宗实录》卷二四五"嘉庆十六年六月下丁卯"，第11页。
[3]《清仁宗实录》卷三一四"嘉庆二十年十二月下丙寅"，第1页。

致"[1]。

胡祥雨认为嘉庆帝对待宗室喜福、敦柱父子聚麀案，"不等法司拟律，直接判处喜福、敦柱和李康氏死刑。皇帝的判决依据更多来自儒家伦理而非法律"。在惩处请托方面，嘉庆帝也是不依律法而仅据外在因素或可能引发的潜在危害，并且不走正常的司法程序，可见在嘉庆帝那里，使"判决绕过正常司法途径得到贯彻"[2]已非个别情况。这样的惩处，效果有限。

有学者认为："在迅速诛除和珅这个问题上，表明了嘉庆的头脑是清醒的：在疲败之势面前，他是想有所作为的。"[3]嘉庆帝对请托的治理也体现出这一点，无论是对请托类别的认识，还是投入精力预防请托，以及为举发请托正名，嘉庆帝都表现出清醒、欲有所作为的一面。但是，嘉庆帝对请托过于敏感，较多地靠一己之力预防请托，特别是不能依法惩处请托，都使其请托治理成果大打折扣。清代的请托治理自此走了下坡路。

第七节　对清代皇帝请托治理的评价

一、总体评价

清代皇帝对于请托的治理，较宋代、明代皇帝更胜一筹。

与宋代皇帝一样，清代皇帝也认为官员之间的某些交往可能引发请托，故加以限制。如康熙时，禁止"府州县等官并无公事，谒见逢迎，并赴省拜寿行贺"[4]，禁止"督抚、司道、州县等官赴任时，谒见在京大小各官，或自任所差家人及子弟、提塘人等来往行走"，禁止"在京大小各官拜见督抚、司道、府州县等官，馈送裘马等物，及差人至督抚、司道、府州县等官任所"[5]；雍正时，禁止"新选官员，有本处之人在京馈送礼物、投拜门生者"[6]，禁

〔1〕《清仁宗实录》卷三一四"嘉庆二十年十二月下丙寅"，第 2 页。

〔2〕胡祥雨："嘉庆帝对一起宗室犯奸案件的审判"，载《历史档案》2014 年第 3 期，第 87 页。

〔3〕关文发："评嘉庆帝"，载《武汉大学学报》1984 年第 4 期，第 46 页。

〔4〕（乾隆）《大清会典则例》卷一四《吏部·考功清吏司·营私》"馈送嘱托"，第 28 页。

〔5〕（乾隆）《大清会典则例》卷一四《吏部·考功清吏司·营私》"馈送嘱托"，第 29 页。

〔6〕（乾隆）《大清会典则例》卷一四《吏部·考功清吏司·营私》"馈送嘱托"，第 31 页。

止"上司与所属官私相交结，往来馈送"[1]。官员新任以及遇年节、上司生辰的拜见，最易引发请托，清代皇帝对此加以限制，可谓抓住了问题的关键。

但是，清代皇帝并不走极端，一概禁止，而是允许官员之间正常的人情往来。如雍正帝言"内外官员，凡有问候书札及馈遗往来而无所干渎者，不必拒绝"[2]；"乾隆五年覆准：凡在京官员与至亲切友、同乡世谊往来庆吊，原于名节无关"[3]；嘉庆帝言"至于姻戚往来，岁时馈送，本属情事之常，人孰能免"[4]。

正常的人情往来有时也可能为日后的请托打下基础，但两者确实不等同。若一概禁绝，则会与传统的社会文化心理产生较大抵牾，事实上也不易实施。将属于私情的人情往来与危害公义的请托区分开来，引导官民认识二者之间的区别，更符合社会习俗。若长期持之以恒地倡导并辅之以制度保障，会较好地形成请托妨害公义法治、较自觉地抵制预防的社会认识与心理。虽然清代皇帝在引导方面所做的工作有限，但能为正常的人情往来留出一席之地，显然较宋代皇帝进步很多。

与明代皇帝一样，清代皇帝也是在认识请托的基础上，制定相应的预防、举发、惩处措施，但总体来说，其较明代皇帝要丰富、深刻很多。如在认识方面，清代皇帝不仅阐释请托的危害、杜绝的关键，还关注请托的本质、类别、产生原因，探讨请托与贿赂的关系；在预防方面，不仅沿袭明代皇帝的预防措施，还不断开发出陛辞告诫、日常下问、"著之为令"等新的措施，使防范更加严密；在举发方面，不仅提倡举发请托，还为举发请托正名，提高了举发在整个治理系统中的地位；在惩处方面，较少宽宥请托，从顺治帝开始向依法惩处请托靠拢，至乾隆帝达到相当程度。

此外，不同于明前期的太祖、成祖极少关于请托的言论、治理措施，清前期的顺治帝、康熙帝、雍正帝关于请托的言论、治理措施很多，为清中后期皇帝的相关治理奠定了良好的基础。

---

〔1〕（乾隆）《大清会典则例》卷一四《吏部·考功清吏司·营私》"馈送嘱托"，第32页。
〔2〕《清世宗实录》卷四九"雍正四年冬十月庚申"，第2页。
〔3〕（乾隆）《大清会典则例》卷一四《吏部·考功清吏司·营私》"馈送嘱托"，第33页。
〔4〕《清仁宗实录》卷二一五"嘉庆十四年秋七月上丙寅"，第14页。

二、延伸思考

清代皇帝无疑是重视请托与请托治理的，但较之整顿河防等关乎民生的事务，以及收藏逆书、贿赂等严重的刑事犯罪，其重视程度又有所降低。

康熙二十九年（1690）二月，九卿奏答："河工事宜，应用谙练人员，向因河臣拣选题补，恐生嘱托之弊，故臣等议停。今思河务甚为要紧，请仍令河臣题补。"取消河道总督对河道官员的拣选题补，确实能够起到预防请托的作用，但也不利于治河人才的选拔，还可能影响河工治理。康熙帝看重"河工为漕运民生所系"的作用，故不再拘泥于防范请托一事，下旨："自今河道官员，可令该督拣选题补。"〔1〕事实上，治理河工与预防请托并不矛盾，完全可以采取措施并行不悖，只不过需要花费一定的时间、心力。

乾隆时，请托与收藏逆书、主使叩阍相比，尚属小罪，甚至可置之不问。其中，彭家屏案堪称代表。彭家屏籍隶河南夏邑，致仕前为江苏布政使。乾隆二十二年（1757）春，乾隆帝南巡，彭家屏前来见驾，奏报河南夏邑等县上年遭受严重水灾。乾隆帝不以为然。此后，又有夏邑人刘元德诉县官施赈不实。乾隆帝怀疑其背后有人主使，派人严加审问。刘元德供认是受夏邑生员段昌绪主使。乾隆帝派侍卫成林前往查核，在段昌绪家搜出吴三桂反清檄文一张。至此，民告官隐匿灾情牵连出悖逆之人。乾隆帝将这些事与彭家屏联系在一起，派直隶总督方观承前往查办。彭家屏供出存有《明末野史》等书三种。方观承奏称彭家屏对刘元德叩阍一事知情，应革职审拟。乾隆帝认为方观承所定殊失轻重——"主使之罪轻，收藏逆书之罪重"〔2〕，"至搜出往来书札内，有请托干求，尤其末节，更不必问矣"〔3〕。由乾隆帝的排序可知，收藏逆书之罪最重，主使叩阍次之，请托则最轻。

此外，在乾隆帝看来，请托罪还不如臣子、内监交通严重。于敏中为军机大臣日久，颇接外吏、通声气。乾隆三十九年（1774），内监高云从因漏泄朱批道府记载，下廷臣鞫治，供认："敏中尝向询问记载。及云从买地涉讼，尝乞敏中嘱托府尹蒋赐棨。"于敏中服罪。乾隆帝诏责之："内廷诸臣与内监

---

〔1〕《清圣祖实录》卷一四四"康熙二十九年二月乙亥"，第18页。
〔2〕《清高宗实录》卷五三八"乾隆二十二年五月上辛丑"，第19页。
〔3〕《清高宗实录》卷五三八"乾隆二十二年五月上辛丑"，第20页。

交涉，一言及私，即当据实奏闻。……于敏中日蒙召对，朕何所不言？何至转向内监探询消息？"[1]责其交通太监之行，却未言及请托之非，显然认为前者更严重。

乾隆帝还认为，对于督抚来说，能知爱民，始为称职；拒绝请托，仅为小善："尔督抚能知爱民之为称职，始不负朕委任之心。他若钱粮不敢侵欺，请托不敢假借，弊窦不容毫发，羡余不隐分厘，此不过一端一事之才能。"[2]从总体利害关系讲，乾隆所言有理，能知爱民就能最广泛地造福民众，而侵占钱粮、说事请托等只是局部、较小的危害，当然这句话也隐含着皇帝对吏治的无奈，只能褒其大节而赦其小过。

在嘉庆帝那里，诬告他人请托，其罪犹小；妄言皇帝轻满重汉，其罪乃大。嘉庆十九年（1814），鲍桂星参奏提调刘荣黼等不职。嘉庆帝命武英殿总理事务王大臣、总裁会同查奏。刘荣黼称："（鲍桂星）曾言熙总裁所校，不过偏旁点画，可以将就。并言近日有旨：旗人多靠不住，此时督抚多用汉人等语。"[3]嘉庆帝闻之大怒，传询鲍桂星，答闻自侍郎周兆基；传询周兆基，不予承认。又询鲍桂星所指熙昌、庆溥嘱托等事，"亦不能指出所托供事姓名"[4]。嘉庆帝斥其存心不公，下部严议。后下旨："鲍桂星指讦庆溥、熙昌等嘱托公事，一无证据，其咎犹小；至其所述朕轻满洲、重汉人之语，此则妄言乱政之大者。"[5]将其革职，不准回籍，在京闭门思过。五年后，"上意解"，复官编修。道光帝即位，召对，谕曰："汝昔所劾，今已罢斥。"[6]可见鲍桂星当日言熙昌等人请托，并非诬告。满汉问题是清代国政之根本，与请托相比，确实为轻，但这并不等于在法律上不予追究，正确的法治观应是所有的违法行为均予惩处。

咸丰十一年（1861）十二月，御史曹登庸奏参工部主事光熙在定陵修建过程中，有为商人请托、求派工头一事。清廷认为"事涉琐屑，殊多冒昧"[7]，

〔1〕《清史稿》卷三一九《于敏中传》，第10750页。
〔2〕《清高宗实录》卷七"雍正十三年十一月下癸亥"，第31页。
〔3〕《清仁宗实录》卷三〇〇"嘉庆十九年十二月上癸亥"，第13页。
〔4〕《清仁宗实录》卷三〇〇"嘉庆十九年十二月上癸亥"，第14页。
〔5〕《清仁宗实录》卷三〇〇"嘉庆十九年十二月上癸亥"，第15页。
〔6〕《清史稿》卷三七七《鲍桂星传》，第11580页。
〔7〕《清穆宗实录》卷一四"咸丰十一年十二月下庚辰"，第34页。

不以为意；反而对其"陵工规制已成，毋庸率意纷更，并请严防浮冒"的建议颇多批评，认为"已属不识大体"[1]。这实际上也是认为请托是普遍行为而不值得特意重视。

清帝重视请托、请托治理，但重视程度显然不如对待关乎民生与严重刑事犯罪者，这大概是其不能依法惩处请托的另一原因。

明太祖没有给请托以特殊重视，惩处上也多所宽宥，但因有强大的治理贪腐措施托底，故其在位时期，请托并不多见，堪称中国古代少有的吏治清明之时。清帝重视请托，但较之国家治理的某些方面又有所逊色，且不能在司法实践中一以贯之，故而最终没有获得与其认识水平相匹配的治理成果。这说明，治理请托，一般性的重视很难奏效，落实远比认识更加重要。

---

[1]　《清穆宗实录》卷一四"咸丰十一年十二月下庚辰"，第33页。

第八章　清代官员对请托的认识与对请托罪法的执行

第一节　认识请托的视野更广

明代官员视请托为"大过"、置于诸弊之首，清代官员则将对待请托的态度作为评判官员好、坏的标准，并上升到"功"与"过"的高度：不受请托算"功"，如"听审不受嘱托算功"[1]，"听审不受嘱托，一事算一功"[2]；反之，接受请托算"过"，如"受人嘱托枉良善者，受人嘱托故纵应罪者、纵真命者、纵大盗及豪强奸蠹者，算过"[3]，"受人嘱托枉善良者，小事算十过，大事算百过。受人嘱托故纵应罪者，一人算一过；纵填命者，一人算百过；纵大盗及豪强奸蠹者，一人算百过"[4]。如果能将此作为官员考核的要素并推广为一般性制度，当起到更大作用。

有些官员还将对待请托的态度作为评判民众"善"与"过"的标准："不把持官府、不嘱托公事、不避差徭、不逋税课之类，皆善也"；"把持嘱托，以至迟完国课、脱漏差徭之类，皆过也"[5]。可见清代官员已将请托治理视作涉及社会各阶层的整体性问题。

〔1〕（清）张运青：《治镜录集解》卷上《当官功过格·功格六十八》，《官箴书集成》（第三册），第 710 页。

〔2〕（清）觉罗乌尔通阿：《居官日省录》卷二《当官功过格》，《官箴书集成》（第八册），第 50 页。

〔3〕（清）张运青：《治镜录集解》卷下《当官功过格·过格四十六》，《官箴书集成》（第三册），第 726 页。

〔4〕（清）觉罗乌尔通阿：《居官日省录》卷二《当官功过格》，《官箴书集成》（第八册），第 52 页。

〔5〕（清）陈瑚：《确庵文稿》卷二四《圣学入门书·大学日程·治平之学》，第 9 页（清康熙间毛氏汲古阁刻本；"鼎秀"，第 482 页）。

晚清，随着西方列强以坚船利炮打开中国大门，中国的贫弱问题更为突出地体现出来，有识之士从不同角度出发，思考造成这一窘况的原因。人情、请托作为中国社会的文化"密码"之一，千百年来深刻地影响了中国的政治、经济以及社会生活的方方面面，自然首当其冲，遭到质疑与批判。如在比较的视野下，揭示"华人"与"西人"因对待人情、请托的不同而导致的对待法律的差异："西人办事，素鲜请托，梗直居多，有犯必惩，人皆惧之。若华人则不然矣，不问事之曲直，但知人情之厚薄，办事不照律者多，甚有真犯而得逍遥法外、假犯反受五木之刑。"[1]通过中西对比，更能看出以请托为代表的人情腐败对法律的危害，这是国人"睁眼看世界"后与之前不同的视野。

在此基础上，清代官员指出破除人情、请托在中国具有特殊意义："中国办事之弊，在乎情面。情面二字，破除最难。苟能破除，则无才者不能幸进，有才者自得施展，又何患事之不能成耶？"[2]"挽回时局，莫亟于禁贿赂、绝请托，劲奕劻、袁世凯等夤缘比附、贪私误国"[3]。人情、请托对于选人、治事等均具有基础性制约，破除之，自然无事不成。清代官员立足于"中国"视角、着眼于文化底蕴探讨人情与请托，比较难得。

清代官员关于请托的很多认识都与明代官员有相似之处，但总体来说，不如后者细致，如较少探讨请托的复杂性、难于禁止的原因。但特殊的时代环境所赋予的广阔视野，使他们能够在中西比较的背景下展开探讨，并较多地关注文化底蕴，其对请托的认识因而呈现出别样色彩。

第二节　较少依法惩处请托

针对特定案件或普遍存在的请托现象，清代官员也提出严惩、重惩的建议或主张。

一是严惩请托者。张泰交康熙时为云南太和知县，针对编审中出现的弊

---

〔1〕（清）邵之棠辑：《皇朝经世文统编》卷一〇二《通论部三·纵论时事》，第28页（清光绪年上海宝善斋石印本；"鼎秀"，第2136页）。

〔2〕（清）邵之棠辑：《皇朝经世文统编》卷九〇《考工部四·铁路·论办津镇铁路》，第47页（清光绪年上海宝善斋石印本；"鼎秀"，第1816页）。

〔3〕《清史稿》卷二四《德宗本纪二》，第960页。

端，提出六则建议，其一为"嘱托之禁，宜严也。夫编审之不公，率由积棍求情嘱托，……应请宪示严禁。如有求情嘱托者，许地方官据实报宪，严加究处"[1]。

二是对请托者、受托者一体重惩。王念孙嘉庆时为吏科给事中，上《敬陈剿贼事宜折》，建议重惩军中的请托者、受托者："臣风闻诸臣每有捷书，皆系未经打仗之先即已拟定，……甚至亲戚、幕友、长随、优人，或以情面请托，或以贿赂贪缘，皆得窜名其中，……臣伏乞皇上严谕督抚将领，务期赏必当功，不得冒滥陈请。倘有滥邀军赏之人，一经圣明洞察，或经科道参奏，即将邀赏之人及滥请之督抚皆加以重罚。"[2]

三是重惩受托者。咸丰八年（1858），柏葰典顺天乡试，拜文渊阁大学士。御史孟传金疏劾本科士论未孚，咸丰帝命覆勘试卷，发现应议者达五十卷之多。咸丰帝为之震怒，褫柏葰等职，命怡亲王载垣等会鞫，查出柏葰听信家人靳祥之言，取中罗鸿绎之情事。谳上，咸丰帝犹有矜全之意。但载垣等平日与柏葰挟有私仇，借机报复，建议重惩："该革员身系一品大员，听受嘱托，辄将罗鸿绎取中，实属咎由自取。未便以刑部并无例案可稽，臣等妄议定拟，仍请比照交通嘱托、贿买关节例，拟斩立决。"[3]按照清律，科考中交通嘱托、贿买关节，请托、受托双方都要斩立决，处罚很重，但一般大规模的行贿受贿案才会将主考官斩决。柏葰只受托一人，还是通过家人从中联络，没有受贿情节，其实不应如此重处，这又一次证明因党争而借助请托来打击政敌的事实。

四是严惩求托者。晚清，西方传教士以传教之名进入中国。随着与西方不平等条约的陆续签订，以及租借、通商口岸的不断划定，中国土地上开始出现教会，不少中国平民"冀其保护身家"而加入。有传教士偶见不平，代向官府请托，地方官察其实在情理，"亦有听其嘱托，即为查办者"。此后，

---

〔1〕（清）张泰交：《受祜堂集》卷二《为邑上·除编审陋弊详文》，第38页（清康熙间高熊征刻本；"鼎秀"，第112页）。

〔2〕（清）王念孙：《王石臞先生遗文》卷一《敬陈剿贼事宜折》，第4页（民国十四年罗氏铅印高邮王氏遗书本；"鼎秀"，第9页）。

〔3〕"载垣等奏审拟科场案内各员罪名折"，中国第一历史档案馆编《清代档案史料丛编》第十四辑，中华书局1990年版（本出版信息以下省略），第217—218页。

有积匪"相将入教,恃为护符",横行乡里,恣为不法;且一发不可收,"甚谓一经入教,官司不得拘责,朝廷免征钱粮,……民控教则拘传不到,教控民则挟制忿争。偶拂其心,教士则饰词上诉"[1]。同治十年(1871),总理各国事务衙门王大臣在致西国驻华使节的公函中提出:"倘教士干预讼事,地方官将请托原函禀呈督抚,咨报本衙门,将教士撤回本国。"对于请托的教民,则予以严惩:"而教民若有户婚田亩词讼,擅敢央求教士出面说情者,地方官从严究办。"[2]

上述严惩、重惩的建议或主张,较之明代少了一些与律法扞格之处,并能根据现实情况,增加严惩涉及西方"教士"的请托行为。但从本质上说,严惩、重惩仍然不符合律法规定。而且,从建议到落实,其间还存在着较大距离。总之,清代官员依法惩处请托的实践依然很少。

第三节 致力于拒绝请托

清时,很多正直官员把主要精力放在拒绝请托上,具体分为直接拒绝请托、使人不敢请托、预防请托三种情况。

一、直接拒绝请托

余甸康熙时任吏部主事,"主选三年,权要富人请托,多格不行"[3]。谢仲坑乾隆时历署襄阳、宝庆等七府知州,护衡永郴桂道,"正躬率属,屏绝请托","解组日,贫如故"[4]。王鼎嘉庆、道光间历官编修、顺天府尹、军机大臣、东阁大学士等,"生平不受请托,亦不请托于人。卒之日,家无余赀"[5]。李朝仪光绪时为顺天府尹,"京畿靡薄,朝仪廉勤率之,捕剧盗,抑豪强,绝

---

〔1〕(清)葛士浚辑:《皇朝经世文续编》卷一一二《洋务十二·徐赓阶〈禀复教民案件〉》,第3页(光绪二十七年上海久敬斋铅印本;"鼎秀",第1048页)。

〔2〕(清)葛士浚辑:《皇朝经世文续编》卷一一二《洋务十二·致各西国大臣书》,第2页(光绪二十七年上海久敬斋铅印本;"鼎秀",第1047页)。

〔3〕《清史稿》卷三〇〇《余甸传》,第10437页。

〔4〕《清史稿》卷四七七《谢仲坑传》,第13019页。

〔5〕《清史稿》卷三六三《王鼎传》,第11415页。

请托，期年风习一变"[1]。

从现存司法档案可见，其时任职于要害部门的官员，需经常面对大量请托，有时不得不多次拒绝来自同一人的请托。嘉庆十九年（1814），鲍桂星任工部右侍郎。到部伊始，主事重光即浼内务府员外郎方检"求派董率工程"，档房恒灏与重光又"欲匿候补主事双兴丁忧，以前吏部查覆应行补缺之稿，将笔帖式宝麟咨补"，鲍桂星均予以拒绝。不久，熙昌"嘱托武英殿供事一人"，遭拒后，又"托臣以吉林将军请开采煤窑一事"。此外，"派委乞情之事，随到随却，臣已遗忘"[2]，数量极多。请托者并非遭拒一次即偃旗息鼓，可见请托之猖獗及拒绝之难。

较之前代，清代官员拒绝请托的态度比较单一，即温言细语。即便所托不可思议，亦不会恶语相向。咸丰时定郡王载铨曾遭遇"素不认识"之正黄旗满洲副护军参领关庆入府请托，"听闻之下，不胜骇异"。虽则如此，仍"唤进面见"；得知其为前任乾清门侍卫、副都统佛勒木保之子后，查问"因何遽尔情托"；因其为四品职官，未便扣留，"令其回营当差"[3]。虽然载铨向咸丰帝举报了关庆的请托行为，但交接过程中并未加以斥责。

清中后期，随着外国势力的进入，苏州、松江、太仓州一带"中外杂处"。某些中国人一旦陷于法，"求洋酋请托"、庇护。洋酋身份特殊，地方官不好拒绝，遂导致"官不能诘"的局面。有些官员主张表面上不加拒绝，但临事不依嘱行事。如沈秉成同治时官苏松太道道员，对于洋酋的请托，"于其来请也，无所拒；及视事，仍断如法，酋亦无如何也"[4]。此法明代官员曾使用过，清代官员以之对待来自洋酋的请托，也算"因人制宜"。对于非刚直型的一般官员而言，如何在拒绝请托时既不得罪人，又维护法治，是一门艺术。这是请托难拒的另一方面。

---

[1]《清史稿》卷四五一《李朝仪传》，第 12556 页。

[2]"奏报熙昌庆溥等确有请托办之事事"，中国第一历史档案馆藏，录副奏片，档号 03-1565-007。

[3]"奏为特参正黄旗满洲副护军参领关庆擅入府第情托请查办事"，中国第一历史档案馆藏，录副奏折，档号 03-4191-053。

[4]（清）俞樾：《春在堂杂文六编》四《安徽巡抚沈公墓志铭》，第 33 页（清光绪二十五年刻春在堂全书本；"鼎秀"，第 1419 页）。

二、使人不敢请托

有些清代官员是通过使人惮惧而不敢请托。张琦道光时为山东章丘知县，章丘民好讼，"院、司、道、府、五府吏皆籍章丘，走书请托，掎摭短长"，张琦任职岁余，"无一私书至"[1]。

即便是使人不敢请托的官员，也有被请托之时。对此，他们仍是一力拒绝。沈葆桢道光至光绪间历官庶吉士、监察御史、江西巡抚、福建船政大臣、两江总督兼南洋大臣等，"性刚直，朝贵无敢有请托。有之，亦置之不答"[2]。再次证明了其时请托的猖獗与拒绝之难。

三、预防请托

与大多数明代官员一样，清代官员中的大多数对请托也是采取措施，预加防范。明代官员的很多预防请托措施，如不通书信、书写明志、发布告示、劝说同事等，都为清代官员所沿袭。

此外，清代官员还对明代官员的预防请托措施加以升级。如闭门考试。孙鼎正统时以御史主持南畿学政，"诸生谒，辄闭门试之，即日定甲乙。诸生试归，榜已揭通衢，请托者无所措手"[3]。清代官员为了收到更好的效果，先在舆论上麻痹欲行请托者，告以缓期考试，然后出其不意，突然闭门开考。翁叔元康熙时为国子监祭酒，"每届试期，奔竞者众"，叔元"乃阳言缓其期，忽出不意，键户而试之，请托不得通。取六十人，皆知名士"[4]。完全不给对方留提前请托的机会，效果更好。

再如多人同堂。明代官员会客时令手下左右环立，使来访乡绅不好开口请托。但不得不承认，乡绅也是地方官了解民情的一个重要途径，"优待缙

---

〔1〕《清史稿》卷四七八《张琦传》，第 13054 页。

〔2〕（清）徐珂编撰：《清稗类钞》第七册《正直类·沈文肃不私同乡挚友》，中华书局 1986 年版，第 3048 页。

〔3〕《明史》卷一六一《孙鼎传》，第 2914 页。

〔4〕（清）赵执信：《饴山文集》卷一〇《行实行状行略·光禄大夫刑部尚书铁庵翁公行状》，无页码（刊本；"鼎秀"，第 293 页）。

绅，岂敢礼有或缺。若不款接绅衿，人情何以周知，利弊何由兴革"〔1〕。为了预防某些乡绅的请托而对所有的访客一律严阵以待，也未免因噎废食。清代官员的做法是，将乡绅分为正、劣，区别对待。方大湜咸丰、同治间历官湖北广济知县、襄阳知县、武昌知府、直隶按察使、山西布政使等，言见正绅时，不可令他人在侧，"盖正绅多避嫌，恐招怨，有人侍侧，彼必不肯尽言无隐"；若见劣绅，"则宜多令家人及茶房、号房环侍左右，众人属目，彼必不敢公然干以私，此不恶而严之法"〔2〕。

一些在明代官员那里并不常用的预防请托措施，在清代官员那里也得到升级。如自我约束。徐时勉崇祯时为陕西澄城知县，到任后为文誓于神前："不朘民膏以充私橐，不剥下以奉上官，不徇请托以枉法。"〔3〕此时的自我约束，仅是"不为"的决定；到了清代，增加了"为"则受惩的内容。彭鹏以清介著称，时为科道官，康熙三十年（1691）请假回闽途中，于建溪黯淡滩头作《无山自誓》十四则，其三曰："庠序为发轫之始，儒寒望一泮若登天。闽又瘠壤也，砚耕为田，舍此别无生路。多一黉缘之徒，即少一攻苦之士。子弟眷属，义命由天，誓不敢干。稍违此誓，在家不得考终，在外不得生还。"〔4〕王梦弼雍正时中乡试副榜，发浙省试用，渡黄河时誓曰："骤蒙拔擢，当殚心图报。若受贿赂、徇请托，有如此河矣。"〔5〕这是士大夫的德行修养在为官领域的自觉体现。

当然，有些清代官员的预防请托措施也比较极端。顺治间魏象枢得知好友秦才管被任命为陕西学政后，担心有人打着自己的旗号请托之，作绝交书："此后有以仆片纸只字达于闻见者，必小人之假冒也。"〔6〕李霨顺治、康熙间

〔1〕（清）张我观：《覆瓿集·刑名》卷一《条告·听讼一秉虚公等事》，第16页（清雍正四年刻本；"鼎秀"，第41页）。

〔2〕（清）方大湜：《平平言》卷二《见绅士之法》，《官箴书集成》（第七册），第634页。

〔3〕（清）归庄：《归玄恭遗著·澄城知县徐君墓碣》，第57页（民国十二年上海中华书局铅印本；"鼎秀"，第69页）。

〔4〕（清）彭鹏：《古愚心言》第一册《誓·无山自誓》，第2页（清康熙间愚斋刻本；"鼎秀"，第24页）。

〔5〕（清）郭善邻：《春山先生文集》卷三《墓志铭·奉直大夫王公惕若暨配谢宜人合葬墓志铭》，第4页（清乾隆五十六年胡世铨刻本；"鼎秀"，第112页）。

〔6〕（清）魏象枢：《寒松堂集》卷七《书简尺牍·与秦尾仙学使书》，第12页（清畿辅丛书本；"鼎秀"，第388页）。

入阁办事，位致宰辅，曾不许子弟进场，曰："吾主考三次，孰非门生？吾虽不请托，保子弟不钻营乎？"[1]这些措施也不利于推广、实行。

除了沿袭明代官员的预防请托措施，清代官员还加以升级，极大地丰富了应对请托的经验。但不得不说，这仍是一种被动防御——着眼于临时性措施及官员的自我反省约束，具有实效性的制度建设较少，并非请托治理的上策。

第四节　举发请托仍有不足

《大清律例》没有举发请托的规定但有举发请托的奖励，有些皇帝对官员提出举发请托的要求，如顺治帝要求总督、巡抚检举巡按御史的受托行为，康熙帝、雍正帝、乾隆帝等针对具体案件也有举发请托的要求。

在这种情况下，多有官员举发请托：康熙时，"山西巡抚奏太原知府举首左都御史李楠请托私书"[2]；雍正时，"山西提督学政励宗万奏报太监解进朝私书请托"[3]；乾隆时，李卫疏发诚亲王府护卫库克与安州民争淤池，"赴州嘱托"[4]；道光时，黑龙江将军哈丰阿"举发御前大臣高克鼐嘱托私书"[5]；光绪时，给事中邓承修纠参"都察院左副都御史崇勋素无行检，凡遇城坊诸事，请托公行"[6]，等等。

如果官员在拒绝请托后遭到报复，为自保而举发请托，则非及时的举发，皇帝对此不奖反惩。康熙二十八年（1689），山西道御史张星法劾山东巡抚钱珏贪恶实迹，康熙帝命钱珏明白回奏。钱珏言："（左都御史）郭琇曾以私书致臣，嘱荐山东知县、教谕等官，臣概不允。（吏部侍郎）王隲昌曾以臣访拿豪民，手书求宽，臣亦拒绝。因而触怒，捏造虚款，嘱托台臣，以致无罪被

〔1〕（清）李光地：《榕村语录续集》卷九《本朝人物》，第5页（清光绪傅氏藏园刻本；"鼎秀"，第138页）。

〔2〕（清）俞正燮：《癸巳剩稿·缴奏私书论》，无页码（清道光十三年求日益斋刻本；"鼎秀"，第82—83页）。

〔3〕（清）允禄编、弘昼续编：《世宗宪皇帝上谕内阁》卷八〇"雍正七年四月初七日"，《景印文渊阁四库全书》第415册，第226页。

〔4〕《清史稿》卷二九四《李卫传》，第10335页。

〔5〕《清史稿》卷三六八《哈丰阿传》，第11482页。

〔6〕《清德宗实录》卷一五六"光绪八年十二月上甲寅"，第2页。

纠。"请托者受到处罚，钱珏也因"既接私书，彼时不行奏闻，今被纠参，始行举出，殊属不合"[1]，被解职，这大概也是因为康熙帝相信其有贪恶之事。同治时江西巡抚刘坤一整顿丁漕，得罪绅户。同治十一年（1872），左都御史胡家玉疏陈丁漕积弊，语侵刘坤一，"坤一覆奏家玉逋赋未完，且私书嘱托公事"[2]。同治帝下诏同时斥责二人，其中刘坤一因未事先上奏实情，被降三级调用，后改为革职留任，不久复官。

即便不是为自保而举发，只要非"立时"举发，就会被皇帝认定为"取巧"或"迹近报复"，遭到斥责或惩处。乾隆九年（1744）九月二十六日，署理两淮盐政的吉庆奏称，其于八月十五日、二十四日先后接到刑部侍郎盛安、内务府总管傅恒书信，求其"予以脸面"，关照江、罗、汪三姓盐商共四人。吉庆自称"不胜骇异惊疑"，因思与盛安、傅恒从无交际往来，断定："或系小人诈冒作奸，或系仇家造端嫁祸。"遂专遣家人致书询问。现据家人回报，盛安不在家中，傅恒回信称并未寄书，则"前书之诈冒已属显然"，故据实奏闻。乾隆帝并不买账："汝又取巧矣，明系恐傅恒奏闻而始为此奏。似此居心，不能逃朕洞鉴。不然，何不接信即奏，必待傅恒之回信始奏耶？戒之，慎之。若接朕前日之旨故为不知，而即为此奏，则益为不敬，诈伪之甚矣。"[3]光绪二十八年（1902），山东学政尹铭绶奏称，上年七月补考优贡时，"有高唐州优廪生郝祖修，持协办大学士、礼部尚书徐郙私函干谒"。清廷因"徐郙竟敢为该廪生私函属托，着交部议处"，但举发者尹铭绶"事隔年余，始行举发，迹近报复，着一并交部议处"[4]。后徐郙被革职留任，尹铭绶被降三级留任。

清时，仍有官员借举发请托之名，行打击报复之实。潘锡恩道光时擢兵部侍郎，调吏部，仍留学政。道光十九年（1839），内监狄文学因甥考试被黜，"至锡恩私宅，言所取录多出请托，挟制讪诈"[5]。潘锡恩疏闻，狄文

〔1〕《清圣祖实录》卷一四二"康熙二十八年冬十月癸酉"，第19页。
〔2〕《清史稿》卷四四八《边宝泉传》，第12521页。
〔3〕"奏为盛安傅恒下书请托难辨真伪据实奏闻事"，中国第一历史档案馆藏，朱批奏折，档号04-01-12-0042-054。
〔4〕《清德宗实录》卷五一〇"光绪二十八年十二月下癸卯"，第2页。
〔5〕《清史稿》卷三八三《潘锡恩传》，第11659页。

学被处死。潘锡恩还算幸运，甚而有人一生承受请托污名。方苞乾隆时入南书房，历官礼部右侍郎、经史馆总裁等，因忤河道总督高斌，被疏发请托私书，乾隆帝"稍不直苞"。庶吉士散馆，已奏定试期，吴乔龄后至，方苞为之补请参试，又有人讦其"移居乔龄宅，受请托"〔1〕。乾隆帝降旨切责，并削去其侍郎职衔。后方苞去官乡居，萧奭《永宪录》载其年八十，尚干谒当道，请托不休。周寿昌认为其"好言当世利病，……时果亲王亦谓其品清峻而好强聒，当国者尤恶之，卒以此去位。居乡时或不免有此，忌公者遂以干请诬之"〔2〕，很有道理。

虽然如此，清代官员借惩处请托之名、行打击报复之实的情况，较明代要少很多。清帝重视对请托的惩处，防范大臣之间的结党，故而在一定程度上限制了此种情况的发生。

第五节　有底线包容请托

对于来自乡绅的请托，清代官员多持包容态度。黄六鸿康熙时历官山东郯城知县、河北东光知县、给事中，曾言"本地乡绅，……有切己事，或兄弟子侄横罹意外"，多有不易，"亦必周全体面"〔3〕。

但是，这种包容是有底线的，即不可徇私枉法。侯七乘康熙时任福建闽县知县，指出"其或乡绅嘱托、或势要压制，不得不稍稍圆融者，亦必于临审之时，面向两边，说明姑从宽释"，但同时强调："若求枉法徇私，出入人罪，则如山之案，断不可移。"〔4〕田文镜康熙时任州县官二十余年，认为"有等凭藉门第、倚恃护符，包揽钱粮、起灭词讼，出入衙门、武断乡曲者"〔5〕，必须廉访确实，具详参革，严加惩处。曾国藩咸丰十年（1860）任兵部尚书、两江总督等，指出幕僚李元度（字次青）一味曲从请托，将后患无穷："凡有

---

〔1〕《清史稿》卷二九○《方苞传》，第10272页。
〔2〕（清）周寿昌：《思益堂日札》卷四《诬诋前哲》，第24页（清光绪十四年王先谦等刻本；"鼎秀"，第68页）。
〔3〕（清）黄六鸿：《福惠全书》卷四《莅任部·待绅士》，《官箴书集成》（第三册），第263页。
〔4〕（清）侯七乘：《孝思堂文集·详文·初任闽县晓谕百姓文》，第71页（清康熙九年刻本；"鼎秀"，第96页）。
〔5〕（清）田文镜：《州县事宜·待绅士》，《官箴书集成》（第三册），第676页。

请托，无不曲从，即有诡状发露，亦必多方徇容，此次青之短。将来位望愈高，终不免为其所累。"〔1〕

总之，清代官员对待乡绅的请托，既追求"重衣冠而扶名教"〔2〕的目的，又希望达到"使顽绅劣士知所敛迹，不敢妄为"〔3〕的效果。这一点，也与明代官员的观点相一致。

第六节　关于拒惩请托的评价

清时，对拒绝、惩处请托者的评价仍较低。李绂科考时曾得吴谕德推荐，后李绂于康熙五十九年（1720）为浙江学政，派人秘访浙江有文名者。时吴谕德之婿顾沈士占籍钱塘，其子为钱塘诸生，颇能文。顾沈士"以戊子科之德未报也，以子托之"，李绂"亦不峻拒"。闱中，顾沈士之子的朱卷已为房官所荐，副主考汤之旭亦击节赞赏，李绂"知为顾沈士子也，麾去之"，竟落第。汪景祺认为顾沈士固然行事不端，但李绂更是刻薄："向使顾不以嘱李，则其子竟入縠矣。余谓潜通请托，原非正人所为。……即曰顾进士子非名士，不宜收其子关节，房官荐之，副主考取之，更不宜有心驳放。此真刻薄之尤者。"〔4〕汪景祺所言李绂"刻薄"包括两方面：一是不知报恩，二是为显清正而不顾实际水平故意黜落。若严格按法，请托违法在前，无论水平如何都黜落亦有所依；若顾及人情，不考虑请托而只看其实际水平，也不算枉法，实质上等于婉拒请托。雍正帝曾指出"以徇私为固然，以秉公为苛刻"〔5〕，正是此种心态的写照。

对于拒绝但不举发、不惩处请托者，则多有称道。杨名时康熙时任顺天学政，"一切请托苞苴，以非道来者，悉屏不行。而又不自表暴，形人之短以

〔1〕（清）曾国藩：《曾文正公书札》卷六《致沈幼丹》，第40页（清光绪二年传忠书局刻增修本；"鼎秀"，第259页）。

〔2〕（清）黄六鸿：《福惠全书》卷四《莅任部·待绅士》，《官箴书集成》（第三册），第263页。

〔3〕（清）田文镜：《州县事宜·待绅士》，《官箴书集成》（第三册），第676页。

〔4〕（清）汪景祺：《读书堂西征随笔·闻李侍郎绂擢粤西巡抚》，第30页（民国铅印本；"鼎秀"，第27页）。

〔5〕（清）允禄编、弘昼续编：《世宗宪皇帝上谕内阁》卷九二"雍正八年三月二十三日"，《景印文渊阁四库全书》第415册，第434页。

成己之长"〔1〕。廖腾煃康熙时历官安徽休宁知县、太常寺少卿、都察院右副都御史、户部侍郎等。曾据公审判、将请托银入官，得到他人称赞："请托上闻，例必加俸一级。今既剖冰心，更存厚道，不忍置行贿者于法也。此段存心，罕有其匹。"〔2〕这样不举发、不惩处请托，常被认为是美德。

从法治角度应鼓励举发，从个人品德角度又称赞不举发，很典型地体现了儒家与法家在对待请托问题上的深刻矛盾。在儒家看来，提升全体社会成员的道德水平是平天下的基本和长远途径，人都有向善的本性，提升德行修养的根本在于个人"内省不疚"〔3〕"行己有耻"〔4〕，而非强制规范。因此，"躬自厚而薄责于人"〔5〕"隐恶而扬善"〔6〕就成为促进他人内省自悟的君子之行。相反，若将别人隐秘的恶行宣扬出来就非君子作为，而请托正是常被看作不严重的隐秘非法之行。扬恶固然可以快捷、正面地曝光恶，但同时也使主体的颜面受损，很可能阻断其内省自悟的路径，更严重的是使双方的关系、情感恶化，造成持久伤害，不利于人际关系的和谐。由此，隐恶（包括儒家的"亲隐"思想）一直是深受儒家思想熏陶的君主及士大夫的基本准则，而对举发恶行其实一直心怀警惕，生怕为了短期效果而妨碍世道人心，如秦朝那样残酷举发连坐却短命而亡，因此一直在协调私情与公义。

而在法家看来，个人利益必须服从君主利益、国家利益，举发恶行是为了制止、铲除恶行，直接有益于国家及百姓利益，因而举发恶行是臣民的天职，不举发、讲私情便直接损害了君主利益，私情与公义是尖锐对立的，"夫君之直臣，父之暴子也"，"夫父之孝子，君之背臣也"。〔7〕

儒法两家都有各自的合理性，在现实中如何对待请托也处于摇摆状态——有时偏向儒家，有时偏向法家，不同的人、不同的情境、不同的目的便有不

〔1〕（清）汪士鋐：《秋泉居士集》卷二《序二·巡道杨宾实先生序》，第24页（清乾隆清荫堂刻本；"鼎秀"，第33页）。

〔2〕（清）廖腾煃：《海阳纪略》卷下《审语·王龙告高卿若审语》，第97页（清康熙浴云楼刻本；"鼎秀"，第206页）。

〔3〕《论语注疏》卷一二《颜渊》，《十三经注疏》（十），第159页。

〔4〕《论语注疏》卷一三《子路》，《十三经注疏》（十），第178页。

〔5〕《论语注疏》卷一五《卫灵公》，《十三经注疏》（十），第213页。

〔6〕《礼记正义》卷五二《中庸》，《十三经注疏》（六），第1425页。

〔7〕《韩非子集解》卷一九《五蠹》，《诸子集成》（5），第345页。

同的偏向，始终没有形成切实、合理、有效的解决思路。

其时，也有因拒绝请托而被怀恨诽谤、打击报复者。徐用锡康熙时以翰林院编修分校会试，"严绝请托，衔之者反嗾言官劾其把持闱事，圣祖原之，终以浮议罢归"[1]。张兴宗雍正、乾隆时为山东堂邑知县，因足疾欲乞休，"同城寮属有恶其持正者，请托多所不遂，乃构之大吏，遂以去官"[2]。罢官还是小事，甚而有人不堪受辱而自尽。李崧岩顺治时分巡粤东海务，兼视学政，"不意为恶弁嘱托不遂，因加倾害，义不可辱，引刃断颈，含冤长逝也"[3]。可见，拒绝请托则违背人情，视请托为当然、视拒绝请托为不给"脸面"的心理仍然普遍存在。

第七节　对清代官员执行请托罪法的思考

清代官员对请托罪法的执行与明代官员多有相似之处：都较少依法惩处请托，以拒绝、预防为主，主张拒大放小，在举发方面仍心存顾虑。当然，清代官员也有一些自己的特点，如对明代官员的预防措施加以升级，更多地举发请托。此外，随着西方文化的输入，不同身份"西人"——传教士、洋酋的到来以及对请托的认可，清代官员还开始思考中西文化对待人情、请托的不同态度，探讨中国请托盛行的深层原因，并摸索出应对"西人"请托的具体策略。可以说，在执行请托罪法方面，清代官员审时度势，一直在观察、思考和行动着。

但这样的努力并没有取得预期效果，有清一代，请托只在几个短暂的时期内有所收敛，如雍正年间、同治科考案以后。明代官员对请托罪法的执行表明：请托罪法并没有得到较好的执行，没有成为官员普遍的法律意识。这一结论在清代官员那里依然适用。

---

〔1〕《清史稿》卷五〇三《徐用锡传》，第13888页。

〔2〕（清）全祖望：《鲒埼亭集》卷二五《状略·通判知山东堂邑县事张府君行状》，第15页（清姚江借树山房本；"鼎秀"，第490页）。

〔3〕（清）魏象枢：《寒松堂集》卷五《序记传·李氏合刻家稿序》，第47页（清畿辅丛书本；"鼎秀"，第284页）。

第九章　清代京畿地方职官的请托犯罪

清代京畿地方职官的履职与其他地方职官有所不同，相应地，其请托犯罪也别具特点。清代实录正史、档案官箴、笔记小说对此多有记载，其中不少是以往没有发掘、利用的。这里以之为据，探讨清代京畿地方职官请托犯罪的特点及惩处。

第一节　京畿地方职官的概念界定及履职特点

一、京畿

清代沿袭明代，以今天的北京为国都——京师。清时，京畿（国都及其行政官署所辖地区）地方最高行政机构是顺天府。康熙二十七年（1688），置东、南、西、北四路厅；分辖京畿州县。其上，分隶通永、霸昌二道，并兼统于直隶总督。

清代顺天府所辖州县历代有所变化，乾隆八年（1743）定制，辖5州19县，包括大兴、宛平、良乡、固安、永清、东安、香河、通州、三河、武清、宝坻、宁河、昌平州、顺义、密云、怀柔、涿州、房山、霸州、文安、大城、保定、蓟州、平谷。[1]其中大兴、宛平属于附郭的"京县"，地位较高。

二、京畿地方职官

此处所言京畿地方职官，是指清代管理京畿地方事务的官员。

清时，顺天府虽为京畿地方最高行政机构，但所辖有限：京师的内城实际上在八旗都统衙门、步军统领衙门的管辖之下；外城实际上在五城察院的管辖之下；京县之外的22个州县则由顺天府和直隶总督"双重领导"——只

---

〔1〕　以上参见《清史稿》卷五四《地理志一》"直隶"，第1894—1899页。

有大兴、宛平两县由顺天府直接领导。[1]京畿地方职官主要包括如下系列。

(一)顺天府

顺天府的主官为府尹,雍正元年(1723)以后,特从六部尚书、侍郎内选任1人兼管府尹事。下设府丞、治中、通判、经历、照磨、司狱等属官。

州县的主官为知州、知县,下设县丞、巡检、主簿、典史等属官。[2]

东、南、西、北四路厅辖大兴、宛平之外的22个州县。每厅设同知主管。

(二)八旗都统衙门、步军统领衙门

清廷移鼎北京后实行"汉迁",将内城的汉族与其他少数民族居民强行迁往外城,[3]使内城成为一座由八旗官兵携眷驻防的兵营。

八旗由满洲、蒙古、汉军三部组成,各部均独立成旗,因此实为二十四旗。每旗主官为都统,下设副都统、参领、副参领、佐领、骁骑校等属官。[4]

步军统领衙门"兼具军、警、司多重属性"[5]。主官为步军统领,下设左翼总兵、右翼总兵、翼尉、副翼尉、协尉、副尉、捕盗步军校等属官。[6]

八旗都统衙门与步军统领衙门不存在领导与被领导的关系,但有分工的不同:八旗都统衙门管理旗务,步军统领衙门总括"旗务"之外的诸事。

(三)五城察院

外城设五城察院,是都察院稽察京师地方的机构。主官称巡城御史,从科道官员中简派,是所谓的钦差官。

---

〔1〕 参见王志中:"试论清代北京地方行政机构的多元化设置",载《北京联合大学学报》2003年第1期,第105页。

〔2〕 参见《清史稿》卷一一六《职官志三》"顺天府",第3333—3335页。顺天府尹的任命及属官历代有变化。

〔3〕 清代北京内城,南至今崇文门、正阳门(前门)和宣武门一线,北、东、西各至今二环路。外城为今二环路以内除内城外的南部地区。

〔4〕 参见《清史稿》卷一一七《职官志四》"骁骑营",第3368—3369页。

〔5〕 南玉泉:"顺天府的设立及其在京畿司法管辖中的地位与职能",载《清代民国司法档案与北京地区法制》,中国政法大学出版社2014年版,第10页。

〔6〕 参见《清史稿》卷一一七《职官志四》"步军营",第3375—3376页。其官署、主官及属官历代有变化。

又设五城兵马司，"专司京师诘缉逃盗、稽察奸宄等事"〔1〕。各兵马司的主官为指挥，下设副指挥、吏目等属官。

五城察院对五城兵马司有管辖权。

京畿地方职官除了上述固定任职于京畿的官员，还包括被钦命负责三年一次顺天乡试的主考官、同考官等。此外，顺治朝定期派往顺天、"代天子巡狩"的巡按御史，在一定时期内也负责京畿地方事务，属于京畿地方职官。

三、京畿地方职官的履职特点

王志中认为清代北京地方行政机构的设置呈多元化特点，其中贯穿着三个原则："满汉分治，崇满抑汉"；"有职守者无权，无职守者有权"；"官不专权衙不专责，诸事会同办理"。〔2〕总结得很恰当。

联系京畿地方职官的构成，可对其履职特点作如下概括。

第一，管理条块分割明显，官员数量众多，个人权力不集中；

第二，中心城区（内城与外城）同时受中央机构的管辖，很多司法案件及职官犯罪由中央及其派出机构直接处理；

第三，有机会觐见皇帝，与中央各衙门官员交往直接、关系密切；

第四，中央对京畿地方职官的任命、考核、监察比较重视，比较直接和严格。

这些履职特点将京畿地方职官与其他地方职官区别开来，并对京畿地方职官的请托行为产生一定影响。

第二节　清廷对京畿地方职官的重视

京师乃"四方所瞻"之地，"教化之行也，建首善自京师始，由内及外"〔3〕。京尹亦是关乎"民庶是诚"的要职，自唐宋以来，其职"不轻畀人"，必

---

〔1〕（光绪）《大清会典事例》卷一〇三一《都察院·五城》，中国第一历史档案馆书同文古籍数据库，第17页。

〔2〕王志中："试论清代北京地方行政机构的多元化设置"，载《北京联合大学学报》2003年第1期，第107页。

〔3〕《史记》卷一二一《儒林列传》，第2371页。

"择贤以付国家"〔1〕。

清代皇帝看重京师的地位。雍正帝认为："辇毂之下，首善之区，尤当整饬化导，以为万邦之式。"〔2〕乾隆帝指出："京师首善之区，南北贡监，辐辏观光，更当树厥风声，以立四方之准。"〔3〕由此可见一斑。

对于京畿地方职官，清代皇帝也很重视。按制，顺天府尹的品秩是正三品，正三品衙门用铜印，但顺天府却用银印，"诚重之也"〔4〕。雍正帝给顺天府尹的训词是："畿甸首善之区，必政肃风清，乃可使四方观化。非刚正廉明者，曷克胜任。"〔5〕其他如康熙帝认为"九门提督责任甚重"〔6〕，道光帝指出"巡视五城御史有稽查约束之责"〔7〕，同治帝点明"步军统领衙门，捕务是其专责"〔8〕。在强调职责的同时，也注重其品质。

在其他官员心目中，京畿地方职官也非同一般。如咸丰年间山西道监察御史毛昶熙言："京师向设步军统领总管营务，原以弹压地方、缉拿奸宄，非才长望重，不足以副委任。"〔9〕光绪年间御史孔宪毂言："京城五方杂处，最易丛奸，而前门外为尤甚，全赖司坊官缉捕认真，肃清地面。"〔10〕光绪年间贵州道监察御史英朴言："州县为亲民之官，必需廉正持躬、勤恤民隐，……大兴为京畿首善之区。"〔11〕光绪年间山东道监察御史胡蕙馨言："顺天府四路厅同知分辖顺属州县，有表率地方之责，非廉明正直之员，不足以资治理。"〔12〕

---

〔1〕（明）朱瞻基：《御制官箴·京府箴》，《官箴书集成》（第一册），第253页。

〔2〕《清世宗实录》卷四九"雍正四年冬十月己巳"，第13页。

〔3〕《清高宗实录》卷二二"乾隆元年秋七月上庚子"，第18页。

〔4〕（清）于敏中等编：《钦定日下旧闻考》卷六五，北京古籍出版社2001年版，第1079页。

〔5〕（清）于敏中等编：《钦定日下旧闻考》卷六五，北京古籍出版社2001年版，第1078页。

〔6〕"步军统领隆科多奏为署理九门提督恳请圣训折"，转引自中国第一历史档案馆编译《康熙朝满文朱批奏折全译》，中国社会科学出版社1996年版，第1624页。

〔7〕《清宣宗实录》卷五六"道光三年八月上庚子"，第11页。

〔8〕《清穆宗实录》卷一八八"同治五年十一月甲子"，第24页。

〔9〕"奏为特参步军统领联顺废弛公事请罢斥事"，中国第一历史档案馆藏，录副奏折，档号03-4207-036。

〔10〕"奏为中城副指挥白荃都司赵遇春縱贼纵赌请旨密饬步军统领衙门查拿事"，中国第一历史档案馆藏，录副奏片，档号03-5510-061。

〔11〕"奏为风闻顺天府大兴县知县李均豫玩视民瘼贪婪不职请旨严行查办事"，中国第一历史档案馆藏，录副奏折，档号03-7389-018。

〔12〕"奏为特参现任顺天府东路厅同知陈镜清贪酷营私请饬顺天府尹查办事"，中国第一历史档案馆藏，录副奏折，档号03-7390-028。

俱是职责、品质兼重。

"王者施仁，笃近举远。"〔1〕京畿地方职官执政帝都、得睹天颜，因此其施政的好与坏，并非只关乎一方水土、拱卫皇城，而是有着深远的"样板"作用，在儒家推己及人的德治理念下，具有"抚近怀远"的功效，因此为统治者所重视。清廷对京畿地方职官的基本要求是德才兼备，这也直接决定了对其请托行为的态度及惩处力度。

第三节　清代京畿地方职官请托犯罪的特点

身处京畿这样一个皇权咫尺、权贵林立之地，沐浴在"五方杂处"〔2〕、讲究人情的社会氛围中，清代京畿地方职官的请托犯罪颇具特点。

一、求托者、请托者身份复杂，高下皆有

京畿地方职官不仅需与平头百姓、地方缙绅打交道，还多有机会结交中央官员、宗室皇亲。因此，在京畿地方职官的请托犯罪中，求托者、请托者身份复杂，高下皆有。

以道光十八年（1838）"顺天府焦广誉等希图借领公项修挖煤沟请托案"为例。求托者焦广誉等欲借领官项，在门头沟开采煤窑。他们先在工部营求，未成后，"辗转托人，令向御史和豐、阿林保等嘱托，代为条陈"，并许给请托者苗毓秀京钱三千吊。承审官太子少保、大学士管理刑部事务王鼎等在奏折中称焦广誉等为"该商"，未言苗毓秀身份，应为普通百姓。接下来，因候补按察司经历张循仪"指称有克姓，系步军统领亲戚，可以转托"，焦广誉等又以银票两千两，浼其代为请托。在此，请托者的身份涉及候补按察司经历——地方职官。另有谢维山"曾指称步军统领衙门书吏名色，先曾索去四千两银票"，请托者的身份又涉及步军统领衙门书吏——京畿地方职官的手下。仍未成后，焦广誉等又央求李榕燧，欲通过其母舅卓秉愔的关系——为管理顺天府

---

〔1〕（明）朱瞻基：《御制官箴·京府箴》，《官箴书集成》（第一册），第253页。

〔2〕"奏为中城副指挥白荃都司赵遇春挐贼纵赌请旨密饬步军统领衙门查拿事"，中国第一历史档案馆藏，录副奏片，档号03-5510-061。

卓秉恬的堂弟，“求将呈词批准传讯”〔1〕。奏折未点明李榕爚、卓秉愔的身份，可能仍是普通百姓。抛开请托已成、未成不论，单就求托者、请托者的身份而言，有普通百姓，有京畿地方职官，还有其他地方职官。明清时，开挖煤窑获利很大，当然，其获批也是繁难的。焦广誉等为达成目的，围绕着掌握公权力的要害部门——工部、步军统领衙门、顺天府，接连出动不同身份者，辗转请托，并夹杂着以财行求，下了很大的本钱。

宗室也有请托京畿地方职官之时。“从前宗室王公等，往往遣属下官员及太监等向外官说事”〔2〕，京畿地方职官近水楼台，自然不会放过。

古时，地方官员如欲在“波谲云诡”的官场中波澜不惊、身心安泰，需要处理好与上司、同僚的关系。明代小说《清夜钟》第十四回对此有所揭示：“有职守，便有职守之累。……说到官职，承上接下，要仔么固结人心，要仔么承迎上司，仔么和合僚友，顾名节，顾声望。”可以说，稍有不慎，仕途堪危。而京畿地方职官不仅要面对来自普通人、缙绅、上司的请托，因地处京畿，临近中央部院、宗室聚居地，还成为中央官员、宗室皇亲的请托对象。因此，在其所涉请托犯罪中，求托者、请托者身份复杂，上至高官宗室，下至普通百姓，高下皆有。

京畿之外的其他地方职官请托犯罪中，也不乏中央官员、宗室的身影，已有官员指出“往往谒选之吏未行，干请之书已去”〔3〕情况的存在。但是，毕竟远离中央官员的办公地、宗室的居住地，处于一个相对封闭的区域，故此请托所涉人员的身份相对简单，即便有中央官员、宗室皇亲参与其中，数量也不多。

二、京畿地方职官有时也充当请托者甚至求托者

“京官”看似冠冕堂皇，实际上也区分为不同的级别，并各有辖区；加之清廷对京畿地区实行权力分割、多重管理，致使京畿地方职官的权力不仅有限，还多受掣肘。为了帮助求托者谋得私利，京畿地方职官在自己手眼不到

〔1〕“奏为审讯顺天府焦广誉等藉词修挖煤沟希图借领公项请托牵涉大员御史一案大概情形事”，中国第一历史档案馆藏，录副奏折，档号 03-3977-018。

〔2〕《清高宗实录》卷一〇五三“乾隆四十三年三月下庚寅”，第 17 页。

〔3〕“奏请饬禁大臣私书请托之风事”，中国第一历史档案馆藏，录副奏折，档号 03-2631-034。

之时，会充当请托者，代为请托。

以咸丰七年（1857）"副都统伦恭受托挑缺不公案"为例。正红旗六甲喇出有马甲（八旗兵丁）一缺。正红旗蒙古领催佟幅欲使其子阿凌阿挑补此缺，托儿女姻亲、副参领松明"挽转门路"。松明告说并无门路，让其自己寻找，但答应"挑缺时可以在大人前保举"。佟幅又找到其表弟、骁骑校长春，"嘱为挽转副都统伦恭门路"。长春应允。长春与伦恭门丁李升有来往，乘去伦恭宅办事之机，告说有亲戚阿凌阿欲挑补马甲，请其"挽转门路"。李升"应许向伊主人央求"。后李升向伦恭捏说阿凌阿系其亲属，家里寒苦，求赏给钱粮糊口。伦恭"应许"。六月十三日，伦恭在衙门挑补马甲时，参领瑞森回说伊立布中箭一枝。伦恭虽然听见，并未言语，"实因家人李升向伊求过"，兼之副参领松明"当堂声说阿凌阿在印房效力当差之言"[1]，遂将并未中箭之阿凌阿挑补。松明、长春虽为京畿地方职官，但不掌握事件的决定权，故只能充当请托者，转托他人，以助求托者达成心愿。

京畿地方职官本人及家属也会遇到麻烦，需要他人庇护，故而也有为己事请托他人之时。以咸丰三年（1853）"刑部司员王式言承审宛平县王长春等谋毙人命受托案"为例。镶蓝旗满洲百勒洪额佐领下步军校法福哩，与镶红旗满洲宝成佐领下马甲春德合伙开棚铺生意，雇王长春管事。因法福哩有步军校差事在身，由春德在铺照料。咸丰三年（1853）五月二十八日，高大因索分工钱不成，与王长春争骂，并牵骂春德。春德不甘，起意将高大殴打出气，一面诓令他人次日邀高大来铺说合，一面找来法福哩、王长春，告知欲殴高大情由，"并称伊父子俱有钱粮，法福哩系属职官，商量将高大殴打后，令王长春一人到案涉讼，许给二成买卖"，又称"有法福哩代托人情，可保无事"。王长春应允。身为京畿地方职官，法福哩不仅没有及时制止春德的殴人预谋，反而积极参与其中：先是同春德的儿子护军存丰、王长春"找人帮殴"；又在存丰担心所邀之人不愿帮殴的情况下，声言此事在自己辖区之内，"趁伊在厅该班，好将王长春一人拿送"。次日，王长春等人依计将高大围殴，为人发觉后，王长春被拿送至官厅。法福哩将其解送至步军统领衙门，步军

---

[1]　"奏为遵查副都统伦恭挑缺不公一案讯明供词援引例案恭候钦定并将各犯定拟罪名事"，中国第一历史档案馆藏，录副奏折，档号03-4210-152。

统领衙门又咨送刑部，签分四川司审办。六月十日，高大殒命，其妻高燕氏先后赴步军统领衙门、刑部呈控春德、法福哩。王长春担心获重罪，供出春德起意谋殴、嘱其到案承认等情。四川司承审司员王式言将春德传案收监，并传到法福哩，讯问有无帮殴高大之事。法福哩供不知情，王式言令其回旗当差。七月二十八日，会同都察院、大理寺审明，将春德拟绞监候、秋后处决，王长春拟杖一百。正在会题间，存丰代父鸣冤，控经都察院，奏交刑部，改派司员讯明。至此，法福哩慌了手脚，"恐将伊问罪，央令骁骑校那辛，转找吏部书吏张五，向四川司承审司员王式言请托，并交给那辛等京钱六百吊"[1]。作为京畿地方职官，法福哩本欲借职务之便，发泄个人恩怨，却因导致高大身死的恶果，难以自保，而走上了请托更高级别官员之路。

在一般人眼中，京畿地方职官是个肥差。明清小说《醒世姻缘传》第五回中华亭知县晁思孝就渴望升通州知州："若是北通州，我倒甚喜。离北京只四十里，离俺山东通着河路。又算京官，覃恩考满，差不多就遇着了。"但现实情况是，京畿地方职官也受一定限制，并不都具备翻手为云、覆手为雨的能力，为达成目的，也不得不利用各种关系。这与他们执政帝都的冠冕身份形成一定反差。

三、请托者有时会对求托者虚与委蛇

请托一事，因不直接涉及钱物，法律上的惩处较贿赂为轻；因了请托者与受托者之间的关系，还不易为人察觉，但请托者实行起来仍有一定难度。对于洁身自爱者来说，厚颜求人，面子上多少有些过意不去；即便过了面皮这一关，对方能否接受、会不会告发自己，也需事前考量；特别是身处京畿，多受天子耳目监督，请托行为还易于暴露，遭到查处。如果担心上述情况发生，回绝亲友的请求，请托者还要考虑是否会因此导致亲属关系的破裂。凡此种种，迫使请托者有时对求托者虚与委蛇——表面上答应帮忙，实际上并不付诸行动。

"顺天府焦广誉等希图借令公项修挖煤沟请托案"中，焦广誉等因李榕燏

---

[1] "奏为刑部司员王式言承审宛平县王长春等谋毙人命案拟罪错误会审将请托人员从重定拟事"，中国第一历史档案馆藏，朱批奏折，档号04-01-26-0073-117。

的母舅卓秉恬系管理顺天府卓秉恬堂弟，嘱其通过卓秉恬向卓秉恬请求批准。案发后，卓秉恬供"因图得酬谢银四千两，代为斟酌呈词属实，彼时却并未向伊堂兄卓秉恬说过此事"。焦广誉等还曾找到陈耀祖，求嘱新授安徽凤阳府知府、尚未出京之罗礼兰，"代向顺天府府尹曾望颜请示"。后罗礼兰回复："曾经问过曾望颜，云此事断难准行。"案发后质之罗礼兰，据称："当时实系托词拒绝，伊并未代向府尹询问。"[1]罗礼兰新授安徽凤阳知府，如果因代人请托而妨碍前程，可谓因小失大；但又却不过情面，故只好虚与委蛇，得过且过。

杨继盛嘉靖时历任兵部员外郎、吏部员外郎等，曾言宁愿赴任南方，也不愿在京师为官："家近京师，礼遇之或疏、请托之不遂，未免得罪于乡党亲识。南都则去家甚远，无所牵系，浅薄之谤、枉己之辱，或可免之。"[2]在不愿助人请托的情况下，只能躲离人情牵系广泛之地，或虚与委蛇，这样既不违背律法，又维护了彼此的关系。

四、请托者、受托者行事比较谨慎

身处京畿，近于天子，却干着请托、受托等为律法所不容之事，京畿地方职官的内心难免忐忑觳觫。故此，他们行事比较谨慎，多有顾忌。

以咸丰八年（1858）"顺天科场柏葰受托案"为例。广东人罗鸿绎在参加顺天乡试前，已花钱在刑部捐了一个小官。但捐纳而来的官职比不上科考获得的出身荣耀，故欲通过中举弥补这一缺憾。报名后，罗鸿绎遇到了在京为官的同乡——兵部主事李鹤龄，遂向其打听乡试一事。李鹤龄热心讲解打通关节以获录取的内幕，并在罗鸿绎未明确以事相托的情况下，主动请缨，提出帮忙。此后，他找到自己的同年、此次乡试的同考官浦安，告之"同乡至好入闱"，托其关照。浦安阅卷时看到罗鸿绎的卷子，向主考官柏葰推荐。但柏葰不看好该卷，吩咐家仆靳祥退回。浦安"与靳祥认识数年"，于是"托

---

〔1〕　"奏为审讯顺天府焦广誉等藉词修挖煤沟希图借领公项请托牵涉大员御史一案大概情形事"，中国第一历史档案馆藏，录副奏折，档号03-3977-018。

〔2〕　（明）杨继盛：《杨忠愍公集》卷二《补书·致郑澹泉书》，第28页（明刻本；"鼎秀"，第51页）。

他求求中堂，这本卷子万别撤下"，靳祥"关情面，答应去了"〔1〕。靳祥"回来替浦安说，他房中只有中皿一卷，求中了他的才好"〔2〕。家仆之情加上同僚之义，柏葰只得将本欲撤下之卷重新取中。后柏葰于场中遇到浦安，未敢明言，只说："恭字十二号原中副榜，后来副榜也未中，今竟中正榜。"浦安"因在公所，未便言谢，却露感情的意思，随即答应一'是'字"〔3〕。在此，柏葰、浦安都表现得很谨慎。

再以咸丰四年（1854）"步军统领衙门千总阎维甸听受请托释放奸犯案"为例。侯五租道人赵一得之房开设印子局。保明之妻保柏氏带同幼女前来借钱，侯五留其住宿，与之成奸。赵一得查知后，向静宜园汛马兵告发。差人叶长贵、毛泳幅等将二人拿获，并起获鸦片、烟具，于次日解送静宜园守备衙门。侯五族叔侯茂述得知其被逮后，向叶长贵、毛泳幅询问原委，并找到"素好"之二等侍卫托精阿，请其到守备衙门托情释放。托精阿言与守备阎维甸"旧日交好，此事可以办到"。阎维甸很谨慎，在讯明"侯五与保柏氏有奸属实。烟具系侯五乡亲张三寄存，侯五讯无吸食鸦片烟及开设烟馆情事"的情况下，对于托精阿第一次求见，"推辞不见"；直待托精阿第二次求见，方与之见面。"因托精阿旧日交好，一时应允"，但阎维甸担心侯五"另有别情"，又票传叶长贵、毛泳幅再加询问。在确定侯五除了"存有鸦片烟具"及"奸宿"外，"并无别故"〔4〕后，方准将侯五、保柏氏保出完案。

相比之下，其他地区的请托者、受托者胆子较大，顾虑较少。这从前文所举的其他事例中可以看出。

五、单纯的请托少，多与金钱相伴而生

在京畿地方职官的请托犯罪中，有单纯倚靠人情的，但更多的，是与金

〔1〕"载垣等奏审拟科场案内各员罪名折"附单二"浦安供词"，《清代档案史料丛编》第十四辑，第221页。
〔2〕"载垣等奏审拟科场案内各员罪名折"附单一"柏葰供词"，《清代档案史料丛编》第十四辑，第220页。
〔3〕"载垣等奏审拟科场案内各员罪名折"附单二"浦安供词"，《清代档案史料丛编》第十四辑，第221页。
〔4〕"题为步军统领衙门咨送千总阎维甸听受请托释放奸犯一案议准杖流事"，中国第一历史档案馆藏，题本，档号02-01-07-3515-002。

钱相伴而生，甚至出现贿嘱。

（一）求托者、请托者之间的金钱往来

请托者与受托者之间，以情为重，基本不存在金钱关系。但不少请托者不是为己事出头，而是受求托者之请，代为请托。对求托者来说，请他人为己事钻头觅缝，游走于合法与非法之间，特别是处于耳目众多的天子脚下，如果不在物质上有所表示，很是过意不去，且担心对方因没有好处可捞而一口回绝；对请托者来说，"无利不起早"，放下身段，巧言令色，一旦被告发，还很危险，如果没有好处，也大不值当。由此催生出求托者、请托者之间的金钱关系，使请托者、受托者之间的单纯人情请托中，旁逸斜出了贿赂的枝节。

"顺天科场柏葰受托案"中，在浦安的活动下，罗鸿绎为主考官柏葰取中。后罗鸿绎前来道谢，浦安仅嘱："柏中堂家人靳祥人亦甚好，与我相熟，门包须所费几两，日后回事也用的着他。"绝无要求对方酬谢自己之意。后李鹤龄告知罗鸿绎欲酬谢银四百两，浦安"答以不可"。但不久，浦安又主动找到李鹤龄，言欲给胞兄捐官，无奈宦囊羞涩，求借银三百两。李鹤龄表示"前有罗鸿绎酬谢之款尚存他处，可以使用"，浦安并未因事涉违法而拒绝，仅言暂借三百两，"并云日后有钱，总以还他为是"[1]。可见浦安先前的推拒，乃是一种迂回的手段，并非真心不要钱，只是时机尚不成熟。

（二）求托者、请托者、受托者之间的金钱往来

如果受托者以"借贷"为名，向请托者提出金钱需求，请托者出于对自身利益的考虑，会将此一"借贷"转嫁到求托者身上，求托者、请托者、受托者之间遂建立起金钱往来的链条。

嘉庆十二年（1807）"直隶密云副都统佛伦保听受请托案"中，陕西回民铁顺、王惠、佟三陛等以养驼载货至古北口外贸易为生。"出口必须验票放行"，但附近关口地方官不肯给票，铁顺等因之耽延时日，赔累脚价。铁顺欲照猪羊例，呈请出口长票，"随浼素识之亲军长三音布代为设法"。三音布请

---

[1] "载垣等奏审拟科场案内各员罪名折"附单二"浦安供词"，《清代档案史料丛编》第十四辑，第 222 页。

托密云副都统佛伦保之子巴哈亮不成后，知英桂与佛伦保"素好"，遂"又向英桂央求关说，许以事成酬谢马匹"。英桂应允，遇见佛伦保时，"即以驼夫等恳求之事向述"。英桂之所以愿意充当请托者，一方面，是与铁顺相熟，有人情在；另一方面，缘于铁顺许诺"事成酬谢马匹"，满足了其贪欲。后佛伦保接受了英桂的请托，但"声言在任清苦，托英桂代借银五六百两，一分起息，明年二月归还"。英桂随即告知三音布，"令铁顺等措办银五百两，可借此嘱托起票"[1]。虽然佛伦保以借贷为托词，却改变不了拿钱办事的本质，属于贿嘱。

贿嘱案的多发，体现出金钱的巨大作用。前文已言，汉武帝时出现了与贿赂相区别的请托罪法。将请托与贿赂区别开来是古人立法思想的进步，现实中贿嘱的大量出现，则昭示了二者的密切关联。很难想象，在一个看重人情、注重关系的社会中，人们之间的交往会仅止步于单纯的帮忙，更不要说，付出钱物在某种意义上就是感恩的表现、对人情的注重。

清代京畿地方职官的请托犯罪，既具备其时各地职官请托犯罪的一般特点，又因发生于京畿而呈现出一定的独特性。京师有"表率地方之责"，京畿地方职官的行为对其他地方官员具有"样板"作用，必须"廉正持躬、勤恤民隐"[2]，方能胜任。相应地，对其请托行为的惩处亦具有重要意义。

第四节　清代对京畿地方职官请托犯罪的惩处

从现存司法档案可见，清时对京畿地方职官请托犯罪的惩处主要有以下几种情况。

一、依法惩处

依法惩处即依据清律中的请托罪法条，惩处京畿地方职官的请托犯罪。

在"步军统领衙门千总阎维甸听受请托释放奸犯案"中，承审官刑部尚

〔1〕　"奏为审拟直隶密云副都统佛伦保听受请托笔帖式英桂贿嘱公事一案事"，中国第一历史档案馆藏，录副奏折，档号03-2208-028。

〔2〕　"奏为风闻顺天府大兴县知县李均豫玩视民瘼贪婪不职请旨严行查办事"，中国第一历史档案馆藏，录副奏折，档号03-7389-018。

书德兴等对受托者阎维甸拟罪如下："查律载，官吏诸色人等，为人嘱托公事者，笞五十。官吏听从，事已施行者，杖一百。……此案千总署守备阎维甸，于侯五等犯奸并存留烟具一案，被马兵叶长贵等拿解，该署守备并不将人犯转解，辄听托精阿请托，将侯五等释放，自应照律问拟。阎维甸合依官吏听从嘱托、事已施行者、杖一百律，杖一百；系职官，应行革职。"[1]承审官先是具引《大清律例》中的请托罪法条，接下来指出阎维甸所犯适用于此条的理由，最后给出杖一百、革职的惩处结果，属于依法而断。

对求托者、请托者也能依法惩处。刑部尚书德兴等对此案中求托者侯茂述拟罪："捐纳从九品职衔侯述茂，……因伊族侄侯五犯奸，托托精阿向署守备阎维甸情托释放。侯述茂合依私和奸事减二等律，于侯五杖一百罪上减二等，拟杖八十。……应将该犯革去从九品职衔，免其发落。"[2]从表面上看，没有惩处侯茂述所犯的请托罪，但侯茂述请托的目的，乃是使其族侄侯五免受奸罪的惩处，其在此案中是犯有"数罪"：一按请托罪惩处，杖五十；一按私和奸事减二等惩处，杖八十。《大清律例》规定："凡二罪以上俱发，以重者论。"[3]故择重而定，给出"杖八十"的惩处结果，属于依法而惩。请托者托精阿因出京省亲未归，未被拟罪；一旦到案，承审官亦会照此拟罪。

二、从重惩处

对京畿地方职官的请托犯罪还有加重惩处的情况。

以道光十八年（1838）"奕颢请托案"为例。正白旗拣选佐领、辅国公、宗室奕颢因前锋校吉庆教习其子，将吉庆名帖送给正白旗满洲副都统功普，"恳求列入拣选"。功普因署理仓场侍郎，不能亲往拣选，"写私信转嘱该管参领福拉纳，嘱代向都统奕纪情托"。案发，承审官宗人府宗令、和硕肃亲王敬敏等拟罪："查律载，监临势要为人嘱托者，杖一百。又《名例》载，大小文武官犯私罪，该杖一百、革职离任等语。此案辅国公、宗室奕颢以一品大员，……

---

〔1〕 "题为步军统领衙门咨送千总阎维甸听受请托释放奸犯一案议准杖流事"，中国第一历史档案馆藏，题本，档号 02-01-07-3515-002。

〔2〕 "题为步军统领衙门咨送千总阎维甸听受请托释放奸犯一案议准杖流事"，中国第一历史档案馆藏，题本，档号 02-01-07-3515-002。

〔3〕 田涛、郑秦点校：《大清律例》卷五《名例律下》"二罪俱发以重论"，第115页。

起意代为情托，诚如圣谕，辜恩病狂，以公济私。业经革去职任，系辅国公，应仍请旨，交宗人府严加议处。已革兵部右侍郎、正白旗满洲副都统、宗室功普，身为二品大员，听受奕颢情托，……业经革职，应请再罚宗室养赡钱粮五年。"[1]但道光帝仍不满意，认为"（奕颢）以一品大员不知检束，恣意妄为，实属狂谬胆大。……（功普）殊属卑鄙"，故此毋庸议处、罚赡："均着发往盛京效力赎罪，以为大员徇私请托者戒。"[2]奕颢因身居高位，违法请托，影响较坏，被从重惩处。

　　如果承审官员不能重惩某些京畿地方职官的请托犯罪，会受到清帝的训斥与责罚。以"刑部司员王式言承审宛平县王长春等谋毙人命受托案"为例。那辛、法福哩供称曾转求吏部书吏张五向王式言请托，交给王式言家人王服如钱文。但王服如、王式言均不承认。大学士裕诚、吏部右侍郎爱仁、刑部尚书德兴等受命会审，加以刑责。王服如方供称"张五同那辛曾经来宅，张五与王式言见面"，但自己索诈一事，王式言"并不知情"。裕诚等据法福哩、王服如的供词，认为王式言"为听受嘱托已属显然"；并且"法福哩既供认以财行求，即难保王式言非受贿枉断"，因为王服如等虽自认得赃，却有可能是"有意隐瞒，代王式言认罪"。断定王式言"听受嘱托"，具有根据；怀疑王服如隐瞒代罪，也属合理。如欲坐实，需进一步查找证据。但咸丰帝却直接认定"张五既与王式言见面，其为得赃枉断已无疑义"，不免有武断之嫌。裕诚等再讯，王服如"坚供伊向法福哩求索钱文，与张升等分用，王式言实不知情"。咸丰帝对此极为不满，认为裕诚等有意包庇王式言："王服如前供确凿，至此忽谓王式言实不知情，明系汝等为该员开脱地步！"此后裕诚等以王式言受托拟罪："查该革员听嘱已行，罪应拟杖。惟以执法之员徇情枉断，以致家人乘间求索得赃，若不从严惩办，不足以肃法纪而儆将来。王式言应请旨即行革职，于嘱托公事、已施行、杖一百律上加一等，杖六十、徒一年，仍从重发往军台效力赎罪。"就所掌握的证据而言，此断已属从重，但咸丰帝并不认可："王式言仅科以听断错误，何得有意欺蒙？汝等身为大员，含混具

────────────

〔1〕"奏为遵旨审拟奕颢营私陈请功普率以私情公然嘱托一案事"，中国第一历史档案馆藏，录副奏折，档号03-2907-036。

〔2〕《清宣宗实录》卷三一七"道光十八年十二月己巳"，第5页。

奏，已属辜恩，况又不任怨谤，使恶名归之于上，尔等自问安乎？否乎？"[1]一般臣子拟罪稍重，皇帝为之减刑，以示仁爱。咸丰帝认为裕诚等从轻拟罪，一旦自己依法审断，相比之下，即属加重，"使恶名归之于上"。最后，咸丰帝命将王式言"发往新疆效力赎罪"[2]。据《清史稿·刑法志二》，"若文武职官犯徒以上，轻则军台效力，重则新疆当差"[3]，重于裕诚等所拟之罪。裕诚等也因"既经讯出，并不从重定拟，辄行含混具奏"，分别被交刑部、都察院议处。咸丰帝认为，王式言的老师、刑部尚书许乃普"于此案供情，处处为王式言开脱地步，实属有心回护"[4]，将其革去尚书职务，降补内阁学士，毋庸在南书房行走。

三、任情惩处

对京畿地方职官的请托犯罪，还有抛开法条、任情惩处的情况。

在"顺天科场柏葰受托案"中，承审的宗人府右宗正、怡亲王载垣，宗人府右宗正、郑亲王端华以及端华的胞弟肃顺，与柏葰一向政见相左，故借机报复。载垣等依照《钦定科场条例》的规定，认定罗鸿绎与考官在考试期间有交通关节行为，应处以斩刑，并向刑部征询意见。刑部官员严谨分析法条后，认为柏葰之行属于"听受嘱托"，但"查例内并无仅听嘱托，不知交通关节，作何分别治罪明文，向来亦未办过似此成案"，而"应否照交通嘱托、贿买关节例定例，应由臣等酌核办理"[5]。载垣等不为所动，奏闻咸丰帝："该革员身系一品大员，听受嘱托，辄将罗鸿绎取中，实属咎由自取。未便以刑部并无例案可稽，臣等妄议定拟，仍请比照交通嘱托、贿买关节例，拟斩立决。"[6]柏葰遂成为公报私仇、政治倾轧的牺牲品。两年后，慈禧太后发动

---

〔1〕　"奏为刑部司员王式言承审宛平县王长春等谋毙人命案拟罪错误会审将请托人员从重定拟事"，中国第一历史档案馆藏，朱批奏折，档号04-01-26-0073-117。

〔2〕　"为会审已革刑部主事王式言承审命案误断罪名一案之刑部署左侍郎基溥议以降二级留任抄单事致内务府等"，中国第一历史档案馆藏，咨文，档号05-13-002-000736-0121。

〔3〕　《清史稿》卷一四三《刑法志二》，第4195页。

〔4〕　"为会审已革刑部主事王式言承审命案误断罪名一案之刑部署左侍郎基溥议以降二级留任抄单事致内务府等"，中国第一历史档案馆藏，咨文，档号05-13-002-000736-0121。

〔5〕　"载垣等奏审拟科场案内各员罪名折"，《清代档案史料丛编》第十四辑，第217页。

〔6〕　"载垣等奏审拟科场案内各员罪名折"，《清代档案史料丛编》第十四辑，第217—218页。

宫廷政变，垂帘听政，八位咸丰朝大臣遭到处治，肃顺被判斩立决，载垣、端华被赐死。由于种种原因，此一科场舞弊案未被彻底翻案，但清廷在定性上有所改变："听受嘱托，罪无可辞"，但"核其情节，尚不致此"〔1〕。综合全案看，这个结论还算允当。

　　总体而言，清代从重、任情惩处京畿地方职官请托犯罪，显示了统治者对京畿地方职官请托犯罪的痛恨之情与彻惩之心。这种惩处确实取得了一定效果，如"顺天科场柏葰受托案"后，"科场清肃，历三十年"，《清史稿》总结："用重典之效，足以挽回风气也。"〔2〕但是，法律作为判断是非曲直的标准，应保持一定的稳定性与持续性，才能取得较好的治理效果。从重、任情而不是依法惩处京畿地方职官请托犯罪，显示了皇权对法律的超越与凌驾，降低了法律的威信，从长远来说，不利于法治环境的养成，也不利于对请托的根本治理。在这种情况下，清朝统治者欲借以整肃京畿地方职官队伍，树立全国吏治标杆，比较困难。

---

　　〔1〕"谕内阁引见柏葰之子并议处全庆以平允科场一案"，《清代档案史料丛编》第十四辑，第243页。

　　〔2〕《清史稿》卷三八九《全庆传》，第11726页。

第十章　明清民众与请托

第一节　明代绅衿对请托的态度

关于绅衿，绅即绅士，指有官职而退居在乡者；衿即青衿，为生员所服，代指生员。绅衿也泛指地方上有体面的人。

绅士曾经做过官，因丁忧、致仕等原因而居乡，生员、举人在未来有机会做官，在地方官眼中，他们都是有身份、有前途的人，不可轻易拂逆。有些绅衿利用这一点，出入衙门，把持官府，请求嘱托，遂成为地方一霸。但也有不少正直的绅衿，爱惜羽毛，不愿为私事腼颜求人。对于来自亲友、熟人的请托，他们或拒绝，或提前预防，并因此得到地方官长的称赏。

一、拒助他人请托

有些绅衿拒助亲友、熟人请托。李承恩正德年间中举，后数试于礼部而不第，转而钻研理学，"有以公事嘱君请托者，作《耕心田歌》以拒之，其人惭而退"〔1〕。闵廷甲万历时历官常州府推官、吏部文选司郎中、通政使，居乡后，"阖门自守，无论请托，即平常交际，一切谢绝"〔2〕。

有些绅衿的兄弟、子孙出仕做官，在这种情况下，他们更有条件助人请托，却仍不肯折节为之。万历时首辅王锡爵之父王梦祥十六岁补州生员，入太学，两试不第，因父难而废学。后二子先后考中进士、授官，"公益自检饬，其爱二子，金玉之凛然，若恐加点"。来其地做官者必首先拜谒之，王梦

---

〔1〕　（明）李濂：《嵩渚文集》卷九七《墓志铭三五首·明乡进士河滨李君墓志铭》，第 4 页（明嘉靖刻本；"鼎秀"，第 1386 页）。

〔2〕　（明）缪昌期：《从野堂存稿·尺牍·与胡蓬玄》，第 37 页（明崇祯十年缪虚白刻本；"鼎秀"，第 390 页）。

祥"问利弊，则直陈；关请托，则不应"〔1〕。孙忠一生蹭蹬不偶，仅补诸生，其子孙文龙万历时中进士、做太守，孙忠"处家恭俭好礼，以请托报谒为可耻"〔2〕。

如果子孙接受他人的请托，他们会极力劝止，不惜态度激烈。万历时处士施益臣，"子为司庾郎官，受请托，阑出入。君蹶起奋击，其左右皆逡散去"〔3〕。

这些绅衿拒助请托的理由主要如下。

其一，爱惜名声，不愿因请托而玷污之。张时敏成化时以弱冠补县学生员，三试乡试不第，遂弃生员籍，居家读书。其弟张时彻、子张邦奇都曾任南京兵部尚书。张时彻说他："亲故有所请托，辄辞不纳，曰：'世间孰与名节贵者？敢弗珍乎？'"〔4〕子张邦奇回忆他说："亲朋请托，辞谢不堪其烦，署诸壁曰：'亲友其方便我身心，培养我廉耻，扶持我名节，一切公事，幸勿相干。'"〔5〕

其二，自己先前为官时不曾受人请托，如今不好腼颜求人。陈时霖嘉靖时由兵部车驾司员外郎谪兴化县丞，后以太平推官罢归居家，与时任福建提学副使的宗臣过从甚密。有人因之求陈时霖向宗臣请托，陈时霖曰："宗先生为吏部得告时，予方丞其邑，彼未始一事干我，我何颜顾有请也。"〔6〕

其三，出于对"人走茶凉"官场规则的了解，认为自己现今的情面不足以撼动对方，无法促成请托的达成。李濂进士出身，嘉靖时居家四十年，以

---

〔1〕（明）王世懋：《王奉常集》卷一五《文部·传·詹事王公传》，第14页（明万历刻本；"鼎秀"，第602页）。

〔2〕（明）王锡爵：《王文肃公文集》卷一〇《合葬墓志铭》，第52页（明万历间王时敏刻本；"鼎秀"，第423页）。

〔3〕（明）焦竑：《焦氏澹园续集》卷一三《墓志铭·处士施君谦甫墓志铭》，第28页（明万历三十九年朱汝鳌刻本；"鼎秀"，第362页）。

〔4〕（明）张时彻：《芝园定集》卷四三《墓志铭·洞云公墓志铭》，第20页（明嘉靖刻本；"鼎秀"，第794页）。

〔5〕（明）张邦奇：《张文定公环碧堂集》卷八《录·先考封通议大夫南京吏部右侍郎洞云府君行录》，第4页（明刻本；"鼎秀"，第948页）。

〔6〕（明）欧大任：《欧虞部集·广陵储王景赵朱蒋曾桑朱宗列传》，第30页（清刻本；"鼎秀"，第557页）。

"矢坚晚节，以远耻辱"〔1〕为人生目标。对于他人求托官府的请求，他明言："乡里亲识凡有事公门者，幸勿启齿，某实弗敢从命。抑即使勉从，在位者孰肯俛首听我？亦何益于彼之事乎？夫自丧廉耻，罔益彼事。"〔2〕

这些绅衿能够以足够坚定的自我修养去克服请托的诱惑，核心是对公私界限有明确的认识，显示出传统德行修养的优秀因素及有效性。当然，其"有损名节"之论虽然包含"有损法治"之意，却终究没有直接表达出来，表明他们还是从道德而非法律的角度来考虑拒绝请托。

二、提前预防被托

为了避免拒助请托时的尴尬，有些绅衿采取措施，提前预防。

张洪生于弘治间，"业举子，为制科"〔3〕，后弃文经商。其弟张瀚在京城为官，张洪不远数千里访之，"虽宫阙雄丽不一观望，缙绅缤纷不一交接，飘然南归。盖晦迹以避请托，防自点以贻弟耳"〔4〕。梅守和万历时曾任河南学政，其侄梅鼎祚为避免请托嫌疑，长期不与之通书信，"自金陵奉书数年于兹矣，不敢以只字通，实以老叔素秉公执正，而学宪之任与他道异，即侄生平无请托，然终不若竿牍之竟绝也"〔5〕。他们主要采取回避的方法。

这些绅衿因此得到地方官长的称赏。黄汝亨万历时任江西进贤等地知县，在写给夏巡抚的信中道："惟请托不行一节，自奉职来不开此窦。然亦素服邑中士大夫，真有非公不见之节。"〔6〕伍袁萃为官持正不阿，后辞官归家，万历

---

〔1〕　（明）李濂：《嵩渚文集》卷四七《杂著二十一首·学稼堂宾位咨目四首》，第10页（明嘉靖刻本；"鼎秀"，第703页）。

〔2〕　（明）李濂：《嵩渚文集》卷四七《杂著二十一首·学稼堂宾位咨目四首》，第11页（明嘉靖刻本；"鼎秀"，第704页）。

〔3〕　（明）张瀚：《奚囊蠹余》卷一七《行状行略·从兄东川公行状》，第1页（明隆庆六年刻本；"鼎秀"，第247页）。

〔4〕　（明）张瀚：《奚囊蠹余》卷一七《行状行略·从兄东川公行状》，第2页（明隆庆六年刻本；"鼎秀"，第248页）。

〔5〕　（明）梅鼎祚：《鹿裘石室集》卷一二《文·书牍·答镜水叔》，第26页（明天启三年玄白堂刻本；"鼎秀"，第1853页）。

〔6〕　（明）黄汝亨：《寓林集》卷二六《书牍·启抚台夏公》，第31页（明天启四年吴敬、吴芝等刻本；"鼎秀"，第1041页）。

时南直隶学政陈子贞赞其"居官不徇情,居家不请托,可谓真士夫"[1]。

明代的正直官员与绅衿,一在朝,一在野,在对待请托的态度上却达成一致——拒绝并预防之。当然,绅衿拒绝请托的后果没有官员严重,一般不会招致杀身之祸。但身处相对封闭的区域内、注重人际关系的群体中,如此行事,也要付出很大的人缘成本,实属不易。

第二节　从明代通俗小说看百姓的请托观念

除了作为立法者的皇帝及重臣、作为执法者的官吏,作为守法者的百姓也是请托罪法的认识及实施的重要群体。与作为精英的统治者不同,百姓对请托更多地体现出民间习俗重人情的文化特点,而较少法治思维,或者说法治思维比较模糊、概念化。

明代通俗小说作者一般为下层文人,小说所反映的又多是百姓生活,故小说对请托的表现可看作是百姓的观念。对于司法活动中的请托,明代通俗小说反映甚多。非清官的受托很普遍,不必多论,此处只讨论清官对待请托的情形。

一、清官受托情况

按理清官应拒绝一切请托,但我们还没发现这样一清到底的例子,更多的清官不免少量地接受请托。

其一,接受上司请托。《金瓶梅词话》第十回中东平府尹陈文昭"极是个清廉的官","正直清廉民父母,贤良方正号青天",欲据理出脱误杀李外传、县拟当绞的武松。西门庆转央蔡京说分上,陈文昭系蔡太师门生,接其密信,依其吩咐,虽把武松免死,但仍刺配二千里充军。陈文昭先清后私,私中又有清,作者写此也许要表现出一点儿反讽的意味,但客观上却反映了一个清官在一定程度上遂顺上司人情的行为。

其二,为照顾亲属或同僚情谊而受托。《喻世明言》卷一中知县吴杰"上

---

[1]（明）姚希孟:《文远集》卷一三《书牍·公致陈学台自公》,第20页（明崇祯间张叔籟等刻清閟全集本;"鼎秀",第305页）。

司因见他清廉"，调在合浦县为官。其妾王三巧的前夫蒋兴哥因重推一偷珠人使其跌死，王三巧向吴杰求情，说其为自己过继到舅家的亲兄，吴杰于是设法判其无罪，只戴孝行礼，负担殡葬费。按明律，斗殴杀人者当绞，吴杰此判显为有意出脱，但死者儿子并无大的异议，故不算过分枉法（受害人的态度向来是判决的参考）。

《龙图公案》卷十《瓷器灯盏》中知县李马英"恪守官箴，动遵王法，城狐社鼠，绝迹潜踪。学校日崇，吏胥日畏，市无闹语，野有清宁。皆道泰州何幸，得此贤侯。只是遇了亲故年家，略要听些分上"。其为官清苦，宦囊空虚，死后朝廷赞其为良臣，略听分上并不为敛财可知。作品没有细述其如何为亲故年家略听分上，只以叙述语出之，可见作者认为此乃正常、普通的情形，无损于其官声。

有时作者并未明确强调是否清官。《拍案惊奇》卷二十九中张幼谦与罗惜惜一对有情人私通，被先聘者告官。知县有意出脱，被原告告至州里，"却说本州太守升堂，接得湖北帅使的书一封，拆开来看，却为着张幼谦、罗氏事，托他周全。……那时帅府有权，太守不敢不尽心"，恰此时张幼谦中秀才，于是不以通奸论处，判为眷属。张幼谦、罗惜惜二人得到官府周全，原因有三：一是二人互相爱慕；二是张幼谦颇有才，又中秀才；三是有人请托。作者未说受托的知县、太守是清官还是赃官，连姓氏也没写，无疑表明接受此类请托是一种普遍且正常的行为。

其三，通过使人请托来报答恩人。《二刻拍案惊奇》卷二十六中李御史早年受教官高愚溪帮助，做官后将其接到任上思量图报。他"巡历地方，祛蠹除奸，雷厉风行，且是做得利害。一意行事，随你天大分上，挽回不来"，俨然是个清官。但为报答高愚溪，却让其为别人说项请托以收受财礼，官员"有求荐奖的，有求免参论的，有求出罪的，有求免赃的，多来钻他（高愚溪）分上。察院密传意思，教且离了所巡境地，或在省下，或游武夷。已叮嘱了心腹府县，其有所托之事，钉好书札，附寄公文封筒进来，无有不依"。高愚溪最终得银两千余两。清声震天的李御史为报恩而受托的事项显然有营私枉法之处，但作者对此并无讽刺，而是着力赞赏其报恩思想，公私分明的清廉与挪公为私的报恩共同构成了其完整的人格。

《型世言》第三十一回中徐金常积阴骘，官兵部侍郎时为帮助以前曾有恩于自己的胡似庄，听从他为失机指挥和欲补把总者请托，使其得银三千多两。后他官至尚书，通过听从请托来报恩显然是其升官的"阴骘"之一。

《闪电窗》第六回中林孝廉受人之托，为都察院都御史冯之鈗送去一妾。后林孝廉至冯之鈗处为被告发的同乡举人求情，冯之鈗同意，并说："你把我这稿本儿就送与他看，不怕他不送兄一万银子。"作者对这一报恩"义行"显然是赞赏的。

官箴书作者虽然基本主张接受请托，但却是被动地容忍，此处官员则是主动为请托创造机会，作者对其通过请托以报恩的方式是认同的。请托由直接的当事人扩散到了周边人物，执法者变成了诱导者，愈可见其深厚的社会土壤。

其四，包公接受请托。这是很值得关注的，因为包公在元杂剧中的形象是清介奉公、力主为民，请托自是与其无缘。明代小说也赞扬他的这一品行，《龙图公案》卷十《尸数椽》说他"生平最怪的是分上一事。……听讼的听了人情，把虚情都当实了"，对于请托的危害有清醒的认识。但卷六《瞒刀还刀》中其得意门生卢日乾与邹敬发生纠纷后，却"恃此脚力，就写帖命家人送县"，显然与包公曾行此方便有关。后包公"问及根由，知事体颇小，纳其分上"。近情而不违法，比起海瑞的狷介清刚、使人闻名而退，多了人情的温暖与人性的深度，更接近普通民众的心理。小说以民众的心理改造包公，表明请托行为在民众中的强劲生命力。

其五，若绝不受托有时会走到正直的反面。《律条公案》一卷《谋害类·马代巡断问一妇人死五命》中刘信七以奸杀罪被冤下狱，其子刘仪救父心切，"将千余银子买求分上"，"岂知董爷秉政清廉，不容赂贿"，将其问成死罪。若非马代巡明断，刘信七将被冤杀。不管是否有理都得请托，这是民众的普遍看法，而有些自命清廉的官员认为凡请托者必理屈，这种认识上的偏差从一个侧面表明了民众对请托的普遍认同，同时也是对官员过于以清廉自许的否定。

其六，对较大或可疑之事予以回绝或深究。清官受托一般都限于小事，若是大事或可疑之事，则不轻易接受请托。《廉明公案》上卷《人命类·洪大巡究淹死侍婢》中陕西巡按张英之妻莫氏与丘继修通奸，张英得知真相后，将莫氏杀死，并诬告丘继修偷掘莫氏棺木。张英倚仗与洪巡按的交情，写信"令其即决继修，以完此事，彼好赴任"。洪巡按自忖："……倘有冤，吾不为张友而屈杀人也。"他细审案件，终于查出实情。

《龙图公案》卷九《借衣》中赵进士因怀疑女儿自尽与其未婚夫沈猷有关，于是"写书通知巡行包公，嘱将猷处决，勿留致累"。夫人知晓真相，"私遣家人往诉包公，嘱勿便杀"。包公心疑："均赵婿也，夫嘱杀，妻嘱勿杀，此必有故。"他没有理会赵进士的请托，而是详问沈猷来历，最后揪出真凶。

清官一般都会严守法律底线，不会因请托而误判或过分枉法。

二、清官或贤达为己事请托

小说中还写了很多品行良好的官员或乡绅主动为己事请托。《型世言》第十八回中知府王翊庵"在任直谅，忤了上司，申文乞休，回到家中"，见女婿上进力学，考秀才时"也暗中为他请托。县中取了十名，府中也取在前列，道中取在八名，进学"。评点者批曰"好岱峰"，赞赏其请托行为。

《型世言》第二十七回中陈副使"因与税监抗衡，致仕回家"，儿子被先生钱流等人设局诈骗，致其母绝望自缢。陈副使告至府中，并请求为儿子留体面。四府（推官）道："……如夫人之死，实由此三人，但不便检验，不若止坐以假牌。令郎虽云被局，亦以不检招衅，这学生还要委曲。"于是不行追究，单就假牌（假公文）上定罪。评点者批此为"妙法"，也是赞语。陈副使是好官，照样为儿子请托；四府与其并不熟识，只因其是进士出身，便设法帮助，并得到作者赞赏。

《鼓掌绝尘》第二十回中娄祝、俞祈两位总兵年少有为，他们的结拜兄弟林二官人遭人命官司，监禁半年后保出。娄祝、俞祈与林二官人商议，欲向知府说情解除官司，"那知府也还好讲话，见他两个青年总兵，又是世家，不敢十分轻慢，只得把这桩人情强勉听了，天大官司化作一团冰炭"。后俞祈战死，娄祝得胜受封，功成身退，两人俱是作者称赞之人，却视为好友请托为正当。三人商议时饮醉，评点者批道："真个快活，不由不醉。"对其因友谊而能请托帮助由衷地高兴。作者并未强调林二官人所遭官司本身的是非，从知府勉强答应来看他显然负有责任，但此处官司的是非并不重要，重要的是娄祝、俞祈能为朋友解难请托。

这些案例中的当事人都可谓正人君子，但都视请托为正当甚至必要，借其来体现他们知恩图报、热心助人的品德。其中所助之人大部分固然或善良或上进或正直，但也有一些是中性甚至反面人物（如胡似庄）。

三、不对请托进行惩处和告发

上述案例都为听从请托，自然没有受托者告发。即使受托者严词拒绝，也不会按《大明律》加以惩处，这从以上案例都可看出。

另外，即使拒绝请托，也不会去主动告发之。《拍案惊奇》卷三十四中王某用缩阳之法假为尼僧，诱奸人家妻女，被审出，"方在供招，只见豪家听了妻女之言，道是理刑拿了家庵尼姑去，写书来嘱托讨饶"。理刑大怒，"也不回书，竟把汗巾、簿籍封了送去。豪家见了，羞赧无地"。理刑并未向上司告发其请托行为。

从以上可以看出明代通俗小说反映请托的一些特点：一是没有人提出应依照请托罪法来惩治；二是对不误判或过分枉法的请托持肯定态度，特别是当事人的行为、品德为作者肯定时尤为如此；三是鼓励接受请托成为报恩的一种方式；四，没有绝对拒绝请托的清官，当上司或亲近之人请托时尤其容易接受；五是受托者没有赴上司首告的事例。

以上表明《大明律》请托罪的刑罚与奖励两方面无一得到实施，相反请托被一定程度地肯定。小说如此描写请托并非作者不懂律法，相反，大量例证表明很多小说作者比较熟悉律法（这与明代较重视普法有关），特别是小说所写的量刑幅度常与律法规定高度吻合。那么小说对请托的描写，无疑表明作者及其所代表的普通民众并不认同《大明律》的请托罪立法。

四、结论

法律从其产生及实施的角度，可以分为立法、执法、守法几个层面，对应的关系主体分别为立法者、执法者、守法者。

从法律的合理性及效果看，理想状态应是立法者、执法者、守法者的观念能够一致，做到立法者的思路符合法治的客观要求及社会大多数成员的价值认识，执法者认同立法思路并严格运用到司法实践中去，守法者认可法律的禁止性规定并积极遵守。不过事实上，由于三者的立足点不同，观念常有差距，有时差距甚大，这就直接影响到法律的实施效果。

中国古代社会有明显的官民二分特征，立法者（最高统治集团）、执法者（君主及各级司法官员）、守法者（全体社会成员，以普通民众为主体）之间的价值观念及利益所在有较大不同，故法律观念往往有较大差距。探讨这一问题，可以对以往多关注立法、执法情况而较少关注守法情况的现象作一些补充，以便更全面地认识古人的法律观念，深化古代法律文化研究。

从前述可见，明代请托罪立法将人情干扰完全推到了法治的对立面加以打击，惩处力度颇重，显然体现的是最高统治者的意志[1]。最高统治者的终极利益是江山稳固，而区分私情与公义、维护社会公平正义、严明司法是江山稳固的基本保证。尽管其请托罪条款还存在不足，但规定细致具体，若能得到执法者和守法者的高度认同，得以认真执行，则请托之风必息，司法必归于清明，不过实际上这条法律一直就没有被有效认同和认真执行。

执法者的主体是有司法权的各级官员，特别是大量的中下层官员，他们基本不参与立法，而是担负着繁重的执法工作，因此他们的观念主要反映了对请托罪法执行情况的看法，并可看出对相关立法的反思。无论是以在朝大臣为主体的史籍记载，还是以中下层官员为主体的官箴书记载，都反映出一个事实：《大明律》中的请托罪条款基本没有得到有效实施，相反却被一定程度地抵制和修正。这很大程度上缘于执法者对人情与法律关系的切身体会，以及维护自身利益的需要。

作为守法者的普通民众对请托是情重于法，充分利用。小说作者显然不是站在最高统治者或官员的角度，考虑请托对司法体制、国家整体利益的破坏，而是站在个人利益和个体道德角度看待请托，其思想根源在于混淆私情与公义，常常只管感情而不问曲直，只顾私谊而不计公利。在现代民主契约社会中，公与私的界限比较明确，而传统社会中国本是家的扩大，公义本是私情的推衍（儒家的"内圣外王"便是由个体道德的精纯推及到天下道德的普遍提升，从而实现社会的有序和谐），一定程度的公私不分、为私情而牺牲公义就成为必然的社会心理。

这就意味着将私情推到司法绝对对立面的请托罪法并不具备实现的社会

---

〔1〕　这里把明代皇帝作为一个整体来论述，事实上，明代皇帝对待请托的态度也比较多元，但在稳固江山这一点上具有共通性，故而认为其总体上对待请托是打击的。

条件，只是统治者一厢情愿的立法思想，使其最终成为一纸空文，这恐怕是立法者始料未及的。如何协调情与法、民众观念与国家利益，制定更为切实可行的请托罪法，显然值得深思。

第三节　清初明遗民对请托的态度

清初明遗民指在明代具有绅衿身份，明清鼎革后，忠于故国、不受新朝官职、表现出民族气节的人。

请托发生的前提，是与掌权者有熟人关系，因之而产生的人情，使请托得以达成。明遗民在明代有机会出入官府，具备请托的先决条件。地方官长在处理来自他们的请托时，也比较宽容灵活，多予以接受。当然，他们中的一部分人洁身自好，不愿请托于人，因之得到地方官长的称赏。进入新朝后，明遗民的政治地位下降，身份相对尴尬，如何看待请托，是否与之绝缘？从现有史料看，主要有以下三种情形。

一、以顾炎武为代表：反思请托

有些明遗民在反思国破家亡的原因时，涉及了请托，当然，这一反思可能在他们身处故国、目睹末世世风时即已开始。其中比较突出的代表是顾炎武。

顾炎武（1613—1682），南直隶昆山（今江苏昆山）人，初名继坤、绛，字忠清，后改名炎武，字宁人。为避人陷害，曾化名蒋山佣。居亭林镇，学者尊称亭林先生。明诸生。青年时发愤为经世致用之学，曾参加昆山抗清义军，兵败后漫游南北。学识渊博，晚年治经重考证，开清代朴学风气。

（一）探讨请托产生的原因

顾炎武从趋利、避害两个方面探讨请托产生的原因。一方面，人们出于趋利的目的而请托，"人争趋利，请托遂行"[1]，"今不请托，则不得也"[2]；

---

〔1〕（清）顾炎武：《天下郡国利病书》第三册《山西备录·解州志·解盐池上》，黄珅等校点，上海古籍出版社2012年版（本出版信息以下省略），第1897页。

〔2〕（清）顾炎武：《天下郡国利病书》第四册《浙江备录下·海盐县志·食货篇》，黄珅等校点，第2455页。

另一方面，人们为了避害而请托，"嘉靖间，赋役横出，门户稍上，破产相寻，于是黠者工其术于诡寄析分，饶者恣其费于结纳请托"〔1〕，即为了避免经济上"破产"而请托。

请托固然多出于趋利的目的，但也有人为了避害而不得不请托。比如法律的严酷，就使被迫卷入诉讼的人通过请托来远害。顾炎武能从趋利、避害两个方面探讨请托产生的原因，比较客观。

（二）阐释请托的危害

关于请托的危害，顾炎武着力揭示了生员由进学开始拉帮结伙，进入仕途后又凭之请托、结党的恶果："朋比胶固，牢不可解，书牍交于道路，请托遍于官曹。其小者足以蠹政害民，而其大者至于立党倾轧，取人主太阿之柄而颠倒之。"〔2〕

明代皇帝厌恶请托，痛恨结党，但没有在二者之间建立明确的联系。顾炎武犀利地指出士人因请托而结党的情况，以及因之而导致的"蠹政害民"、"立党倾轧"、颠倒权柄等恶果。可见其对请托的认识，不仅客观，而且深刻。

（三）关注、评价预防请托的措施

顾炎武关注前代的预防请托措施以及相关评价。如"（宋叶梦得）《石林燕语》曰：'国初，贡举法未备，公卿子弟多艰于进取，盖恐其请托也。……会有言世禄之家不当与寒畯争科名者，遂不敢就试'"〔3〕，"（明）于慎行《笔麈》言：'太宰富平孙公丕扬，患中人请托，难于从违，大选外官，立为掣签之法。一时宫中相传，以为至公，下逮闾巷，翕然称诵，而不知其非体也'"〔4〕。

顾炎武还直指本朝预防请托措施的不足。如"万历三十五年，南武选马郎中苦请托难绝，更定新法，止就本卫挨补，不问人地，不论当否。至使谫

---

〔1〕（清）顾炎武：《天下郡国利病书》第三册《山东备录下·东昌府志·户役论》，黄珅等校点，第1696页。

〔2〕（清）顾炎武：《亭林文集》卷一《生员论中》，第20页（清康熙刊本；"鼎秀"，第20页）。

〔3〕（清）顾炎武著、（清）黄汝成集释：《日知录集释》卷一七《大臣子弟》，栾保群、吕宗力校点，上海世纪出版股份有限公司、上海古籍出版社2014年版（本出版信息以下省略），第386页。

〔4〕（清）顾炎武著、（清）黄汝成集释：《日知录集释》卷八《选补》，栾保群、吕宗力校点，第194页。

才司大屯大运大印，以败乃事，而长才往往置无用之地"〔1〕。再如"今之取士，礼部以糊名取之，是举其所不知也；吏部以掣签注之，是用其所不知也。是使其臣拙于知人而巧于避事。及乎赴任之后，人与地不相宜则吏治堕，吏治堕则百姓畔，百姓畔则干戈兴"〔2〕。显示出对现实政治的犀利认识。

这些思考由明朝覆亡的历史教训中来，比较深刻，对清代官员乃至皇帝可能产生一定影响。

二、以李颙为代表：预防被托

如果明遗民的人品、才学等为地方官所推重，在亲友、熟人眼中，自非凡品；一旦遭遇为难，会请其出面，代向官府请托。有些明遗民不愿为此事，采取措施，提前预防。

李颙（1627—1705），陕西盩厔（今陕西周至）人，字中孚，号二曲，又号土室病夫。其父李可从奉命抗击李自成部，于崇祯十五年（1642）战亡于河南襄城。其母彭氏决意教李颙从学，但家境贫寒，多靠自学。著有《二十一史纠谬》，约三十岁时认为非儒家正脉，一举焚烧，从此潜心宋明理学。

康熙九年（1670），李颙在为母服丧三年后，去河南襄城为父"招魂"。常州知府骆钟麟派人迎请讲学，常州士绅名儒争相听讲。后骆钟麟将李颙讲学的内容汇集起来，名为《匡时要务》。李颙所交皆一时名士，其平生知己首推骆钟麟。

因李颙在官长面前说得上话，遂成为亲友们请求的对象。但李颙不愿为此不法之事，写下《订亲友》，加以拒绝："自古处士逸人，咸超然物外，弗涉世务，断未有投字公门，管人闲事也。亦未有隐逸之子，为人请托，坏父风范者也。凡我至亲厚友，千万垂仁体谅，使仆父子，安于无事，免滋罪戾。其有德于仆者，仆自感刻弗忘。"〔3〕表达了自己宁做世外隐士，不愿代人请托

---

〔1〕（清）顾炎武：《天下郡国利病书》第二册《江宁庐州安庆备录·江宁府·夏曹纪事》，黄珅等校点，第881页。

〔2〕（清）顾炎武著、（清）黄汝成集释：《日知录集释》卷八《选补》，栾保群、吕宗力校点，第195页。

〔3〕（清）李颙：《二曲集》卷一九《杂著·订亲友》，第17页（清康熙三十三年高尔公刻后印本；"鼎秀"，第368页）。

的心愿，希望亲友能够多加体谅。

李颙不愿为亲友请托、采取措施加以预防的做法，与明代的一些绅衿比较相似。究其原因，除了请托有悖人生追求——败坏"风范"，还违背法令——滋生"罪戾"。这样的担心，在明代绅衿那里少见，应是明遗民特别看重自身名节的心态的一种反映。

三、以傅山为代表：实施请托

有些明遗民与仕清汉族官员有交往，愿意为己事或亲友之事出面请托。其中最具代表性的是傅山。

傅山（1607—1684），山西阳曲（今山西太原）人，初名鼎臣，字青竹，后改字青主。明诸生。明亡为道士，自称"朱衣道人"。康熙中被荐应博学鸿词试，屡辞不得免，至京，以老病得归。通经史、诸子之学，又长于书画、医学。

傅山与仕清汉族官员多有交往，其中最著名的是魏一鳌。魏一鳌（约1616—1692），直隶新安（今河北保定）人，字莲陆。崇祯十五年（1642）举人。顺治二年（1645），清廷下令直隶举人必须赴京参加吏部考试，合格者授以官职，魏一鳌被迫参加，授山西平定知州。傅山曾避难于平定，二人很可能就此相识。魏一鳌将傅山写给自己的 18 封信札装裱成《丹崖墨翰》[1]，从中可知傅山曾因三事请托魏一鳌。

其一，傅山之母为了傅山之子傅眉的婚事准备前往平定，但太原县城因大同总兵姜瓖兵变而戒严，[2]傅母"不能出"，傅山请求魏一鳌"谋而引手"（以上第四札），代为疏通。此事并不损害第三者利益，可不认为是枉法之举。

其二，傅山请魏一鳌出面平息朱四案[3]。顺治七年（1650），傅山侨居阳曲县友人杨尔桢的庄园，其弟傅止、内侄张孺子（名张仲）等亲友前来聚

---

〔1〕　白谦慎《傅山的交往和应酬——艺术社会史的一项个案研究》有《丹崖墨翰》的录文、标点，广西师范大学出版社 2016 年版，第 63—72 页。

〔2〕　参见白谦慎：《傅山的交往和应酬——艺术社会史的一项个案研究》，广西师范大学出版社 2016 年版，第 59 页。

〔3〕　涉及此一请托事件的信件主要是第 9—17 札，艾俊川认为这些信件按写作时间排列，应为第 10、9、12、13、15、11、14、16、17，见"傅山书信中隐秘的古代社会刑案细节"，《E 考据故事集：从清初到民国》，中华书局 2023 年版（本出版信息以下省略），第 1—17 页。

会，张孺子之婿朱四贪玩秋千时意外猝死。乡约与杨尔桢交恶、朱四之兄顽劣，可能为此而告官，傅山的亲友们顿时面临一场人命官司。其时魏一鳌署理太原府同知[1]，傅山写信请求帮忙平息。

其三，傅山请求魏一鳌在朝廷查荒之际，设法帮他免去忻州老家的一些土地税。其家万历年间曾告除粮十余石，"花户名字下书不开征例，已八十年矣"，只因"奸胥蒙开实在粮石下，累族人之催比，累两家弟包陪，苦不可言"（以上第十七札），故此请托不出于枉法目的，只为维护正当权益。

此三事都是为避害而实施的请托，这里重点分析第二事。

第一，与大多数请托者卑词婉转、小心求助的态度不同，傅山对魏一鳌的请托直接了当、明确彻底。

律法禁止请托，并有奖励举报方面的规定，故请托者多察言观色，根据对方的态度、反应，小心、委婉地提出自己的请求。如此行事，对体面大是折辱，故有人认为其辱甚至超过无罪而身受刑宪："囚服公庭，身膺三木，苟非其罪，吾弗谓辱。内函谨封，宾馆鞠躬，干求请托，其辱靡穷。"[2]傅山则不然——他随时向魏一鳌报告对方的动态，拿出自己的应对方案，明确指出希望魏一鳌施以援手之处，并同时请求魏一鳌彻底清除后患——似乎在应对、筹划着整个事件的处理，而魏一鳌不过是其达成目的的一枚棋子。

朱四意外猝死后，傅山因乡约一向"与桢兄不善"，预感其可能借机生事，先发制人，写信给魏一鳌，请求"若事到台下总捕衙门，求即为多人主张，一批之"（以上第十札）。魏一鳌所任同知一职，为知府的副职，负责地方盐、粮、捕盗、江防、海疆、河工、水利以及清理军籍、抚绥民夷等，有权过问治安方面的事务，傅山请求其帮忙并非无据。

"乡约既欲修隙，朱四之兄则无赖、凶顽人也"，故傅山判断对方还可能去道、府、县衙门起诉。明清禁止"越诉"，诉讼须从基层衙门州县开始，傅山表示自己"县衙无人可依"，希望魏一鳌能为之去知县处请托："不知门下曾与交否？即交，厚否？须仗台力，一为细心周旋。"（以上第十札）明确提

[1] 参见白谦慎：《傅山的交往和应酬——艺术社会史的一项个案研究》，广西师范大学出版社2016年版，第10页。
[2]（清）陈确：《乾初先生遗集》卷一五《解·侮辱解》，无页码（清餐霞轩钞本；"鼎秀"，第497页）。

出自己的需求，毫不遮掩。

第二天，乡约果然报官，傅山立即写信告知魏一鳌，并请求"速为镇结"（第九札）。

接下来魏一鳌有公事须办理——"接按君之行"，可能分身乏术，无暇及此。但人命事既经官，则须及时检尸；否则迁延时日，不仅尸体易于腐烂，难以判定责任，尸亲还可能为了胜诉，在尸体上做以手脚，这一情况在明清司法实践中并不鲜见。傅山很着急，接连写了两封信，请求魏一鳌"讨阳曲令君一字"，以"求速埋葬"（以上十二札），免得"天热一坏"（第十三札）。他还担心县差检验，可能借机勒索钱财，请求魏一鳌自己派差至村，"押勘施行"（第十二札）。可见傅山是在想方设法降低此事对亲友的伤害。

按照艾俊川的理解，"随后，应是魏一鳌派差持票来村查验，朱四尸体顺利装殓"[1]。古时的尸伤检验虽未发展至解剖的程度，但自杀、意外死亡、被害死亡等还是能够区别开的。经起一检，立见分明，傅山与亲友大可松口气。但朱四之兄"忽变无赖，为多人唆起谋告"，加之"村人与杨兄作敌者，又群起而图之"，形势急转直下，再次恶化。傅山感到"万难"，写信请求魏一鳌为其"善谋之"（以上第十五札）。

此后，"魏一鳌驳回乡约状书"[2]，朱四之兄等"恃其衙门中有谁有谁"，扬言"必不干休"，"以人命告两院臬司为主"。傅山"想当明日有词矣"，立即写信给魏一鳌，提出自己的应对策略：如果"台下还用大法力杜此凶计"，则罢；如若不能，由张孺子"将先呈其打吓于上司"。但诉讼一事比较专业，不仅关乎律法规定，还牵涉诉讼程序、衙门内幕等问题，傅山对上呈"或府或司道"（以上第十一札）不甚明了，请求魏一鳌予以明示。在此，傅山不仅及时向魏一鳌报告有价值的信息，还认真拿出应对方案；倚重魏一鳌，又不放弃自身的努力。艾俊川认为："从后来的信中看，他们用的是呈文的办法。"[3]

但对方势力不断聚集：代表人物红溪"恃与满人狎昵"，"毒计当益炽"；又有镇宇者"素称凶狠棍宗"，"将从他县至"。在魏一鳌撤销阳曲县的差票

〔1〕 艾俊川："傅山书信中隐秘的古代社会刑案细节"，第7页。
〔2〕 艾俊川："傅山书信中隐秘的古代社会刑案细节"，第9页。
〔3〕 艾俊川："傅山书信中隐秘的古代社会刑案细节"，第9页。

后，他们准备再次赴县诉讼。而傅山等在与阳曲县打交道的过程中，知其"不细阅其词，遂差人耳"，担心再次准状，遂询问魏一鳌："不知臬司呈子能如前所云批下否？"并请求魏一鳌"为人为彻，统求裁酌施行"（以上第十四札）。可见傅山一方面感谢魏一鳌的照顾，另一方面也不愿功败垂成，故希望魏一鳌能够有始有终，再施援手。

魏一鳌出面做工作，另有官员出手相助——"无妄之愆，劳莲、迂两台臺深心大力"。后傅山得知案子又到了魏一鳌手里，再次写信报告新情况：朱四之兄朱二将尸身隐处割破，意图无赖；听说阳曲县差想抢在同知衙门之前插手案件；洪溪将去按察使司状告傅家兄弟，并且已经逃跑。傅山请求魏一鳌"统求镇杜之"（以上第十六札）。

在魏一鳌的努力下，案件终结。杨尔桢、王鹏起二位亲友委托傅山向魏一鳌表示感谢。信中透露出此案的最终结果："朱四之兄朱二，被判徒刑；乡约被打十五大板；朱氏兄弟的父亲可能不服，但已铸成铁案，他只能无可奈何。惟一可担忧的是乡约，他被打得卧床不起，却时刻不忘报复。"[1]为此，傅山提出关于此案的最后一个请求：魏一鳌不能"以事既结，而置后端"（以上第十七札），要拿出杜绝后患的切实办法。

在此过程中，傅山凭借其对世道人心的敏锐洞察，对及时检尸等律法规定的谙熟，以及对差人勒索当事人"陋规"的了解，准确预判出事态的发展走向，显示出其作为知识分子且不死读书的知识分子的法律素养与办事能力。

而傅山将有价值的信息及时传递给魏一鳌，明确提出希望得到的具体帮助，并得到魏一鳌的相关回应，则表明了其请托的独特性——请托者、受托者之间，不是一般意义上的民与官、下与上、求与被求的关系，而是相互合作的关系。而这当然与傅山的才华以及魏一鳌的推崇密切相关。傅山是北方文学宗主，为魏一鳌所推崇，故此敢于直接、明确地提出要求。

第二，除了大多数请托者所持有的诉苦、感激、歉意等情感倾向，傅山对魏一鳌同时还有催促、激将、执着等情感表达。

为了取得受托者的理解与支持，请托者多采取诉苦的方式，同时表达出对对方的感激与歉意。这些在傅山请托魏一鳌时也有。比如乡约报官后，傅

---

[1] 艾俊川："傅山书信中隐秘的古代社会刑案细节"，第12页。

山在给魏一鳌的信中写道："此时弟等居乡实难，无妄之愆，幸遇台下在此，定当能为我二三弟兄一挥宝杵也。……数数渎听，实非得已。"（第十一札）这里既有对自己处境艰难的诉说，又包含了对魏一鳌援手相助的感激，还夹杂着因麻烦对方而产生的愧疚之情。

此外，傅山的请托中还有催促、激将、执着等情感表达。比如得知魏一鳌将有公事外出后，傅山非常焦虑，在信中写道："恐亦出门延蔓无日矣。令弟辈焦劳，将安所图？"（第十二札）。请托他人，最忌催促，以及表达自己的焦虑，这无形中会增加受托者的压力，甚而影响所办事情的进程。傅山对此却全不避忌，直言不讳，并针对此事写了第二封信，再次表达自己的焦虑——"万一台下有接按君之行，此事诚不知几时才有结局"（第十三札）。这种情形在其他请托者身上很少发生。

傅山还对魏一鳌使用了激将法。买棺装殓朱四后，朱四之兄为人唆起，谋告杨尔桢、王鹏起。傅山明白"时势至此，不良之人实多"（第十五札），但仍然指出："台下至此，而令弟辈无所为护庇，此非弟之耻也。"（第十五札）"非弟之耻"，则为台下"无所为护庇"之耻，艾俊川认为"此言带有激将色彩，透露出傅山咄咄逼人的态度"[1]，很有道理。

傅山还执着于魏一鳌将此案办成"铁案"，以免日后翻案的麻烦。案子再次转到魏一鳌手里后，傅山告知朱四尸身隐处被割伤等情况，同时指出洪溪在逃，"即终不获，亦须作案听获正罪，庶可惩于将来"（第十六札）；魏一鳌撤销阳曲县的差票，乡约等准备再次赴县诉讼，傅山请求魏一鳌"为人为彻，统求裁酌施行"（第十四札）；结案后，傅山提出魏一鳌不能"以事既结，而置后端"（第十七札），要彻底杜绝后患。可以说，这样的要求同样强人所难，是请托的大忌。傅山是艺术家，艺术家的情感比较直白外露，而傅山又非一般的艺术家，乃是北方文宗，受人尊敬，并得魏一鳌推崇，故其敢于直言不讳、执着己见。傅山也深知自己的这一特点，在信中屡言"然恃知爱，故不避嫌乃尔"（第十五札）。

第三，与大多数请托者满足于目的达成不同，傅山对请托产生的原因还有所思考。在朱四之兄等扬言上诉后，傅山在给魏一鳌的信中表示"数数渎

---

〔1〕 艾俊川："傅山书信中隐秘的古代社会刑案细节"，第4页。

听，实非得已"后道："此时世法，台下岂不知哉！岂不知哉！"（第十一札）"世法"应指世道、律法。在傅山看来，自己请托，情非得已，因世道如此、律法规定如此，不得不然。在明代，傅山即已文名显赫，经济充裕；鼎革之后，故国不再，身世寥落，遭人算计，法律严苛，被迫请托，情何以堪？故有此言。傅山思考请托的产生原因，显示了其同时作为文宗与明遗民的思想深度。

关于傅山晚年与仕清汉族官吏的接触与交往以及展示这一情况的《丹崖墨翰》，艾俊川的总结很到位："要办好这些事，必须动用官府权力，而非仅靠朋友义气。《丹崖墨翰》等书札反映出来的，与其说是傅山与一位仕清官员的交往，不如说是他与清官府的交往"[1]，"《丹崖墨翰》透露出的诸多细节，还有助于加深理解当时人民面临的真实法律、社会环境。……官员衙役的大肆勒索，傅山及亲友对事态的极端恐惧，人命案件以原告被惩罚而告终，都是大社会中的真现实"[2]。

值得注意的是，本案中朱四是意外猝死，与庄主杨尔桢无涉，乡约欲借机陷害杨尔桢，故傅山请托魏一鳌阻止其借机生事，也就是说，傅山请托基本不为枉法，而是避害，是预防有人借机生事、使事情不当恶化。从程序上讲，傅山也可不请托，在对方告到官府后再辩诉，但那时可能会出现不可控的情形，需要花费更多的精力及钱财。魏一鳌将傅山书信装裱成《丹崖墨翰》，也表明其并不认为这些书信的内容是明显违法的。这也说明傅山作为一代文宗与遗民代表，遵循着基本的道德与法律底线。为维护正当权益也要请托，一方面说明民众对官府的不信任，另一方面也说明请托已成为办事过程中能用就用的普遍情形，反映出"功夫在司法、程序外"的认识心理。也正因如此，傅山与那些刚正不阿、屏斥请托者相比，在德行修养及法律意识上还是有差距的，却也反映了请托深厚的社会根基。

请托作为一种视角，展示了清初明遗民不同的生活场景与心路历程。如果说李颙的预防请托，保持了文人一贯的气节；那么傅山的经历，则使我们看到明遗民在现实生存压力面前的适时转变。他们与顾炎武对请托的反思一起，共同构成明遗民的特殊生活、斑斓思想的一部分。

---

〔1〕 艾俊川："傅山书信中隐秘的古代社会刑案细节"，第 16 页。
〔2〕 艾俊川："傅山书信中隐秘的古代社会刑案细节"，第 17 页。

结　语

一、本书主要内容回顾

请托是指以人情为主要交换凭据，通过曲枉法律规章来自谋私利的违法犯罪行为，主要包括人情请托与势要请托，与杂有钱物等利益交换的贿赂不同。其特点是隐蔽性强，不易被认定裁决，社会危害较为间接，人情色彩强而常不被认为是违法犯罪行为或较严重的违法犯罪行为，但其实与贿赂、结党多有关联，潜在危害很大。请托与交通、干谒、逢迎、瞻徇等在内涵上多有交叉。

（一）请托罪法的立法历程

请托罪法是中国古代有别于西方法律的一个特色部分，其立法经历了萌芽期、形成期、成熟期三个阶段。先秦是请托罪法的萌芽期，《尚书·吕刑》即有明确禁止请托行贿的规定，涉及了请托的表现与惩处措施——与犯者同罪，对后代相关立法有深远影响，但尚未将请托与贿赂区分开来而明确单列为一种违法类型。法家著作如《管子》《韩非子》《商君书》等将请托作为独立的现象并多有论及，表明对其独有特征已有较深入的认识。《尚书·吕刑》所确立的刑罚原则在春秋战国时期并没有得到认真、普遍的实施，昭示出请托罪立法易而实施难的困境。

汉至隋是请托罪法的形成期。汉武帝时出现与贿赂分离的请托罪法，其刑罚特点有：（1）从结果着眼，强调事已行才治罪，若虽允但不及行则无罪，这与唐律不同；（2）刑罚的方式是一律耐为司寇，不分事之大小、程度轻重；（3）请托者与受托者一体治罪，后为唐律所承；（4）惩处程度轻于受贿、坐赃。东汉、魏晋、南北朝的立法情况承续西汉而有所发展。

唐至清是请托罪法的成熟期。《唐律疏议·职制》中有"有所请求"条，专述不涉及钱物的请托犯罪，其特点是：（1）强调了其违法主体是官员；

（2）继承了汉律请托与贿赂分离、请托者亦受惩处的原则，规定得更为明确；（3）受托者已许，虽未施行亦要受惩，与汉律事已行才受惩不同；（4）请托者若为官吏，惩处则重于普通人；（5）规定颇为细致具体，区分了轻重不同的情况，可操作性强。唐律的请托罪法较为完备详细，是其走向成熟的里程碑，其量刑的原则、对象、幅度等基本为后代所承袭。

《宋刑统·职制律》有"请求公事"门，其中关于请托的规定全承《唐律疏议》，另将《唐律疏议》"受人财为请求""有事以财行求"条也并入本门，将无财请托与有财请托合并归为一大类。西夏《天盛改旧新定律令》中的"中间说情者"与"讲情"者非指请托者，而是行贿、受贿过程的中间人。辽律没有单独的请托罪法。金律基本同唐律。元律中的请托罪法较唐代为简易。

《大明律·刑律》有"嘱托公事"条，基本同唐律"有所请求"条，不同之处有：（1）归入《刑律·杂犯》，表明请托者与受托者并不限于官吏；（2）改为请托者"但嘱即坐"[1]，不分听与不听；（3）增加了"若官吏不避监临势要，将嘱托公事实迹赴上司首告者，升一等"[2]的奖励规定；（4）除本条规定外，其他条目中还有针对特定事项惩处请托的规定，具有法律效力的《问刑条例》及《明会典》中也有惩处请托的条款，其惩处力度一般都重于"嘱托公事"条所定。总体来看，明律请托罪法规定比此前更细致、严格、合理。

《大清律例·刑律》中"嘱托公事"条一仍《大明律》，个别地方的注释更为明确。《大清会典则例》卷一四《营私》"馈送嘱托"条收录了康、雍、乾三朝皇帝禁止请托的多条诏谕，也具有法律作用。

清王朝灭亡后古代请托罪立法也走向终结。1928年颁布的民国第一部刑法《中华民国刑法》中，请托罪法被取消，从此再没有回到刑法中来。

独立详细的请托罪法是中国重人情文化背景下保证法律权威的产物。古代请托罪法虽然后来发展得很成熟，但也有不足，较明显的是惩处范围主要限于司法领域，不够广泛。

（二）汉代的请托与治理

西汉实行察举选官，由于荐举的主观性很强，又缺乏完善的考核制度、

---

〔1〕 怀效锋点校：《大明律》卷二六《刑律九·杂犯》"嘱托公事"，第202页。

〔2〕 怀效锋点校：《大明律》卷二六《刑律九·杂犯》"嘱托公事"，第203页。

严密的监察制度，不可避免地被请托侵蚀。西汉晚期，权臣、宦官甚至利用请托，将察举作为把持政治、结党营私的工具。

汉代皇帝对请托的预防措施主要有：创立、完善监察州郡的刺史制度，规定察举官员负连带责任，对被举者的身份作出限制。有些皇帝会破坏对请托的惩处甚至包庇请托。

汉代很多官员对请托持否定态度：有人不当惩处传达权贵请托意旨的信使；有些刚直大臣一力举发请托；大多数正直官员对请托或直接拒绝，或以人格魅力使人自动退避，或采取措施加以预防，都是拒而不惩。有些官员则接受请托，主要是不违拗权贵及地方豪强，只有极个别的是为保护上司而不惜自己遭受污名。还有人借助请托诬陷政敌。

（三）唐代的请托与治理

唐承隋制，以科举取士，荐举占有重要分量，其有积极的一面，但更多的是被权贵利用，大行干谒与请托，侵蚀社会公平正义。

唐代皇帝对请托的态度主要有：曲从私情，接受亲近之人的请托；认识偏狭，鄙视、迫害举发请托者；缺乏肚量，借惩处请托以打击与己政见不合者。这表明在皇帝心目中，请托不是一种很严重的违法行为，自己有权凌驾于法律之上。有些皇帝提出对拒绝、举发请托者给予表彰、奖励。

唐代请托犯罪的特点：一是后妃、公主等参与请托，二是权要请托时态度嚣张，三是受托者需揣摩、迎合请托者的心理，四是请托不遂加剧党争。

（四）宋代的请托与治理

宋代大量平民士子进入官僚阶层，为巩固地位，私谒盛行，甚至"私谒公门"，不仅导致请托公行，还严重影响了政府正常工作，皇帝于是规定禁止他人拜见官员的"谒禁"和禁止官员拜见他人的"禁谒"，建立了一系列制度，但因忽略了人情，在请托治理方面效果有限。

宋代皇帝（包括垂帘太后）有时出于私情或其他政治目的，违背政府正常颁诏程序，直接下达"内降"给有关部门执行，给社会风气、君臣关系、政府运转造成不良影响，受到臣子的抵制。

宋代官员对请托的认识主要有：第一，理性看待皇帝的受托行为；第二，以"民"为落脚点阐释请托的危害；第三，从理学的角度探讨杜绝请托的关键；第四，认为"荣利启心"，请托不可完全避免。

关于宋代官员对请托罪法的执行：不少官员对请托是拒绝但不惩处；有些官员采取措施，预防请托；有些官员举发请托，并且没有心理负担；因请托受惩或被拒而打击、报复的情况较其他朝代为少。

（五）明代的请托与治理

明太祖极少针对请托发表言论，与对贪污、贿赂等的强力治理形成鲜明对比；主要借助谕旨禁止的单一措施预防请托；奠定了明代皇帝宽宥请托的基调。因其在整治贪腐方面成效显著，故"无意"治理而请托自治。

明宣宗是明代较早探讨请托的危害及杜绝关键的皇帝，并支持保护不行请托者，发展预防请托措施，对请托是宽宥与惩处相结合。明代的请托治理自此进入发展阶段。

明英宗、明景帝在请托治理上前后踵袭：历经"土木之变"，加深了对请托危害的认识；着重预防方面官选任中的请托；在已有的基础上，开发出陛辞告诫的预防请托措施。但明英宗对请托多加宽宥，暴露出其法治意识的不足。他还提出举发请托的要求，补充了明律的相关规定。

明宪宗在请托治理上明暗兼具：传奉授官助长请托、贿赂之风，在臣子的建议下被动治理；对于臣子的预防请托建议，采取斥责、漠视、接受等多种态度应对；多宽宥、从轻惩处请托，但也有依法惩处之时。

明孝宗对请托的治理同样不尽如人意：以双重标准对待传奉官，冷处理臣子的预防请托建议，不细查对于请托的举发，不能依法惩处请托。

明神宗代表了明代皇帝请托治理的最高水准：对请托的认识有很大提高，提出褒奖不行请托者；是接受臣子预防请托建议最多的明帝，标志着君臣合作预防请托体系的建立；要求科道官、"第三人"举发请托；对请托极少宽纵而能一定程度地依法惩处。但仍有不足，如不积极对待臣子的预防请托建议、要求举发请托的心态有矛盾之处等。

明代皇帝对请托展开认识与预防、举发、惩处相结合的综合治理，就请托对司法、行政的侵蚀与对人心、风习的影响而言，这样的治理是必要的，也应是有效的。但因明代皇帝对请托多予以宽宥而很少惩处，使得相关的预防、举发措施因缺乏执行环节的配合而无法正常发挥作用，明代的请托治理的成果也因之乏善可陈。

明代官员指出请托与人情之间的关联性；认为请托难治与请托者不知法、不畏法，受托者担心拒绝后遭到报复，以及监察措施的缺失等有关；将不行请托与报国、忠君联系起来；认为请托除了出于徇私或为势要相迫外，也可能出于公义，如果单纯杜绝可能导致某些恶果。对于惩处请托的意见建议：将双方送法司究办，予以严惩、重惩，双方"一体治罪"，将双方作为奸党，免官甚至终身禁仕。在执行上，正直官员对请托多拒而不惩，一般是委婉拒绝；清介刚严者则使人不敢请托；还制定了一些预防请托的措施，如闭门谢客、不通书信、书写明志、发布告示、来访登记、多人同堂、严明规章、有事早决等。个别官员出于公心会举发请托。还有不少正直官员对请托主张拒大放小，甚至将请托作为报恩的手段。真正做到拒绝请托者常被看作是少见的名臣而特书于《明史》，若严拒或惩处请托往往被视为不近人情、偏执峭刻。还有人因请托遭拒而怀恨诽谤、打击报复。

（六）清代的请托与治理

顺治帝对请托比较重视，重点预防巡按御史、提学官、科道官等身份特殊者的受托行为；重点预防科考、荐举等特殊领域的请托行为；建立认识、预防、举发"三位一体"的请托治理模式；对请托比较敏感；对请托由从重、从轻惩处走向依法惩处。

康熙帝对请托的认识很深刻，落脚于"良民之害"，认为源自于"私"；通过多种措施预防请托并注重以"例"预防；以奖励手段预防和举发请托；重点治理科道官的受托行为；对请托的惩处从属于其他政治目的。

雍正帝对请托危害的阐释直击人心，将请托与结党相联系。登基初期理性治理请托；中期在年羹尧案中利用请托，因查嗣庭案对请托的惩处有扩大化趋势，于李绂、田文镜互参案体现出对请托认定的双重性；后期出台了新的请托治理措施，对请托与结党关系的认识有进一步发展。

乾隆帝是古代请托治理的集大成者，主要表现在：对请托的认识比较深刻，明确揭示了请托向贿赂转化的情形；对请托敏感但不苛刻；利用"议覆""议驳"提高臣子预防请托建议的可行性；通过调整旧例、"著之为令"预防请托；重视对请托的举发；相当程度地依法惩处请托。

嘉庆帝在请托治理上既进步又倒退，主要表现在：对请托极为敏感；较多地投入个人精力预防请托，但治理效果有限；为举发请托正名并规范科道官对请托的举发；在惩处上不能依法进行。

较之明代皇帝，清代皇帝对请托的认识更深入，预防、举发措施更丰富，在惩处上也更能依法进行。但是，一旦同时涉及整顿河防等关乎民生的事务，以及收藏逆书、贿赂等严重的刑事犯罪，其重视程度又有所降低。

清代官员将对待请托的态度作为评价官员好、坏的标准；近代以来通过中西对比，更加清醒地认识到请托的文化背景、特点及危害。对有些请托现象主张严惩、重惩，但总体上真正惩处的较少。很多正直官员拒绝请托，或直接拒绝，或使人不敢请托，或采取措施加以预防。多有官员举发请托，也有人不及时举发，还有极少数人借举发请托来打击报复。有些官员在不枉法徇私的前提下包容请托。对拒绝、惩处请托者的评价较低，对拒绝但不惩处、不举发请托者多有称道。有人因拒绝请托而被打击报复。

（七）清代京畿地方职官的请托犯罪

清廷非常重视京畿地方职官的任用、考核和监督，京畿地方职官的请托犯罪也具有一些特点，如求托者、请托者身份复杂，高下皆有；京畿地方职官有时也充当请托者甚至求托者；请托者有时对求托者会虚与委蛇；请托者、受托者行事比较谨慎；单纯的请托少，多与金钱相伴而生。对京畿地方职官的请托犯罪，或依法惩处，或从重惩处，或任情惩处。

（八）明清民众与请托

明代绅衿对请托的态度，有些拒为他人请托，有些提前预防被托。

从明代通俗小说可以看出百姓的请托观念。清官也会少量接受请托，清官或贤达为己事也会适度请托别人，不对请托进行惩处和告发。由此可以看出，对于请托，立法者是法不容情、严厉打击，执法者是法中容情、拒大放小，守法者是情重于法、充分利用。

清初明遗民对请托的态度，以顾炎武为代表的一些人反思请托，以李颙为代表的一些人预防被托，以傅山为代表的一些人实施请托。

二、关于古代请托治理的思考

天理、国法、人情是古代判案的三大支柱，符合道义、遵循法律相对清晰，但体恤民情就比较模糊。"情"的内涵比较宽泛，若意指直面人性、推己及人、仁慈爱民，则没有问题；若意指私人关系、人情势力，则会直接冲击法律的公平正义。法律固然来源于天理、人情，但也有其自身的逻辑、体系和特点。与现实社会生活纷繁复杂的即刻性、碎片化不同，法律必须追求标准性、概括性、体系性、自洽性，这就决定了法律本身需摆脱人情势力因素，否则整个思路和条款无法做到一致，当然也就无法服人。也就是说，法律条文本身情与法的矛盾并不突出，较易规定，但在法律执行过程中却不可避免地受到人情势力的干扰，即使是出于公平正义的体恤人情，也充满很大程度的主观性，而被认为是偏袒某一方，情与法的矛盾、情对法的侵蚀由此产生。因此，如何协调情与法的矛盾、避免情对法的侵蚀，就成为法治建设中必须面对和解决的恒久性问题。

（一）公与私：对请托认识的分歧

中国古代宗血缘、尊礼教、重人情，请托在社会特别是司法领域非常普遍，禁止性法律由此产生，请托罪法是中国古代情与法关系最直接、最典型的体现。古代请托罪法在立法、执法、守法诸方面，贯穿的核心是认识上的公私问题，即是将请托作为侵害公义的私利看待，还是认为请托有其合理性，非全然与公义相对。

在传统中国的制度理念中，国本是家的扩大，公义本是私情的推衍，一定程度的公私不分、为私情而牺牲公义就成为必然的社会心理。儒家由个体道德的精纯推及到天下道德的普遍提升，从而实现社会有序和谐的治国理念，更助推了公私的混淆。其流而下者，常常只管感情而不问曲直，只顾私谊而不计公利。这种情形显然会给公众利益、国家治理、政权稳固带来破坏，故与此相对的法治理念就发展起来。如先秦法家认为，"释法禁而听请谒，群臣卖官于上，取赏于下，是以利在私家而威在群臣"[1]，明确将请托归为私利，

---

〔1〕《韩非子集解》卷五《饰邪》，《诸子集成》（5），第92页。

与君主所代表的公义相对（尽管君主实质上未必代表全部公义）。有些帝王明确将请托归为私心私利，如康熙帝认为"心之不公、识之不明，而援引私交、徇情请托"[1]是荐举中的突出弊病，雍正帝指出"欲人心风俗同归于善，必先去其营求请托之私，而后可以成公平之化"[2]。历史上严拒、严惩请托的正直官员，以及爱惜名节、不肯请托的绅衿，也直接或间接地将请托看作有违公义与法治的非法行为。晚清"睁眼看世界"后，通过中西对比，时人更看出中国人长于请托："西人办事，素鲜请托，梗直居多，有犯必惩，人皆惧之。若华人则不然矣，不问事之曲直，但知人情之厚薄，办事不照律者多，甚有真犯而得逍遥法外、假犯反受五木之刑。"[3]认为只有破除情面，才能导向公平正义。此种认识虽然只是直观感觉而非深入剖析，也没有直接探讨公私问题，但基础指向是民主契约社会，公与私的界限比较明确。

与此同时，不认为请托是与公义全然对立的私利的看法也一直存在，甚至更为普遍。在公私界限不明确的社会文化心理之下，自然会认为请托"应该""没什么大不了""大家都这么做"，不认为有多大危害。前述明代通俗小说所反映的普通民众对请托的认可、利用，不少皇帝、官员对举发请托的反感、攻击，大量正直官员对请托的拒而不惩，都反映出认为请托有其合理性、不算很严重的违法行为的看法。另外，各类请托本身在目的、性质、程度等方面也存在较大差异，有些甚至是部分出于公义或者披着为公义的外衣，难以用统一的标准衡量。

（二）德与法：儒法治理请托的不同理念

公与私认识的背后是对德与法关系的看法。就举发请托来看，从法治角度应鼓励举发，从个人品德角度又称赞不举发，很典型地体现了儒家与法家在请托问题上的深刻矛盾。

在儒家看来，提升全体社会成员的道德水平是平天下的基本和长远途径，

[1]《清圣祖实录》卷二九二"康熙六十年夏四月壬辰"，第2页。

[2]雍正四年十月初二日，"着各督抚藩臬不得以私情关说嘱托事上谕"，转引自张书才"查嗣庭文字狱案史料（上）"，《历史档案》1992年第1期，第5页。

[3]（清）邵之棠辑：《皇朝经世文统编》卷一〇二《通论部三·纵论时事》，第28页（清光绪年上海宝善斋石印本；"鼎秀"，第2136页）。

人都有向善的本性，提升德行修养的根本在于个人"内省不疚"[1]"行己有耻"[2]，而非强制规范，因此"躬自厚而薄则于人"[3]"隐恶而扬善"[4]就成为促进他人内省自悟的君子之行。相反，将别人隐秘的恶行宣扬出来就非君子作为，如请托正是常被看作不严重的隐秘非法之行。扬恶固然可以快捷、正面地把恶曝光，但也使主体的颜面受损，很可能就此阻断其内省自悟的路径，更严重的是对双方的关系、情感造成持久的伤害，不利于人际关系的和谐。由此，隐恶（包括儒家的"亲隐"思想）始终是深受儒家思想熏陶的君主及士大夫的基本准则，一直在协调私情与公义，而对举发恶行其实一直心怀警惕，生怕为了短期效果而妨碍世道人心的长远教化，如秦朝那样残酷纠举却短命而亡。

而在法家看来，个人利益必须服从君主利益、国家利益，举发恶行是为了制止、铲除恶行，直接有益于国家及百姓利益，因而举发恶行是臣民的天职，不举发、讲私情便直接损害了君主利益，私情与公义是尖锐对立的，"夫君之直臣，父之暴子也"，"夫父之孝子，君之背臣也"。[5]

儒家是隐恶劝善，法家是制恶强善，两家都有各自的逻辑理路，在现实中如何对待请托也处于摇摆状态——有时偏向儒家，有时偏向法家，始终没有形成切实、合理、有效的解决思路。由此，请托的合理与否，惩处请托的必要与否，也始终在清晰与模糊之间徘徊。

（三）严与宽：请托的立法与执法矛盾

汉代将请托与贿赂分开并独立立法，唐代制定了细致严厉的请托罪法条款，并为后代所承袭，《大清会典则例》还增加了免职的惩处措施，其惩罚力度明显超过同时代渎职罪等的相关规定，皇帝还不时地发表对请托的看法，颁布相关的预防、举发、惩处措施，表明在立法层面明确将请托作为危害公义法治的私情恶行来对待，将人情干扰完全推到了法治的对立面。这是法律

---

[1]《论语注疏》卷一二《颜渊》，《十三经注疏》（十），第159页。
[2]《论语注疏》卷一三《子路》，《十三经注疏》（十），第178页。
[3]《论语注疏》卷一五《卫灵公》，《十三经注疏》（十），第213页。
[4]《礼记正义》卷五二《中庸》，《十三经注疏》（六），第1425页。
[5]《韩非子集解》卷一九《五蠹》，《诸子集成》（5），第345页。

自身的逻辑性、体系性所决定的，表明对请托的法律属性的认识已达到较高层次。这也是统治者为维护社会公平正义，从而确保江山稳固的理念的结果，是主要受法家思想影响的结果。

立法的目的、属性、量刑标准都很明确，也相对较易规定，不过在执法层面，却极少有官员完全依法条严拒、惩处请托，而是出现三种普遍的观念与做法。一是正直官员一般对请托是拒而不惩，或拒大放小，举报的要求更是少有人实行。二是很多人若严拒或惩处请托，往往被视为不近人情、偏执峭刻，似乎严守法律就得不近人情，变成"非正常人"，或者说往往只有偏执峭刻之人才能做到严守法律。三是一些人因请托被拒，认为是对方不给面子、小题大做或故意为难，从而怀恨诽谤、打击报复，表明其没有明确将请托看作违法犯罪行为。当然也是因为法律并没有为拒绝请托提供相应的制度保障（如惩处对拒绝请托者的报复），正直的拒绝者常面临着权势的威胁。

对请托行为拒大放小的做法在执行上很有代表性。这样做，既不易招致怨恨诽谤，又能换取对方的理解、支持，特别是还能为士夫"存体"。因为士人具有价值自觉能力，不能制以法律或严词说教，而要循循善诱，保全其体面。这样把拒绝的幅度压缩得更小，但更能看出情与法的对立与协调，对请托的酌情依从是对私情的保全，也是儒家德治思路的衍化，实际上是调和了请托罪法条款与人情之间的绝对对立，达到了双方都可接受的中间状态。这其实是将请托控制在一定程度和范围内，尽量减少其危害，又不过多违背人情。

以上都说明请托罪法并没有得到很好的执行，没有成为官员普遍的法律意识。究其原因，一是请托本身隐蔽性较强而不易被发现认定，当事者是出于公心还是私心也常无从求证；二是权力过分集中，缺乏有效监督，请托一人即可成事，使其极易普遍盛行；三是政府的总体执法能力较弱。不过更深层的原因是将请托完全推到人情的对立面加以打击，显然较大程度地脱离了中国古代的社会文化特点，不符合一般民众的心理，实施者和执法者普遍都不认为是违法犯罪行为或较严重的违法犯罪行为，使其常成为一纸空文。与一般律条单纯地存在漏洞、执行不力不同，请托罪法在根本上就没有得到执法者的全面认同，这恐怕是立法者始料未及的。

就立法与执法而言，一方面，执行结果是立法时必须要考虑的前提，文化背景与民众理念会深刻地影响执行情况，当代所谓"科学立法"即是此意；另一方面，立法自有其法理逻辑，不可避免地具有理想性、超前性，这其实也是必要的，因而需要严格执法来保证法条权威，并在执行过程中逐步教育民众、树立民众的法治意识。民众意识应当向法律靠拢，而不是法律向民众意识妥协，这样才能逐步摆脱人治而走向法治。在请托罪法执行的历史长河中，总体趋势是法律向民众意识妥协，法律基本没有得到有效执行。主要原因是请托罪法在立法层面的目的、属性其实基本是合理的，是抛却人情私利的法治视角，但因其处在偏于德治、人治的文化氛围下而缺乏普遍深厚的社会认同土壤，故执法者普遍没有通过严格执法来培养民众法治思维的意识。另外，请托罪法的涵盖面不足、部分量刑较为严厉，也给执行造成了不便和阻碍。总之，如何协调情与法、民众观念与国家利益，制定出更为切实可行的请托罪法，立法时必须慎思。

（四）硬与软：请托的预防措施

相较于事后惩处，对违法行为的提前预防更为重要、成本更低。预防措施可分为硬性与软性两大类，即制度方法预防与认识意识预防。是否合理有效是衡量预防措施的基本维度。

严格的依法惩处使人不敢请托，严密的预防措施则使人不能请托。硬性的预防措施包括朝廷颁布的规章制度与官员个人采用的规定方法。历代的有为君主和正直官员都很重视预防请托措施的制定，其立足点是将请托看作公义法治的对立面，从而通过各种途径加以防范。

朝廷的预防措施包括：建立专职监察队伍，实行长期派驻和临时巡查制度；悬榜、分发禁止请托的谕旨制度，等等。朝廷重点预防的请托高发领域是司法、科考、荐举，其中相对成功的是科考领域。明清时形成了一整套严密的防止人情请托的规章制度，为公平考试奠定了基础，使得人情因素的影响很小。个中原因就在于科考评价直接面对的是作为媒介的考卷，考卷与作者通过规章制度是可以分离的，考卷又具有相对客观的评价标准（这些标准合理与否是另外的问题），于是就防止、过滤掉了人情因素。而其他领域的请托屡禁不绝，是因为直接面对的是参与者本人，且秉持的标准无法纯然客观，主观性较强，有时很难判定是为私还是为公，也就无法通过规章制度完全规范和杜绝。尽管如此，就制度层面而言，针对请托的隐蔽性，还是需要在公开规章制度上下功夫，制定严密、可操作性强的措施，尽量使请托无法实施，如明清时期司法领域的上级复核、官员互相监督等。

历代正直官员采取了很多措施来预防请托，如闭门谢客、不通书信、书写明志、发布告示、来访登记、多人同堂、严明规章、有事早决等。这些规定方法具有个性化、具体化的特点，很多在实践中是行之有效的，如能上升为通用规章，对一般性的拒绝请托是有作用的。可惜大多数仅是个人实践，官员自身及皇帝似乎都没有意识到应将其制度化，因而只能作为官员正直清廉的标志而存在，这当然仍与整体上对请托的看法及法治意识相关。这也表明请托在很大程度上是可以通过具体措施来预防的，在规定的制定上还有很大的上升空间。特别是在录用、任用、决策等程序上，如果能做到严密、制衡、公开、公正，则请托无多大意义，关键在于能否制定并严格执行。

严密的制度使请托不能进行，但要使人不想请托，从而从根本上杜绝请托，就需要通过软性的认识意识来预防，这方面儒家的德治理念就大有用武之地。朱熹曾指出："苞苴不达、请谒不行者，家之齐也。然闺门之内，恩常掩义，是以虽以英雄之才，尚有困于酒色、溺于情爱而不能自克者。苟非正心修身、动由礼义，使之有以服吾之德而畏吾之威，则亦何以正其宫壼、杜其请托、检其姻戚而防祸乱之萌哉！"[1]认为正心修身、动由礼义是杜绝请托的根本，这是儒家德治思想的体现，也是儒家治国理念的长项。历代大量正直官员对请托的拒绝、惩处，正源于思想意识上对请托为私情私利、危害公义法治的明确认识，是正心修身的结果。由此，在德治、人治的文化背景下，历代有为君主、正直官员都很重视从修身养性、保持名节的角度出发，教导臣民奉公去私、刚正守法。明嘉靖时杨载鸣为广东提学副使，任上"锐意厘正，首揭义利两途，倡行冠、婚、丧、祭、射、饮六礼。未数月，焕然一新，受赇、请托之弊亦绝"[2]。这说明抓住公私、义利的核心问题进行道德教化，对预防请托是有效的。

---

〔1〕（宋）朱熹：《晦庵集》卷一二《封事·己酉拟上封事》，《景印文渊阁四库全书》第1143册，第201页。

〔2〕（明）洪朝：《洪芳洲先生归田稿》卷三《记碑志铭墓表·通政武东杨公墓表》，第15页（明刻本；"鼎秀"，第59页）。

只有事后惩处而不敢请托、措施预防而不能请托、认识教化而不想请托"三位一体"，相互配合，立法者、执法者、守法者同抓共举，才能有效遏制请托行为。

（五）相关问题

1. 权利还是义务：举发请托的法律定位

请托具有隐秘性，取证不易，而当事人最清楚具体情形及是否构成违法犯罪，若由受托人举发，则会成为第一手实证，为定性定罪提供切实依据，因此举发就成为预防、惩处请托的一种重要途径。然而举发应该是法定义务、必须举发，还是仅是受托人或知情人的一种权利，是否实行由其自主确定，古代法律实践中一直没有形成确定的做法。

唐睿宗于太极元年（712）申明："上下官僚辄缘私情相嘱者，其受嘱人宜封状奏闻。成器已下，朕自决罚。其余王公已下，并解见任官，三五年间不须齿录。其进状人别加褒赏。御史宜令分察诸司。"[1]首次明确规定举发请托受奖励，弥补了《唐律疏议》的不足，直接影响了《大明律》奖励举发请托规定的形成。另外，其一律免官的惩处方式，也为清代所继承，并编入《大清会典则例》。不过，一个"宜"字说明举发不是明确的法定义务，而基本是受托者的自发行为，没有涉及不举发的惩处措施。

之所以如此模棱两可地定位，与举发请托的难度及对其弊端的警惕有关。前文指出，在儒家德治理念背景下，"隐恶扬善"已成为教化民众及为人处世的基本思路和美德体现，因而对举发请托一直心怀警惕甚至反感。一般而言，君主希望臣民举发请托，但请托当事人却很少主动举发。王淮官至左丞相，被宋孝宗称为"不党无私""刚直不欺夫外"[2]，但林宗臣主张"私请托以求荐举者，必白发其书"时，王淮却否定该议，认为"长告讦之风"[3]。告讦有依法合理举发，也有诬告而举，王淮一概拒绝，比较典型地体现了举发请托的困境：请托固然妨碍司法，举发请托也易被利用；请托在人情社会中

---

[1]　《旧唐书》卷七《睿宗本纪》，第 107 页。

[2]　（宋）杨万里撰、杨长孺编：《诚斋集》卷一二○《碑·宋故少师大观左丞相鲁国王公神道碑》，《景印文渊阁四库全书》第 1161 册，第 549 页。

[3]　（宋）杨万里撰、杨长孺编：《诚斋集》卷一二○《碑·宋故少师大观左丞相鲁国王公神道碑》，《景印文渊阁四库全书》第 1161 册，第 545 页。

有其合理性，举发请托会蜕变为道德上为人所不齿的"告讦"，易使人认为悖情好名、刻薄奸诈，为了短期效果反而不利于道德人心的长远建设。历代很多士夫将举发请托看作是不道德的扬恶告讦，认为隐而不举才是宅心仁厚。如康熙时廖腾煃判王龙告高卿若霸地案，高卿若费二十四两银请托，廖腾煃据公审判，将请托银入公，署名"涵斋"者评云："请托上闻，例必加俸一级。今既剖冰心，更存厚道，不忍置行贿者于法也。此段存心，罕有其匹。"〔1〕即便有财请托也不忍加罪，更不用说无财请托。很多人只有在拒绝请托后遭到报复，为避免进一步罹祸，才会举发对方的请托行为，但此时的举发已是不及时的举发，是作为权利而非义务来行使。

《大明律》明确将奖励举发请托写入律条，《大清律例》仍之，是对《唐律疏议》的发展，但也仅是规定奖励举发，而没有规定必须举发，即将其作为权利而非义务来看待。这当然仍是考虑到民众的心理基础及可执行性。虽然有官职"升一等"的诱惑，但实践中举发请托者仍很少，因此有些皇帝会明确要求官员举发请托，前述明代英宗、世宗、神宗都曾谕旨举发请托，特别是要求科道官举发，作为其职责义务。科道官举发违纪为本职工作，可以将请托与其他类型的违法行为同等对待，基本上不会背负"悖离人情"的心理负担，不必担心因之受到责难。事实上，明代有不少科道官举发请托的事例，说明此要求可施行、有实效。清时顺治帝屡次要求官员互相监督、举发请托，《大清会典则例》卷一四《营私》收录了康、雍、乾三朝关于举发请托的规定，如康熙十五年（1676）议准，"官员将上司衙役索银之事，受嘱徇隐不报者，革职"〔2〕；雍正七年（1729）议准，"州县官有私相交往、馈送情弊，而道府不行揭报，将道府照徇庇例降三级调用；府道等官有私相交往、馈送情弊，而督抚、两司不行揭报题参者，将督抚、两司照徇庇例降三级调用"；雍正十三年（1735）覆准，"上司勒荐幕宾长随，许属官揭报，……或属官徇隐，不行揭报者，照受嘱不报例革职"〔3〕，明确规定受嘱不报者革职、降三级调用，是将举发请托作为义务来看待。此外，嘉庆帝还纠正了举发请托

---

〔1〕（清）廖腾煃：《海阳纪略》卷下《审语·王龙告高卿若审语》，第97页（清康熙浴云楼刻本；"鼎秀"，第206页）。该书评者署名"涵斋"者仅此一处，不详何人。

〔2〕（乾隆）《大清会典则例》卷一四《吏部·考功清吏司·营私》"馈送嘱托"，第28页。

〔3〕（乾隆）《大清会典则例》卷一四《吏部·考功清吏司·营私》"馈送嘱托"，第32页。

是"意图见好，并非实心为公"[1]的偏见。总体来看，明代皇帝虽然多要求举发请托，但很多时候是针对具体事例和领域，而没有作为普遍性、长久性的要求，清代皇帝则更多地作为普遍性、长久性要求，将其看作义务的特点更明显。不过清代皇帝在具体实践中，对未举发请托者按规定革职或降三级调用的其实很少，很多时候只是督促或斥责，如《世宗朱批谕旨》中很多事例就如此。这说明，皇帝本人也没有完全遵守举发是法定义务的属性规定。

综上，君主及一些臣子对举发请托的主张包括不同层次：一是奖励举发，暗含着鼓励举发，但未要求举发，将其作为权利而非义务；二是要求科道官举发，作为其纠劾违法犯罪工作的一部分；三是要求全体官员举发，有时明确规定不主动举发将受惩，意味着将其作为官员的法定义务。从认识角度看，对举发请托的看法主要有两种：一种认为应该举发，是依法为公为民的行为；一种认为不应该举发，举发是不道德的行为，应该隐恶扬善、存心厚道。总体上，君主张应该举发者多，臣民主张不应举发者多，致使很多臣子陷入到遵旨还是顺德、为公还是为名的两难处境中。单纯从法律角度看，既然规定请托是违法犯罪行为，那么要求受托者或知情者举发请托，将其作为法定义务，就并非苛刻；但从人情角度看，要求全体臣民都举发请托又不符合一般人的认知，无法贯彻实施。从法规要求与意识认识两方面的交叉情况看，鼓励举发请托、科道官举发请托应是可行性较强的做法，也就是将举发请托作为一般臣民的权利、科道官的义务，而不是作为全体臣民的义务。

如果民众的公私界限明确、法治意识较强、执法效果良好，是否可以将举发请托规定为法定义务？原则上可以，但不可一概而论。需考虑请托事项的性质、程度等具体情况，可划定一个标准，明显违背法治公平、危害较大的，可要求举发。适当顾及人情因素，实施时便不会有过大阻力。

2. 高薪还是安贫：俸禄与请托的关系

古代官员总体上俸禄较低，明清时尤其如此，[2]这可能与孔子提倡的"安贫乐道"有关。单纯的请托虽不掺杂即刻的钱物交换，却可能有远期、间

---

[1]《清仁宗实录》卷六七"嘉庆五年五月上癸巳"，第16页。

[2] 关于古代官员的俸禄问题，参见张仁忠："略论明代官俸"，载《北大史学》1993年第一辑；邹长清："清代翰林院庶吉士待遇及身份探究"，载《中国社会历史评论》2014年第十五卷；田志光、杨国珍："宋代经筵官俸禄与待遇"，载《宋史研究论丛》2016年第2期，等等。

接的物质回报，有些官员接受请托即看重于此。不过历史上很少探讨、实践请托与俸禄的关系，而雍正帝就注意到了这一点。雍正六年（1728），他赞赏吏、户、兵、刑、工五部大臣拒绝请托等弊的行为："今皆各殚厥职，赞襄政治，共相黾勉，矢勤矢慎，端方自持，剔除情弊，杜绝请托，甚属可嘉。"并意识到官员拒绝请托等弊，经济上必然困难，故予以奖励："夫大臣果能廉洁自守，其用度必稍不敷。朕因国家政事资借大臣之力，而使之分心家计，朕心不忍。五部大臣内，除差往外省署事之人外，俸银俸米，着加倍给与；其署理之大臣，亦照此赏给。"〔1〕甚至，"若遇罚俸案件，将朕分外所给之俸，不必入议"〔2〕。这项规定究竟实行了多长时间，未见到相关资料，后来也没有讨论、覆议，可能时间不长。因为五部大臣不可能杜绝请托，只不过可能比较隐晦、不明显而已；而一经发现，则证明此项措施失效。

高薪能否养廉是比较复杂的问题。就请托而言，间接的利益交换只是一种可能要素，另外很多贪官、受托者所获利益不是一般的"高薪"所能比拟，这项措施也需要健全的法治意识和强大的执行力作为保障，这在古代都不具备。不过，雍正帝的谕旨无疑作了有益探索，对当代也有启示，在请托治理史上自有其地位。

3. 实行还是废除：请托裹挟下保举的命运

无论选才还是任官，荐举都具有广泛发现人才的优越性，但因评价标准较为主观，易为人情裹挟，从而沦为请托之地。战国时秦国出现荐举连带制〔3〕，如果举主所举不当、不善，要承担连带责任。这对举主构成牵制，限制了其因顾及人情而滥举的行为，更有利于选拔人才。从此，采用担保的方式——保举来进行荐举，基本上成为历代的定制。

但是，保举也存在一定的弊端。一方面，人是不断变化的，即便举主最初完全出于公心荐举，也不能保证被举者始终如一；更不要说被举者有意隐瞒，举主很可能受其蒙蔽而错误荐举，为此有些举主担心受连累而不愿荐举。另一方面，如果不严格追究举主的责任，某些人可能出于私心而荐举"唯

---

〔1〕《清世宗实录》卷六六"雍正六年二月庚戌"，第27—28页。

〔2〕《清世宗实录》卷六六"雍正六年二月庚戌"，第28页。

〔3〕转引自肖宗志："中国保举制度的源流及其基本特征"，载《南华大学学报》2015年第3期，第66页。

亲"，则国家广泛发现、选拔人才的初衷就要落空。

明代的会举是一种改革。会举是会官保举——会集多官荐举，同时强调连带责任，其好处是"使贤否悉归众论，毋令各举所知"[1]——避免了个人荐举的"唯亲"。但是，会举同样有"举尔所知"的问题——须平日为举主"知识"、得以"谙其才行"[2]，才有机会获得荐举；而且，因为是会官保举，事实上可能需要更多举主的"知识"与谙熟，故此，"有任御史九年不得升用者，有任知府九年复除原职者，皆由无官保举"的情况。此外，明代对会举连带责任的追究始终没有严格执行，多有官员获罪而"未闻连坐举保之人"[3]，明宪宗时停止保举不是没有道理的。

清初，急需人才，实行保举。从顺治帝到雍正帝，都强调保举的连带责任，这种情况至乾隆时发生改观。乾隆帝认为督抚因属员可用而保举之，并不能保证其始终如一，"或中路改操，出于意料之外，亦属情理所有"，认为举主"失于觉察之咎，原与有心行私、瞻徇者不同"[4]。这种认识具有合理性，但不可否认，确实有受托保举的情况，而如何预防这方面的问题，则需要更高的智慧。

正统十二年（1447）二月己未，礼科给事中余忭言会举之弊时，曾指出："铨选之典，经也；保举之例，权也"[5]，"保举之例，惟权时宜，不可以久行也"[6]。认为在选官、任用上，应以吏部铨选为主，而间行大臣保举。吏部对官员的考核带有较多的量化色彩，相对客观，而保举却更倾向于主观印象和判断，更易与请托发生关联。集体性会举本是为避免请托，但不同于投票选举，实施过程中不免受个别人（如职位较高者等）的影响，还是无法完全避免请托。另外，保举者、会举者是否要承担连带责任，实践中也往往会陷于两难。历史上保举之法反复存废，正说明对请托在收与放、疑与信之间的权衡与徘徊。

---

[1]《明英宗实录》卷一三八"正统十一年二月己酉"，第2739页。
[2]《明英宗实录》卷一五〇"正统十二年二月己未"，第2955页。
[3]《明英宗实录》卷一五〇"正统十二年二月己未"，第2954页。
[4]《清高宗实录》卷七一五"乾隆二十九年七月下辛未"，第9页。
[5]《明英宗实录》卷一五〇"正统十二年二月己未"，第2952页。
[6]《明英宗实录》卷一五〇"正统十二年二月己未"，第2954页。

　　中国古代请托罪法的立法、执行历程，可以说是一部情与法的博弈史、法在人情"包围"下的突围史，比较典型地体现了中国古代法治的理念与特点。请托罪法自唐代起一直能作为独立法条，历代持续不断地推出大量的预防、举发、惩处请托的制度措施，本身就是古代法治建设的一大成果。对请托的预防、举发和惩处必须在民主契约社会和法制健全的环境中才能得到充分实施，当代社会已基本提供了这样的观念土壤，不过受传统观念影响，请托依然在社会生活中较多地存在，这就需要在公私分界、情法区分上大力宣导，使请托是与公义正举、法治思维相对立的私情私利的观念深入人心，才能为杜绝请托奠定法治文化基础。古代对请托在立法与执行、预防与惩处方面或成功或失败的经验、教训，以及所涉及的核心关系与困境，都能不同程度地为当代预防、举发、惩处请托提供思考与借鉴。

主要参考书目

[1] 刘俊文点校：《唐律疏议》，法律出版社 1999 年版。

[2] 薛梅卿点校：《宋刑统》，法律出版社 1999 年版。

[3] 郭成伟点校：《大元通制条格》，法律出版社 2000 年版。

[4] 陈高华、张帆、刘晓、党宝海点校：《元典章》，中华书局、天津古籍出版社 2011 年版。

[5] 怀效锋点校：《大明律》，法律出版社 1999 年版。

[6] 田涛、郑秦点校：《大清律例》，法律出版社 1999 年版。

[7] （宋）宋慈著，高随捷、祝林森译注：《洗冤集录译注》，上海古籍出版社 2014 年版。

[8] （明）雷梦麟：《读律琐言》，怀效锋、李俊点校，法律出版社 2000 年版。

[9] （清）沈家本：《历代刑法考》，邓经元、骈宇骞点校，中华书局 1985 年版。

[10] （清）薛允升：《唐明律合编》，怀效锋、李鸣点校，法律出版社 1998 年版。

[11] 高绍先主编：《中国历代法学名篇注译》，中国人民公安大学出版社 1993 年版。

[12] 刘海年、杨一凡主编：《中华珍稀法律典籍集成》，科学出版社 1994 年版。

[13] 官箴书集成编纂委员会编：《官箴书集成》，黄山书社 1997 年版。

[14] 郭成伟、田涛点校整理：《明清公牍秘本五种》，中国政法大学出版社 1999 年版。

[15] 杨一凡、王旭编：《古代榜文告示汇存》，社会科学文献出版社 2006 年版。

[16] 杨一凡主编：《历代珍稀司法文献》，社会科学文献出版社 2012 年版。

[17] 《景印文渊阁四库全书》，我国台湾地区"商务印书馆"1986 年版。

[18] 李学勤主编：《十三经注疏》，北京大学出版社 1999 年版。

[19] "二十四史"，中华书局 1999 年版。

[20] 《清史稿》，中华书局 1977 年版。

[21] 《明实录》，1962 年"中研院"历史语言研究所据北平图书馆红格钞本微卷影印。

[22] 《清实录》，中国第一历史档案馆书同文古籍数据库。

[23] （乾隆）《大清会典则例》，中国第一历史档案馆书同文古籍数据库。

［24］（嘉庆）《大清会典事例》，中国第一历史档案馆书同文古籍数据库。

［25］"鼎秀古籍全文检索平台"，北京翰海博雅科技有限公司。

［26］杨一凡：《明大诰研究》，江苏人民出版社 1988 年版。

［27］郑秦：《清代司法审判制度研究》，湖南教育出版社 1988 年版。

［28］梁治平：《清代习惯法：社会与国家》，中国政法大学出版社 1996 年版。

［29］苏亦工：《明清律典与条例》，中国政法大学出版社 2000 年版。

［30］蒲坚编著：《中国古代法制丛钞》，光明日报出版社 2001 年版。

［31］蒲坚：《中国古代行政立法》，北京大学出版社 2007 年版。

［32］郭建：《獬豸的投影——中国的法文化》，上海三联书店 2006 年版。

［33］徐忠明：《情感、循吏与明清时期司法实践》，上海三联书店 2009 年版。

［34］王立民主编：《中国传统侦察和审判文化研究》，法律出版社 2009 年版。

［35］尤陈俊：《法律知识的文字传播——明清日用类书与社会日常生活》，上海人民出版社 2013 年版。

［36］梁治平：《法意与人情》，中国法制出版社 2004 年版。

［37］翟学伟：《人情、面子与权力的再生产》，北京大学出版社 2005 年版。

［38］费孝通：《乡土中国》，人民出版社 2008 年版。

［39］黄光国：《人情与面子：中国人的权力游戏》，中国人民大学出版社 2010 年版。

［40］范忠信等：《情理法与中国人》，北京大学出版社 2011 年版。

［41］贺培育：《人情腐败及其矫治》，湖南人民出版社 2016 年版。

［42］〔日〕滋贺秀三等著、王亚新等编：《明清时期的民事审判与民间契约》，王亚新等译，法律出版社 1998 年版。

［43］〔日〕滋贺秀三：《家族法原理》，张建国、李力译，法律出版社 2003 年版。